DA TRIBUTAÇÃO
À REVISÃO
DOS ACTOS TRIBUTÁRIOS

CARLOS PAIVA
JURISTA

DA TRIBUTAÇÃO À REVISÃO DOS ACTOS TRIBUTÁRIOS

Prefácio de Mário Januário

2.ª EDIÇÃO

ALMEDINA

DA TRIBUTAÇÃO À REVISÃO DOS ACTOS TRIBUTÁRIOS

AUTOR
CARLOS PAIVA

EDITOR
EDIÇÕES ALMEDINA, SA
Av. Fernão de Magalhães, n.º 584, 5.º Andar
3000-174 Coimbra
Tel.: 239 851 904
Fax: 239 851 901
www.almedina.net
editora@almedina.net

PRÉ-IMPRESSÃO | IMPRESSÃO | ACABAMENTO
G.C. – GRÁFICA DE COIMBRA, LDA.
Palheira – Assafarge
3001-453 Coimbra
producao@graficadecoimbra.pt

Março, 2008

DEPÓSITO LEGAL
273592/08

Os dados e as opiniões inseridos na presente publicação
são da exclusiva responsabilidade do(s) seu(s) autor(es).

Toda a reprodução desta obra, por fotocópia ou outro qualquer processo,
sem prévia autorização escrita do Editor,
é ilícita e passível de procedimento judicial contra o infractor.

Biblioteca Nacional de Portugal - Catalogação na Publicação

PAIVA, Carlos

Da tributação à revisão dos actos tributários. - 2ª ed. - (Monografias)
ISBN 978-972-40-3458-4

CDU 336
     351

NOTA PRÉVIA À 2.ª EDIÇÃO

Num contexto de sucessivas alterações à legislação do ordenamento jurídico tributário, nomeadamente a que é especificamente abordada na presente obra, tornou-se imperativo proceder à sua revisão e actualização.

De facto, dois anos volvidos após o lançamento da primeira edição, muitas foram as alterações introduzidas pelo legislador fiscal, no quadro normativo que tivemos oportunidade de interpretar na análise ao tema da *revisão dos actos tributários*. Na nossa perspectiva, a maioria das alterações configuram-se como uma diminuição da amplitude das garantias e direitos dos contribuintes, o que torna cada vez mais importante o seu conhecimento, para o qual, pretendemos dar o nosso modesto contributo.

Em termos de estrutura, a obra mantém a que foi adoptada na primeira edição, entretanto esgotada, a qual consideramos ser a adequada à sua consulta, por parte de todos aqueles que a utilizarem.

Leiria, Janeiro de 2008

O Autor,

PREFÁCIO

Em Janeiro de 1999 entrou em vigor, como sabemos, a Lei Geral Tributária (LGT) que instituiu pela primeira vez em Portugal, os princípios fundamentais do sistema fiscal, as garantias dos contribuintes e os poderes da administração tributária.

E fê-lo sistematizando princípios e normas dispersos por vários diplomas anteriores, mas e sobretudo, modificando aspectos essenciais da relação fisco-contribuinte.

Escreveu-se no preâmbulo do Dec.-Lei n.º 398/98, de 17/12 que aprovou e pôs em vigor a LGT que a mesma *"...introduz uma nova filosofia na actividade tributária e o contribuinte, ou seja, um contrato de tipo novo, fruto de uma moderna concepção da fiscalidade."*

Ao longo destes últimos 5 anos, grande tem sido o esforço para nos acertarmos nos termos do referido contrato de tipo novo, à luz da nova filosofia pressuposta ou subjacente à actividade da administração tributária e também do contribuinte.

Dum lado os contribuintes e os sujeitos passivos e todos os especialistas em que se apoiam (Juristas, advogados, consultores, solicitadores, economistas, contabilistas, etc,), do outro a administração tributária, representada pelos dirigentes, responsáveis e funcionários operativos e, acima de todos estes agentes, as magistraturas judicial e do ministério público, têm trilhado um caminho nem sempre fácil e feito alguns progressos no sentido do estabelecimento da nova relação fisco-contribuinte.

Muito está, porém, para fazer. O quinquénio já decorrido revelou--se manifestamente curto. A simplicidade de procedimentos ainda deixa em vários aspectos muito para desejar. A multiplicação de normas menos claras e cada vez mais complexas, na vertigem produtiva do legislador fiscal, não tem ajudado ao estabelecimento completo dessa nova relação nem à consumação prática da nova filosofia.

É neste contexto que surge este livro como importante instrumento de ajuda de todos aqueles agentes na concretização desses grandes objectivos, quer estejam do lado dos contribuintes e sujeitos passivos, quer estejam do da administração tributária, quer estejam, por fim, investidos na função de dirimir e julgar os conflitos eles.

Com efeito, o Dr. Carlos Paiva, quadro técnico muito promissor da DGCI, impelido pela necessidade prática de encontrar soluções para os imensos diferendos entre a administração e os administrados, no quadro da lei vigente aplicável, dos princípios conformadores do respectivo relacionamento, da melhor doutrina e jurisprudência elaborou este valioso instrumento de consulta e de trabalho para todos quantos incluem a coisa fiscal no seu quotidiano.

Estruturado em duas partes e sete capítulos e numa perspectiva teórico prática, o autor fez um percurso muito interessante sobre os aspectos fundamentais da relação jurídica tributária e dos modos da sua extinção, da actividade da administração e dos seus princípios estruturantes, do acto tributário e das garantias e meios de defesa dos contribuintes, passando pela revisão dos actos praticados pela administração tributária.

Estamos, pois, pessoalmente convencidos que da sua utilização e consulta resultará facilitada a solução mais adequada ao diferendo a resolver ou a prevenir e, (também) por isso, queremos felicitar o Dr. Carlos Paiva.

Santarém, Junho de 2005

MÁRIO JANUÁRIO

ABREVIATURAS E SIGLAS UTILIZADAS

A.T. – Administração Tributária
C.A. – Contribuição Autárquica
C.C. – Código Civil
C.C.A. – Código da Contribuição Autárquica
C.C.P.I.I.A. – Código da Contribuição Predial e Imposto sobre a Industria Agrícola
C.I.M.I. – Código do Imposto Municipal sobre Imóveis
C.I.M.S.I.S.S.D. – Código do Imposto Municipal de Sisa e Imposto sobre as Sucessões e Doações
C.I.M.T. – Código do Imposto Municipal sobre Transmissões Onerosas de Imóveis
C.I.R.C. – Código do Imposto sobre o Rendimento das Pessoas Colectivas
C.I.R.S. – Código do Imposto sobre o Rendimento das Pessoas Singulares
C.I.S. – Código do Imposto do Selo
C.I.V.A. – Código do Imposto sobre o Valor Acrescentado
C.P.A. – Código do Procedimento Administrativo
C.P.C. – Código do Processo Civil
C.P.C.I. – Código do Processo das Contribuições e Impostos
C.P.P.T. – Código do Procedimento e Processo Tributário
C.P.T. – Código do Processo Tributário
C.P.T.A. – Código de Processo nos Tribunais Administrativos
C.R.P. – Constituição da República Portuguesa
C.T.F. – Boletim de Ciência e Técnica Fiscal

D.G.C.I. – Direcção-Geral dos Impostos
D.R. – Diário da República
E.B.F. – Estatuto dos Benefícios Fiscais
E.T.A.F. – Estatuto dos Tribunais Administrativos e Fiscais
I.M.I. – Imposto Municipal sobre Imóveis
I.M.T. – Imposto Municipal sobre as Transmissões Onerosas de Imóveis
I.R.C. – Imposto sobre o Rendimento das Pessoas Colectivas
I.R.S. – Imposto sobre o Rendimento das Pessoas Singulares
I.S. – Imposto do Selo
I.V.A. – Imposto sobre o Valor Acrescentado
L.G.T. – Lei Geral Tributária
L.O.S.T.A. – Lei Orgânica do Supremo Tribunal Administrativo
L.O.T.J. – Lei Orgânica dos Tribunais Judiciais
O.E. – Orçamento de Estado
P.I. – Petição Inicial
R.C.P.I.T. – Regime Complementar do Procedimento de Inspecção Tributária
R.G.I.T. – Regime Geral das Infracções Tributárias
R.G.I.C.S.F. – Regime Geral das Instituições de Crédito e Sociedades Financeiras
R.I.T.I. – Regime do IVA nas Transacções Intracomunitárias
R.O.C. – Revisor Oficial de Contas
S.P. – Sujeito Passivo
S.P.I.T. – Serviço de Prevenção e Inspecção Tributária
S.T.A. – Supremo Tribunal Administrativo
T.C. – Tribunal Constitucional
T.C.A. – Tribunal Central Administrativo
T.O.C. – Técnico Oficial de Contas

Parte I

TRIBUTAR
UMA QUESTÃO COMPLEXA

"A Administração Pública visa a prossecução do interesse público, no respeito pelos direitos e interesses legalmente protegidos dos cidadãos."

(Constituição da República Portuguesa, art. 266.º/1)

Capítulo I
A RELAÇÃO JURÍDICA TRIBUTÁRIA

1. A RELAÇÃO JURÍDICA TRIBUTÁRIA

A actividade da administração tributária tem vindo a ser equacionada segundo diferentes perspectivas, as quais são, do nosso ponto de vista, reflexo directo da própria evolução social, através de um processo natural de sedimentação dos princípios do estado de direito democrático.

Esta constatação retiramo-la do texto de vários diplomas legais, assim, o Decreto-Lei n.º 45.005 de 27 de Abril de 1963, que aprovou o C.P.C.I., propugnava que "*...a aplicação da lei tributária aos factos previstos como objecto de incidência de impostos ou de determinação da matéria colectável é, naturalmente uma função dos órgãos da administração fiscal com poder decisório, tendo, por isso, os actos de tributação, carácter definitivo e valor executório necessariamente vinculativos em relação ao contribuinte.*".

Por seu turno o Dec.-Lei n.º 154/91, de 23 de Abril, que aprovou o CPT, o qual ao tempo culminava uma fase da reforma que havia sido implementada com a introdução do IVA e dos Impostos sobre o Rendimento, bem como da CA e de um reequacionar da reestruturação dos benefícios fiscais com o EBF, refere que essa reforma exprimia "*...também uma nova relação entre a administração fiscal e o contribuinte,* *fundada numa muito mais estrita vinculação legal da primeira em todos os seus actos e na plena devolução ao segundo da responsabilidade dos seus comportamentos e declarações.".*

Dos exemplos citados, sobressai a par da enfatização do primado da legalidade nas relações tributárias, cuja repercussão se materializa no acto tributário enquanto corolário da actividade administrativa tributária, a admissão do primado da verdade declarativa, enquanto emanação do princípio da colaboração e da boa-fé os quais de todo devem presidir às relações entre a administração e os obrigados tributários.

Naquilo que pode ser visto como um esforço do legislador em sistematizar num único diploma, as normas sobre a relação jurídica tributária comuns à codificação dos vários impostos, foi criada a LGT, na qual se pretendeu congregar "*...os grandes princípios substantivos que regem o direito fiscal português e a articulação dos poderes da Administração e das garantias dos contribuintes.".*[1] E, mesmo sem que não lhe possamos atribuir superioridade em relação aos restantes diplomas do nosso ordenamento fiscal, a LGT assume-se como a lei reguladora das relações jurídico-tributárias, considerando-se como tais as estabelecidas entre a administração tributária, ou seja pelas entidades referidas no n.º 3 do art. 1.º quando agindo como tal[2], e as pessoas singulares e colectivas e outras entidades legalmente equiparadas a estas. Constituindo a sistematização dos direitos e garantias dos contribuintes, face à Administração Fiscal, uma das linhas de força da LGT, "*...visando aprofundar as normas constitucionais tributárias e com relevância em direito tributário...".*[3]

---

[1] Art. 1.º/1 da Lei n.º 41/98, de 4 de Agosto, (Lei de autorização legislativa).

[2] De acordo com a norma em apreço "Integram a administração tributária, para efeitos do número anterior, a Direcção-Geral dos Impostos, a Direcção-Geral das Alfândegas e dos Impostos Especiais sobre o Consumo, a Direcção-Geral de Informática e Apoio aos Serviços Tributários e Aduaneiros, as demais entidades públicas legalmente incumbidas da liquidação e cobrança dos tributos, o Ministro das Finanças ou outro membro do Governo competente, quando exerçam competências administrativas no domínio tributário, e os órgãos igualmente competentes dos Governos Regionais e autarquias locais."

[3] Art. 1.º/2 da Lei n.º 41/98, de 4 de Agosto, (Lei de autorização legislativa).

1.1. Os aspectos essenciais da relação jurídica tributária

Mas, quando se fala da actividade administrativa tributária e necessariamente das relações jurídicas em que se funda, confrontar-nos-emos inevitavelmente com uma complexa, exigente e diversificada conjugação de garantias, direitos e obrigações[4]. Por isso, no plano das relações jurídicas tributárias, independentemente da perspectiva que esteja subjacente à abordagem que se pretenda efectuar, teremos sempre que equacionar para além dos sujeitos e do objecto, alguns aspectos que se revestem de particular importância no desenvolvimento do chamado *procedimento tributário*.

Esta perspectiva resulta do facto de, embora os actos administrativos que compõem o procedimento tributário, quando vistos isoladamente, se possam apresentar como aparentemente inócuos, a verdade é que eles condicionam de forma significativa o resultado final conseguido.

1.2. Os sujeitos da relação jurídica tributária

A relação jurídica tributária compreende dois tipos de sujeitos: de um lado, um activo, personificado pelo Estado, através de entidades de direito público a quem está acometida a exigência do cumprimento das obrigações tributárias, do outro, o sujeito passivo, aquela pessoa singular ou colectiva ou entidade equiparada que se constitui como obrigado tributário e a quem, *maxime*, cabe o pagamento do tributo.

O sujeito activo da relação jurídica tributária corresponde normalmente ao credor da prestação tributária, contudo, por exemplo nos impostos municipais[5], a administração tributária apenas actua na posi-

---

[4] Ao falarmos da relação jurídica tributária, deveremos ter presente o facto da obrigação tributária ou de imposto ser uma obrigação legal ou «*ex lege*», isto "...*desde que se entenda por obrigação «ex lege» aquela cujo conteúdo, cujo regime, é o definido pela lei, pela norma, não tendo papel a desempenhar em tal definição a vontade das partes.*" cfr. Soares Martinez, Manual de Direito Fiscal, 8.ª Edição, Almedina Coimbra, 1996, pág. 173.

[5] Ex.:IMT; IMI; I. s/Veículos.

ção de representante dos municípios, os quais são os efectivos credores desses impostos.

Quanto ao sujeito passivo, tanto pode ser personificado pelas pessoas singulares como pelas pessoas colectivas, os patrimónios e as organizações de facto ou de direito que legalmente se encontrem vinculadas ao cumprimento de determinada prestação tributária, seja como contribuintes directos, substitutos ou responsáveis (art. 18.º/3 da LGT)[6].

---

[6] O Estado, muito embora beneficie normalmente de isenção, casos há em que ele próprio assume também a condição de sujeito passivo, vejam-se as situações em que o Estado bem como qualquer pessoa colectiva de direito público actua fora do âmbito do exercício dos seus poderes de autoridade (art.s 2.º/1-a) do CIRC e 2.º/2,3,4 do CIVA.

Por isso, determinar se uma determinada pessoa colectiva pública, "... *actuou no exercício de poderes de autoridade não é questão diversa da de saber se os actos que praticou devem ou não ser entendidos como actos de gestão pública ou actos de gestão privada.*

Como se escreveu no Acórdão do Tribunal de Conflitos de 5-11-81, Rec. 124, Ap. D.R.. p. 66 e seguintes, que, de perto passaremos a acompanhar, não havendo um conceito legal destes actos não existem, contudo, divergências na doutrina quanto às linhas gerais ou às ideias básicas a utilizar na distinção entre gestão pública e gestão privada.

A base de consenso existente na doutrina parece, ainda segundo o mesmo acórdão, encontrar-se na caracterização de actos de gestão pública como os praticados pelos órgãos ou agentes da Administração no exercício de um poder público, ou seja, no exercício de uma função pública, sob o domínio de normas de direito público, ainda que não envolvam ou representem o exercício de meios de coerção e actos de gestão privada como os praticados pelos órgãos ou agentes da Administração em que esta aparece despida do poder público, e, portanto, numa posição de paridade com o particular ou os particulares a que os actos respeitam, e, daí, nas mesmas condições e no mesmo regime em que poderia proceder um particular, com inteira submissão às normas do direito privado.

Acrescenta o mesmo acórdão que pode parecer que esta última ideia impõe estar-se no âmbito da gestão privada sempre que os titulares de órgãos ou agentes do Estado ou de outra pessoa colectiva de direito público pratiquem actos idênticos ou semelhantes a actos praticados pelos particulares ou seus comissários, por fazerem apelo a regras idênticas ou semelhantes e a sua prática poder ser apreciada de harmonia com essas regras (como seria o caso do tratamento efectuado por um médico militar em hospital militar por contrapartida a um determinado acto médico

1.3. A legitimidade procedimental e processual

A legitimidade, tal como é abordada no art. 9.º do CPPT, dá eco das duas vertentes em que no âmbito tributário ela se manifesta, por um lado a legitimidade procedimental, de aplicação genérica, e a par desta uma outra legitimidade específica relativamente a duas entidades que

---

praticado em hospital particular) por não haver regras privativas ou exclusivas dos agentes das entidades públicas, relativamente aos aspectos científicos, técnicos ou artísticos pertinentes (na situação referida relativa aos cuidados a dispensar aos doentes).

Não devendo as regras de boa técnica a observar pelos órgãos públicos ser diferentes das que serão de observar pelos particulares a distinção entre actos de gestão pública e de gestão privada não pode assentar exclusiva e fundamentalmente na diversidade das regras que devem ser observadas na prática dos actos por órgãos ou agentes da Administração ou pelos particulares. A equiparação que deve ser considerada não respeita, directa e imediatamente, à prática do acto, em si mesma, "reportando-se antes à situação ou ao condicionalismo em que a prática do acto se integra, ou por outras palavras, ao tipo de actividade desenvolvida com a prática do acto". Isto mesmo resulta do facto de o DL 48.051, ao indicar que a ilicitude dos actos de gestão pública pode resultar de mera violação de regras de ordem técnica ou de prudência comum que devam ser tidas em consideração, pressupõe a hipótese de não estar em causa a inobservância de uma norma administrativa. Daí que a equiparação com a actividade dos particulares na definição da gestão privada não se reporte "directamente aos actos praticados pelos órgãos ou agentes, mas, especificamente, à actividade da pessoa colectiva que os actos integram".

Conclui o acórdão que vimos acompanhando que a "solução do problema da qualificação, como de gestão pública ou de gestão privada, dos actos praticados pelos titulares de órgãos ou por agentes de uma pessoa colectiva pública, incluindo o Estado, reside em apurar:

Se tais actos se compreendem numa actividade da pessoa colectiva em que esta, despida do poder público, se encontra e actua numa posição de paridade com os particulares a que os actos respeitam, e, portanto, nas mesmas condições e no mesmo regime em que poderia proceder um particular, com submissão às normas do direito privado;

Ou se, contrariamente, esses actos se compreendem no exercício de um poder público, na realização de uma função pública, independentemente de envolverem ou não o exercício de meios de coerção e independentemente, ainda, das regras, técnicas ou de outra natureza, que na prática dos actos devem ser observadas".

Acrescenta, ainda, que "é de notar, porém, que ao falar-se em actos que se compreendem na realização de uma função pública pretende-se focar apenas os

merecem especial relevo no plano processual, entidades essas com importantes responsabilidades (processuais), como são o Ministério Público e o representante da Fazenda Pública.[7]

---

actos que integrem, eles mesmos, essa realização, não abrangendo os actos que somente se destinam a permiti-la" como será o caso da compra ou do transporte de instrumentos ou produtos necessários para quaisquer actos que integrem a realização de uma função pública.

Nesta perspectiva estaremos perante actos de gestão pública ou de gestão privada consoante os respectivos serviços estejam ou não regulados em termos que demonstrem seguramente um poder público da Administração, indicativo da função pública desses serviços. (...)" (Ac. do S.T.A. n.º 25834B de 19/06/2002, in Bases Jurídico Documentais http://www.dgsi.pt.).

[7] Sobre a legitimidade processual destas entidades podemos conferir o que nos diz a jurisprudência: "(...) *Ao representante da Fazenda Pública junto dos tribunais tributários cabe a defesa dos interesses dela, como dispõe o artigo 53.º do actual Estatuto dos Tribunais Administrativos e Fiscais (ETAF), à semelhança do que estabelecia o artigo 72.º do Anterior ETAF, o qual se referia aos seus «legítimos interesses».*

As funções que desempenham, junto destes tribunais, os representantes do Ministério Público e da Fazenda Pública estão, desde o anterior ETAF, claramente separadas, incumbindo ao Ministério Público a defesa da legalidade e a promoção da realização do interesse público – vejam-se os artigos 69.º n.º 1 do revogado ETAF e 51.º do actual.

Para quem conceba o processo judicial tributário como um processo de partes, o representante da Fazenda Pública age, no âmbito do processo, como parte, e o representante do Ministério Público actua «supra partes» – vd., neste sentido, o acórdão de 28 de Outubro de 1998, desta Secção, no recurso n.º 22736.

De todo o modo, o representante da Fazenda Pública não faz, no processo judicial tributário, senão representar os interesses dela, Fazenda, concebida como administração tributária, e de outras entidades públicas, competindo-lhe «defender, no processo judicial, os interesses que aí se discutem ou são controvertidos que são prosseguidos pela administração fiscal e que são os interesses relativos às atribuições cuja prossecução a lei lhe comete ou seja, primacialmente, os interesses concernentes à liquidação e cobrança das contribuições e impostos em que poderá sair prejudicada. A Fazenda Pública encarna o sector da administração do Estado conhecido pelo Fiscum a quem historicamente foi atribuída a tarefa da arrecadação dos impostos e que, ao mesmo tempo, respondia perante os particulares pelas responsabilidades do Estado» – do acórdão de 20 de Janeiro de 1999, recurso n.º 23271, desta Secção.

Embora o legislador tenha começado por definir quais os sujeitos a quem é reconhecida legitimidade procedimental, quando no n.º 1 do art. 9.º do CPPT nos diz que: *"Têm legitimidade no procedimento tributário, além da administração tributária, os contribuintes, incluindo substitutos e responsáveis, outros obrigados tributários, as partes dos contratos fiscais e quaisquer outras pessoas que provem interesse legalmente protegido"*. Tal não impede que a estes mesmos sujeitos se reconheça também legitimidade processual, como resulta do texto do n.º 4 daquela norma.[8]

Esta a razão por que a jurisprudência deste Tribunal vem recusando reconhecer ao representante da Fazenda Pública junto dos tribunais tributários legitimidade para discutir as decisões judiciais relativas a custas: as custas não cabem no acervo de interesses que à Fazenda Pública cumpre prosseguir, emergindo de um acto jurisdicional, e não de um acto que a administração haja praticado e no processo seja discutido, em termos de poder afirmar-se que a decisão do juiz neste segmento pode prejudicar, patrimonialmente, a administração tributária, ou ferir os interesses que ela defende no processo (neste sentido, o último dos citados acórdãos).

Assim, a Fazenda Pública carece de legitimidade para contestar, no processo judicial tributário, quer a decisão que condena, ou não condena, alguém em custas – excepto, claro, se condenada for a própria Fazenda –, quer, naquele caso, o montante da condenação, quer, ainda, o destino dado às custas.

Isto mesmo que a lei atribua as receitas provenientes de custas, ou parte delas, à Direcção-Geral dos Impostos, ou que esta deva suportar, ou adiantar, encargos relativos aos processos judiciais tributários.

Em qualquer caso, nunca os interesses respeitantes à arrecadação das custas, ou às despesas a fazer no âmbito dos processos judiciais, são interesses cuja defesa esteja atribuída ao representante da Fazenda Pública junto dos tribunais tributários. Nem às entidades que beneficiam das receitas emergentes de custas, ou que suportam os encargos a assumir no âmbito dos processos judiciais, é conferida legitimidade para intervir neles.

As questões que neste âmbito possam surgir são de legalidade, e a respectiva defesa cabe ao Ministério Público. (...)" (Ac. do S.T.A. P.º n.º 01130/04 de 15/12/2004, in Bases Jurídico Documentais http://www.dgsi.pt.).

[8] Atente-se no seguinte: "(...) *Nos termos do art. 9.º, n.º 1, do CPPT têm legitimidade no processo judicial tributário os contribuintes, as partes dos contratos fiscais* E QUAISQUER OUTRAS PESSOAS QUE PROVEM UM INTERESSE LEGALMENTE PROTEGIDO.

Não basta ter um interesse de facto por se ter pago uma prestação tributária. É preciso que a lei dê protecção a esse interesse, em termos de permitir a sua defesa em juízo. Tem de ser um interesse legítimo.

A importância assumida pela definição da qualidade de sujeito e concomitantemente da legitimidade no plano da relação jurídica tributária, não se cinge apenas e exclusivamente ao lado passivo dessa relação, ou seja, àquele a quem se dirige o acto praticado ou é exigida a prestação tributária, isto porque, também do lado activo, não poucas vezes, se questiona a legitimidade do órgão da administração fiscal que praticou ou a quem é imputada a prática do acto tributário.

1.3.1. *A legitimidade do Sujeito Activo*

Normalmente, a prática dos actos por parte dos órgãos da administração encontra-se legitimada em função de atribuições ou competências próprias legalmente consagradas nos códigos tributários conjugados com o disposto nos diplomas de organização administrativa[9] a que está subordinada a administração tributária, ou ainda, por força de actos de delegação ou subdelegação de competências da parte dos órgãos competentes[10].

Nos casos em que actuam com poderes delegados torna-se mais visível a cadeia hierárquica em que assenta a organização administrativa (art. 35.º do CPA).

Em qualquer caso, quer estejamos perante uma delegação ou uma subdelegação de competências, ambas estão sujeitas a publicação no Diário da República, sendo forçoso que o acto de delegação especifique os poderes que são delegados ou subdelegados, (art. 37.º do CPA).

A par da publicidade a que está sujeito o acto de delegação ou subdelegação, importa ainda ter em consideração que o órgão delegado ou subdelegado deve mencionar essa qualidade em relação aos actos praticados sob delegação ou subdelegação de poderes (art. 38.º do CPA).

Ora, um interesse somente é legítimo ou legalmente protegido quando está ancorado na lei e não num contrato de direito privado. (...)" (Ac. do S.T.A. P.º n.º 01898/02 de 02/07/2003, in Bases Jurídico Documentais http://www.dgsi.pt.).

[9] No caso da administração tributária veja-se por exemplo a atribuição de competências aos Chefes de Finanças nos termos do art. 27.º do Dec.-Lei n.º 366/99 de 18 de Set..

[10] Tal como resulta das disposições conjugadas dos art.s 29.º e 35.º do CPA.

Este conjunto de regras conferem aos administrados a garantia de cumprimento da legalidade, até porque o delegante além de poder emitir directivas ou instruções vinculativas para o delegado ou subdelegado sobre o modo como devem ser exercidos os poderes delegados ou subdelegados, tem ainda o poder de avocar o procedimento, podendo igualmente revogar os actos praticados pelo delegado ou subdelegado ao abrigo da delegação ou subdelegação (cfr. art. 39.º do CPA).

1.3.2. *A legitimidade do Sujeito Passivo*

Quanto ao sujeito passivo, a definição dessa qualidade ganha especial importância para a aferição da legitimidade processual activa, a qual decorre da titularidade passiva das relações tributárias, condição essa que abrange para além dos contribuintes, os substitutos e os responsáveis[11], quaisquer outras pessoas sobre as quais recaíssem obrigações de idêntica natureza, aos quais é permitido intervir tanto no procedimento tributário como nos processos judiciais tributários[12].

Sobre a condição de sujeito passivo inevitavelmente somos remetidos para a definição constante do art. 18.º/3 da LGT, que nos diz que *"o sujeito passivo é a pessoa singular ou colectiva, o património ou a organização de facto ou de direito que, nos termos da lei, está vin-*

---

[11] Quando se fala de responsabilidade, está normalmente em causa um dos tipos seguintes: originária; solidária ou subsidiária (cfr. art. 22.º/2 da LGT).

[12] Neste sentido dispõe o art. 9.º do CPPT, sendo de notar a distinção entre os conceitos de legitimidade procedimental vertida no n.º 1, e o conceito de legitimidade processual, cuja formulação se encontra no n.º 4, este bem mais abrangente que aquele, vejamos:
- *Têm legitimidade no procedimento tributário, além da administração tributária, os contribuintes, incluindo substitutos e responsáveis, outros obrigados tributários, as partes dos contratos fiscais e quaisquer outras pessoas que provem interesse legalmente protegido.* (art. 9.º/1 do C.P.P.T.).
- *Têm legitimidade no processo judicial tributário, além das entidades referidas nos números anteriores, o Ministério Público e o representante da Fazenda Pública.* (art. 9.º/4 do C.P.P.T.).

culado ao cumprimento da prestação tributária, seja como contribuinte directo, substituto ou responsável.".[13]

A lei consagra uma delimitação negativa da condição de sujeito passivo (cfr. art. 18.º/4 da LGT), nos termos da qual, não serão assim considerados, quem:

"a) *Suporte o encargo do imposto por repercussão legal, sem prejuízo do direito de reclamação, recurso ou impugnação nos termos das leis tributárias;*
b) *Deva prestar informações sobre assuntos tributários de terceiros, exibir documentos, emitir laudo em processo administrativo ou judicial ou permitir o acesso a imóveis ou locais de trabalho.".*

No que respeita às restantes situações de responsabilidade no cumprimento da obrigação tributária, que não pelo responsável originário, necessariamente deveremos ter presente todas aquelas situações inerentes à responsabilidade solidária e subsidiária.

---

[13] Sendo sujeito passivo da relação jurídica tributária aquele que, nos termos da lei, está vinculado ao cumprimento da prestação tributária, se "*Resultando do probatório que a impugnante importou os veículos e pagou o indicado imposto automóvel é a mesma o sujeito passivo da indicada relação tributária, como contribuinte directa.*

Acresce que tendo-lhe sido liquidado o imposto, que pagou, não pode deixar de ser considerada parte legítima na impugnação judicial respectiva.

Na situação concreta dos presentes autos a eventual venda do veículo sujeito a imposto a terceiro adquirente do mesmo não transforma este em sujeito passivo ou contribuinte do IA em apreciação nos presentes autos não se questionando nestes autos a sua eventual legitimidade pois que não foi este que instaurou a presente impugnação.

Para a definição da legitimidade questionada nos presentes autos não releva a eventual e provável repercussão do imposto na venda do veículo importado não determinando a ilegitimidade do sujeito passivo e contribuinte do mencionado IA."
(Ac. do S.T.A., Proc.º n.º 0991/03 de 05.11.2003, in Bases Jurídico Documentais http://www.dgsi.pt..)

1.3.2.1. Os responsáveis solidários e subsidiários

A distinção entre responsáveis solidários e subsidiários manifestar-se-á consoante estejamos perante um quadro legal de exigência do cumprimento integral da obrigação tributária a qualquer um dos responsáveis[14], que se apresentem assim num mesmo plano relativamente ao obrigado principal ou, como acontece via de regra, havendo vários responsáveis, somente em relação à parte da dívida por que responde cada um.

De referir a prevalência da presunção de que, *a responsabilidade tributária por dívidas de outrem é, salvo determinação em contrário,*

---

[14] Reputamos de todo o interesse fazer aqui menção da responsabilidade solidária atribuída pelo n.º 5 do art. 29.º do CIVA, aos representantes de SP não residentes e sem estabelecimento estável em território nacional, norma que se transcreve na integra para uma melhor percepção do âmbito em que se verifica:
"*1 – Os sujeitos passivos não residentes, sem estabelecimento estável em território nacional, que aqui pratiquem operações tributáveis e que disponham de sede, estabelecimento estável ou domicílio noutro Estado-Membro poderão proceder à nomeação de um representante, sujeito passivo do imposto sobre o valor acrescentado no território nacional, munido de procuração com poderes bastantes.*
2 – Os sujeitos passivos não residentes, sem estabelecimento estável em território nacional, que aqui pratiquem operações tributáveis e que não disponham de sede, estabelecimento estável ou domicílio noutro Estado-Membro estão obrigados a nomear um representante, sujeito passivo do imposto sobre o valor acrescentado no território nacional, munido de procuração com poderes bastantes.
3 – O representante a que se referem os números anteriores deverá cumprir todas as obrigações decorrentes da aplicação do presente diploma, incluindo a do registo, e será devedor do imposto que se mostre devido pelas operações realizadas pelo representado.
4 – A nomeação do representante deve ser comunicada à parte contratante antes de ser efectuada a operação.
5 – O sujeito passivo não estabelecido em território nacional é solidariamente responsável com o representante pelo pagamento do imposto.
6 – Os sujeitos passivos referidos nos n.º 1 e 2 são dispensados de registo e de nomeação de representante, quando efectuem apenas transmissões de bens mencionados no anexo C e isentas ao abrigo da alínea d) do n.º 1 do art. 15.º.
7 – Os sujeitos passivos indicados no número anterior, que façam sair os bens dos locais ou dos regimes referidos na alínea b) do n.º 1 do art. 15.º, devem cumprir as obrigações previstas neste diploma."

apenas subsidiária (cfr. art. 22.º/3 da LGT). No entanto, mesmo dentro da referida responsabilidade tributária subsidiária, emerge a possibilidade de se verificar também responsabilidade solidária na hipótese de existirem vários responsáveis.

Relativamente à responsabilidade solidária, ela verifica-se sempre que os pressupostos de um facto tributário se verifiquem em relação a mais do que uma pessoa, situação em que todas são responsáveis pela dívida tributária (cfr. art. 21.º/1 da LGT). Determinando esta norma no seu número 2 que, *no caso de liquidação de sociedades de responsabilidade ilimitada ou de outras entidades sujeitas ao mesmo regime de responsabilidade, os sócios ou membros são solidariamente responsáveis, com aquelas e entre si, pelos impostos em dívida.*[15]

---

[15] A este respeito cabe dar nota de que, "(...) *Certa doutrina entende, mesmo, que a personalidade jurídica da sociedade persiste enquanto subsistirem débitos, ao menos relativamente aos credores; outros há que defendem que a personalidade, de facto ainda não extinta, face à existência de débitos a satisfazer, se reconstitui; e outros que entendem que a responsabilidade social é substituída pela dos sócios.*

Independentemente da posição teórica que se perfilhe, é pela generalidade aceite que existe, até, a possibilidade de instauração de uma execução fiscal com base em título executivo do qual conste como devedor uma sociedade extinta, quando subjacente esteja um acto tributário de liquidação relativo a factos tributários ocorridos antes da extinção. Por maioria de razão, a extinção da sociedade não constitui obstáculo ao prosseguimento da execução anteriormente instaurada contra ela.

O n.º 2 do artigo 147.º do Código das Sociedades Comerciais estabelece que, mesmo quanto às «dívidas de natureza fiscal ainda não exigíveis à data da dissolução», «ficam ilimitada e solidariamente responsáveis todos os sócios». E a dívida aqui em causa já era exigível à data da dissolução, por isso que está em cobrança coerciva.

A sociedade extinta continua, de resto, a ser o sujeito da relação jurídica tributária, mesmo que a lei designe outros responsáveis pelo respectivo pagamento. Não implicando o fim da personalidade jurídica de um dado sujeito a extinção dos créditos dos seus credores, nada há na lei que impeça a Administração Fiscal de efectuar um acto tributário de liquidação já depois de extinta a pessoa (singular ou colectiva) sujeito passivo da obrigação jurídica tributária. Menos, de exigir o pagamento da obrigação fiscal já antes liquidada. Ainda que os sócios se substituam à sociedade na dívida de imposto (cfr., hoje, o artigo 21.º n.º 2 da Lei Geral Tributária, aonde se estabelece a sua responsabilidade solidária)." (Ac. do S.T.A., Proc.º n.º 01975/02 de 03.12.2003, in Bases Jurídico Documentais http://www.dgsi.pt..)

Um exemplo de responsabilidade solidária é o que encontramos no art. 72.º e 72.º-A do CIVA,[16] nos termos dos quais, o legislador com vista a acautelar as práticas de fraude e evasão fiscal, faz recair sobre

---

[16] Para uma melhor percepção do alcance da responsabilidade atribuída aos adquirentes ou destinatários das prestações de serviços e dos bens transacionados, transcrevem-se de seguida os mencionados artigos, chamando-se a atenção para os n.os 4 e 5 do art. 72.º e para o art. 72.º-A, aditados respectivamente pelo n.º 1 e n.º 12 do artigo 30.º pelo da Lei n.º 55-B/2004, de 30 de Dezembro (O. E. para 2005):

ART. 72.º

"*1 – O adquirente dos bens ou serviços tributáveis que seja um sujeito passivo dos referidos na alínea a) do n.º 1 do artigo 2.º, agindo como tal, e não isento, é solidariamente responsável com o fornecedor pelo pagamento do imposto, quando a factura ou documento equivalente, cuja emissão seja obrigatória nos termos do artigo 28.º, não tenha sido passada, contenha uma indicação inexacta quanto ao nome ou endereço das partes intervenientes, à natureza ou à quantidade dos bens transmitidos ou serviços fornecidos, ao preço ou ao montante de imposto devido.*

2 – O adquirente ou destinatário que prove ter pago ao seu fornecedor, devidamente identificado, todo ou parte do imposto devido será liberto da responsabilidade solidária prevista no número anterior, pelo montante correspondente ao pagamento efectuado, salvo no caso de má-fé.

3 – Sem prejuízo da responsabilidade solidária pelo pagamento prevista nos números anteriores, a responsabilidade pela emissão das facturas ou documentos equivalentes, pela veracidade do seu conteúdo e pelo pagamento do respectivo imposto, nos casos previstos no n.º 14 do artigo 28.º, cabe ao sujeito passivo transmitente dos bens ou prestador dos serviços.

4 – Não obstante o disposto nos números anteriores, nos casos em que o imposto resulte de operação simulada ou em que seja simulado o preço constante de factura ou documento equivalente, o adquirente dos bens ou serviços que seja um sujeito passivo dos referidos na alínea a) do n.º 1 do artigo 2.º, agindo como tal, e ainda que isento do imposto, é solidariamente responsável, pelo pagamento do imposto, com o sujeito passivo que, na factura ou documento equivalente, figura como fornecedor dos bens ou prestador dos serviços.

5 – A responsabilidade solidária prevista no número anterior é aplicável ainda que o adquirente dos bens ou serviços prove ter pago a totalidade ou parte do imposto ao sujeito passivo que na factura ou documento equivalente figura como fornecedor dos bens ou prestador dos serviços."

os adquirentes dos bens ou prestações de serviços a responsabilidade solidária pelo pagamento do imposto, sendo de realçar que, nos termos do art. 72.º-A, essa responsabilidade abrange qualquer interveniente no circuito económico, o que apenas se concebe como admissível se implicitamente aceitarmos a prevalência do princípio do interesse público em detrimento dos interesses particulares, porquanto, do ponto de vista teórico se introduz uma instabilidade e insegurança passíveis de afectar o normal relacionamento inter sujeitos passivos.

No plano da efectivação da responsabilidade subsidiária, ela dá-se por reversão no processo de execução fiscal e *depende da fundada insuficiência dos bens penhoráveis do devedor principal e dos responsáveis solidários,...*" (cfr. art. 23.º/1 e 2 da LGT).

Artigo 72.º-A

"1 – Nas transmissões de bens ou prestações de serviços realizadas ou declaradas com a intenção de não entregar nos cofres do Estado o imposto correspondente são também responsáveis solidários pelo pagamento do imposto os sujeitos passivos abrangidos pela alínea a) do n.º 1 do artigo 2.º, que tenham intervindo ou venham a intervir, em qualquer fase do circuito económico, em operações relacionadas com esses bens ou com esses serviços, desde que aqueles tivessem ou devessem ter conhecimento dessas circunstâncias.

2 – O disposto no número anterior é aplicável às transmissões de bens e prestações de serviços a definir por despacho do Ministro das Finanças e da Administração Pública, quando estejam em causa operações relacionadas com actividades em que as práticas descritas no n.º 1 ocorram de forma reiterada.

3 – Para efeitos do disposto neste artigo, presume-se que o sujeito passivo tem conhecimento de que o imposto relativo às transmissões de bens ou prestações dos serviços referidos no número anterior não foi ou não venha a ser integralmente entregue nos cofres do Estado, sempre que o preço por ele devido pelos bens ou serviços em causa seja inferior ao preço mais baixo que seria razoável pagar em situação de livre concorrência ou seja inferior ao preço relativo a esses bens ou serviços em fases anteriores de circuito económico.

4 – A presunção referida no número anterior é ilidida se for demonstrado que o preço praticado, numa das fases do circuito económico, se deveu a circunstâncias não relacionadas com a intenção de não pagamento do imposto."

São várias as situações em a responsabilidade tributária se manifesta ou repercute em pessoas ou entidades diversas da do responsável originário, vejamos alguns exemplos:

- Membros dos corpos sociais, tais como administradores, directores ou gerentes[17], bem assim, os responsáveis pelos órgãos de fiscalização, os revisores oficiais de contas e técnicos oficiais de contas (art. 24.º da LGT);
- Liquidatários de sociedades, (art. 26.º da LGT);
- Gestores de bens ou direitos de não residentes sem estabelecimento estável em território português (art. 27.º da LGT);
- Substitutos tributários nas situações de retenção na fonte dos impostos, (art. 28.º da LGT).

Na aferição da responsabilidade dos responsáveis subsidiários a que nos referimos e, em face do teor do art. 24.º da LGT, duas questões se levantam inevitavelmente, isto porque, além da necessidade de ter ocorrido o exercício ainda que somente de facto das funções de gestão ou administração e de portanto poder ser considerado ou não subsidiariamente responsável, uma não menos importante se coloca igualmente, que é a de saber se, mesmo tendo sido exercidas tais funções, é ou não imputável ao responsável subsidiário a culpa na insuficiência do património da devedora originária que obsta a que as dívidas tributárias possam ser satisfeitas.[18] Esta questão da existência ou não de culpa por

---

[17] Quanto à questão do exercício da gestão ou administração de facto ou de direito, ela redunda na possibilidade que sempre subsistirá de alguém a quem formalmente foi acometida a responsabilidade da gestão da pessoa colectiva devedora originária poder invocar o não exercício de facto, sobretudo nas situações em que essa responsabilidade é repartida por mais do que uma pessoa, e em que a entidade representada se obriga apenas com a assinatura de uma.

[18] Perante este quadro normativo, "(…) *na verdade e como repetida e uniformemente vem afirmando a jurisprudência desta Secção do Supremo Tribunal Administrativo, a controvérsia proposta na petição inicial como integrando o fundamento exclusivo da impugnação judicial apresentada pelo ora Recorrente na sequência de citação que lhe foi oportunamente transmitida no respectivo processo de execução fiscal – processo n.º 3565.92/100473.5 – na qualidade e enquanto devedor*

parte do responsável subsidiário torna-se bem mais problemática uma vez que, via de regra, terá de ser dirimida em tribunal através do uso da prova testemunhal, já que é impensável do ponto de vista documental aferir essa mesma culpa.

subsidiário de dívida fiscal originariamente devida por ... – ..., ... –, de que, ao tempo (1990 a 1992), fora gerente.

Controvérsia assim centrada na eventual e consequente ilegalidade do respectivo e prévio despacho de reversão, decorrente da exclusivamente invocada ausência de culpa sua na verificada situação de incumprimento fiscal pela originária devedora, tal como vem aliás julgado, integra antes e apenas fundamento de eventual oposição à execução fiscal – cfr. art. 204.º n.º 1 al. b) do CPPT – (cfr. acórdão de 30.10.2002, processo n.º 845/02-30).

Com efeito e como bem esclarecedoramente se afirmou no acórdão de 23.10.2002, processo n.º 945/02, como aqui, a proposta controvérsia acerca da verificação ou não dos pressupostos de que a lei faz depender a possibilidade de reversão da execução fiscal contra os devedores subsidiários, atento o disposto no art. 151.º do CPPT, onde, expressamente, se consagra, permitindo, que na oposição à execução fiscal se questionem os pressupostos da responsabilidade subsidiária, assim se facultando ao «... executado (e o revertido já é, por força do despacho de reversão, executado), deve contestar a pretensão do exequente, no que toca aos pressupostos da reversão da execução, mediante oposição à execução, e não através de outro meio processual, designadamente, a impugnação de actos administrativos respeitantes a questões fiscais, ou a reclamação do despacho de reversão. «(no mesmo sentido podem ainda ver-se os acórdãos desta Secção e Supremo Tribunal de 04.11.98, de 13.12.2000 e de 30.04.03, proferidos respectivamente nos processos n.º 22.728, 25.613 e 97/03-30).

Tanto mais que, como já se sumariava no acórdão de 04.11.98, processo n.º 22.728,

«Revertida a execução contra o responsável subsidiário, deve este usar o processo de oposição à execução se alega a sua ilegitimidade substantiva.»

Não merece pois qualquer reparo ou censura a sindicada sentença que, de harmonia com a referida jurisprudência, assim julgou.

E nem a discretamente requerida (cfr. termos finais das alegações apresentadas em juízo a fls. 25) convolação para o meio processual adequado – oposição à execução fiscal – se mostra agora e aqui viável, já que para tanto os autos não facultam conhecimento/informação de elementos indispensáveis ao conveniente e necessário juízo sobre a sua oportunidade/tempestividade aferida nos termos do respectivo prazo legal (30 dias a contar da citação – cfr. art. 203.º n.º 1 al. a) do CPPT). (...)." (Ac. do S.T.A., Proc.º n.º 0160/03 de 24.09.2003, in Bases Jurídico Documentais http://www.dgsi.pt..)

Igualmente importante, o facto de, ressalvada a possibilidade de exercício do benefício de inventário, "*as obrigações tributárias originárias e subsidiárias transmitem-se, mesmo que não tenham sido ainda liquidadas, em caso de sucessão universal por morte,...*" (cfr. art. 29.º/2 da LGT).[19]

Quanto à responsabilidade dos técnicos oficiais de contas, é extremamente relevante o facto de, estes serem subsidiariamente responsáveis perante a administração fiscal, desde que se demonstre a violação dos deveres de assunção de responsabilidade pela regularização técnica nas áreas contabilística e fiscal ou de assinatura de declarações fiscais, demonstrações financeiras e seus anexos (cfr. art. 24.º/3 da LGT). Na actual formulação legal é suficiente que a violação tenha lugar a titulo meramente negligente, enquanto que, antes da entrada em vigor da Lei n.º 60-A/2005 de 30 de Dezembro (01/01/2006), a responsabilidade

---

[19] Como refere Jorge Lopes de Sousa, CPPT anotado, 4ª edição, p. 697, 698, "*... é inquestionável, actualmente, que os sucessores dos responsáveis subsidiários podem ser responsabilizados pelo pagamento das dívidas dos devedores originários abrangidas pela responsabilidade subsidiária.*

Assim, este art. 153º (do CPPT) deverá ser interpretado como atribuindo também legitimidade para intervenção no processo de execução fiscal aos sucessores dos responsáveis subsidiários.

No entanto, nestes casos em que a execução fiscal deve correr contra sucessores dos responsáveis subsidiários não haverá uma reversão da execução fiscal contra eles, nos casos em que estes tenham sido citados para a execução, mas sim uma habilitação, nos termos do art. 155.º, n.º 3, 166.º, alínea b), e 168.º deste Código, que assegura a sua legitimidade passiva para intervenção no processo de execução fiscal.

Porém, nos casos em que os responsáveis subsidiários falecerem antes da instauração do processo de execução fiscal ou antes de nele ser ordenada a reversão, terá de ser decidida a esta, designadamente com observância do preceituado nos art.s 23.º, n.º 4, e 60.º, n.ºˢ 3, 4 e 5, da LGT, sobre o direito de audição.

No entanto, a responsabilidade dos sucessores do executado originário ou dos responsáveis solidários ou subsidiários não existirá nos casos em que a execução tem por objecto decisão de condenação em coima ou sanção acessória pecuniária aplicadas pela prática de contra-ordenação fiscal.

Assim, deve restringir-se este art. 153º do CPPT aos casos em que a dívida que se pretende cobrar ao executado originário não é proveniente de condenação pela prática de contra-ordenação fiscal."

subsidiária dos técnicos oficiais de contas estava condicionada à verificação da violação dolosa dos deveres enunciados na lei.

1.3.2.2. A legitimidade dos responsáveis solidários e subsidiários

Como já vimos, a responsabilidade subsidiária efectiva-se através da reversão no processo de execução fiscal, importa por isso e desde logo aferir da legitimidade dos revertidos. Essa legitimidade pode ser de natureza substantiva, a qual decorrerá da responsabilidade subsidiária e que se inexistir constitui fundamento para oposição nos termos do art. 204.º/1 do CPPT, ou de natureza processual ou adjectiva, a qual, como facilmente se perceberá, não se confunde com aquela, uma vez que decorre simplesmente do despacho que determina a reversão e se subsume ao disposto no art. 9.º e 153.º/2 do CPPT, especialmente porque *"o chamamento à execução dos responsáveis subsidiários depende da verificação de qualquer das seguintes circunstâncias:*

a) Inexistência de bens penhoráveis do devedor e seus sucessores;
b) Fundada insuficiência, de acordo com os elementos constantes do auto de penhora e outros de que o órgão da execução fiscal disponha, do património do devedor para a satisfação da dívida exequenda e acrescido." (cfr. art. 153.º/2 do CPPT).[20]

---

[20] De notar que, mesmo ao tempo da vigência do CPT (art. 239.º/2), o entendimento jurisprudencial relativamente ao chamamento dos responsáveis subsidiários apontava uniformemente no sentido de que: "*...depende da verificação de qualquer das seguintes circunstâncias:*

  a) inexistência de bens penhoráveis do devedor e seus sucessores;

  b) insuficiência do património do devedor para a satisfação da divida exequenda e acrescido.

Como se lê no acórdão desta formação de 27.VI.2001 – rec. 21 378, a interpretação deste preceito *"não pode levar a alterar o princípio fundamental da responsabilidade subsidiária, a qual só existe no caso de a dívida não poder ser cobrada do originário devedor, o que expressamente resulta do artigo 11.º do CPT, quando estabelece que, salvo disposição em contrário, a responsabilidade pelas dívidas de outrém é sempre subsidiária.*

Por isso, a harmonização destas disposições normativas impõe, por força da subsidiariedade da mencionada responsabilidade, que a exigência do pagamento das

Verifica-se portanto que não basta a consideração da qualidade de responsável subsidiário, para que automaticamente este possa ser chamado à execução.

dívidas aos responsáveis só pode ocorrer depois de se verificar a impossibilidade de pagamento da dívida pelos bens do primitivo executado.

Nesta perspectiva, o âmbito do artigo 239.º, 2, b), do CPT enquadrará situações em que, existindo bens penhoráveis (situação diversa, por isso, da prevista na alínea a), que se reporta à inexistência de bens), é possível formular, sem dúvidas, um juízo sobre a insuficiência do património do originário devedor para pagamento da quantia exequenda.

E este juízo de insuficiência, para que possa ser decretada a reversão, pressupõe não só que esta seja manifesta, como ainda que se determine, com exactidão, qual a medida dessa insuficiência, o que é exigido pela faculdade que a lei garante ao responsável subsidiário de poder pagar a dívida sem juros, custas e selos, no prazo previsto para a execução, o que pressupõe uma prévia e exacta determinação do montante da dívida, nos termos do artigo 246.º, 3, do CPT, conforme se escreveu nos acórdãos deste STA de 29.IV.98 – rec. 21 383 e de 11.III.98 – rec. 21 818 (...).

Por isso, as situações enquadráveis na alínea b) do artigo 239.º, 2, do CPT são as que ocorrem quando, havendo bens penhoráveis, é possível formular, com segurança, um juízo sobre a insuficiência do património do devedor originário e, ainda, um juízo sobre a medida dessa insuficiência.

Ora, existindo bens penhoráveis que tenham de ser vendidos, para determinar o seu valor, não poderá, antes daquela venda, formular-se, com a certeza jurídica necessária, um juízo sobre a insuficiência do património do executado para solver a dívida exequenda e o acrescido, pois que podem na venda merecer valor mais elevado do que o constante da sua avaliação no processo executivo.

O mesmo não acontece quanto aos bens que têm um valor predeterminado, como ocorre nos casos em que é penhorado dinheiro ou créditos quantificáveis em dinheiro, ou títulos e notas de crédito, nos termos dos artigos 306.º, 307.º e 309.º a 312.º do CPT.

Será nesta situação, em que, pela natureza dos bens penhorados, seja possível determinar, sem margem para dúvidas, o valor do património executado, que encontrará aplicação a mencionada alínea b) do artigo 239.º do CPT."

Descendo à concreta situação dos autos, se é certo que os bens penhorados não têm qualquer valor comercial (cfr. alínea d) do probatório), verdade é, outrossim, que "a sociedade originariamente executada propôs diversas acções judiciais – que ainda correm termos – visando o recebimento de quantias que lhe seriam devidas por clientes, ascendendo o montante total das dívidas exigidas nas acções pendentes e documentadas nestes autos a 2 652 537$00 " – alínea i) do quadro factual.

Igualmente importante a legitimidade atribuída ao cabeça de casal, através da validação de todos os actos por ele praticados, isto no caso de ocorrer o falecimento do executado no decurso da execução. (cfr. art. 154.º do CPPT).

Ainda relativamente às situações de abertura da sucessão, decorrentes da verificação do óbito do executado, duas situações se podem colocar, consoante se tenha ou não verificado a partilha da herança do executado.

Assim, "1 – *Tendo-se verificado a partilha entre os sucessores da pessoa que no título figurar como devedor, o órgão da execução fiscal ordenará, para efeito de citação dos herdeiros, a destrinça da parte que cada um deles deva pagar.*

Ora, só após conhecimento do desfecho definitivo de tais acções e, em caso de êxito, ainda que parcial, ante o cumprimento, voluntário ou coercivo, do decidido (com imediata penhora do numerário assim entrado no património da originária executada), é que se poderá formular um juízo seguro sobre a exacta medida da insuficiência do património da C... para satisfação dos créditos exequendos.

Como assim, a decretada reversão contra os ora recorrentes carece de suporte legal. Não era, pois, admissível, patente que, à data, não era conhecida, com exactidão, a medida da responsabilidade subsidiária dos revertidos, como reclamado pela alínea b) do n.º 2 do artigo 239.º do Código de Processo Tributário.

No mesmo sentido, os acórdãos desta formação de 15.III.2000 – rec. 21 371, 28.VI.2000 – rec. 21 373 e de 28.III.2001 – rec. 21 374. Neste último se veio a "concluir que a reversão só poderá ser ordenada quando esteja excutido todo o património do devedor originário e não tenha sido dado pagamento com ele às dívidas fiscais.

Como é evidente, contendendo a falta de excussão do património do originário devedor subsidiário nessas circunstâncias com a existência, em concreto, da sua obrigação de responsabilidade pela dívida exequenda, a sua falta apenas poderá determinar a extinção da instância executiva em relação a ele.

Ele é, portanto, parte substantivamente ilegítima pela dívida exequenda e, como tal, poderá opor-se à execução nos termos da alínea b) do n.º 1 do artigo 286.º do CPT.

Só poderá efectuar-se a modificação subjectiva da instância executiva, introduzindo nela um sujeito diferente, através da reversão, quando se tenha por verificado o pressuposto da falta ou insuficiência dos bens do devedor originário, entendidas nos termos que foram expostos.

Até lá, o devedor subsidiário não pode ser parte no processo executivo." (Ac. do S.T.A., Proc.º n.º 026351 de 27.11.2002, in Bases Jurídico Documentais http://www.dgsi.pt..)

2 – Em relação a cada devedor será processada guia ou documento equivalente em triplicado, com a indicação de que foi passada nos termos deste artigo, servindo um dos exemplares de recibo ao contribuinte.

3 – Para efeito dos números anteriores, quando quem realizar a citação verificar que o executado faleceu, prestará informação em que declare:

  a) No caso de ter havido partilhas, os herdeiros e as suas quotas hereditárias;
  b) Não tendo havido partilhas, os herdeiros, caso sejam conhecidos, e se está pendente inventário.

4 – No caso da alínea a) do número anterior será mandado citar cada um dos herdeiros para pagar o que proporcionalmente lhe competir na dívida exequenda e, no da alínea b), citar-se-á, respectivamente, consoante esteja ou não a correr inventário, o cabeça-de-casal ou qualquer dos herdeiros para pagar toda a dívida sob cominação de penhora em quaisquer bens da herança, fazendo-se a citação dos herdeiros incertos por editais." (cfr. art. 155.º do CPPT).

A disposição citada está em sintonia com o que nesta matéria se encontra regulado no n.º 1 do art. 2098.º/1 do CC.

É que, até que se verifique a partilha, "*os bens da herança indivisa respondem colectivamente pela satisfação dos respectivos encargos.*" (cfr. art. 2097.º do CC).

Uma outra circunstância em que legitimamente se pode operar a reversão na execução, é aquela em que, "*Na falta ou insuficiência de bens do originário devedor ou dos seus sucessores e se se tratar de dívida com direito de sequela sobre bens que se tenham transmitido a terceiros, contra estes reverterá a execução, salvo se a transmissão se tiver realizado por venda em processo a que a Fazenda Pública devesse ser chamada a deduzir os seus direitos.*" (cfr. art. 157.º/1 do CPPT).

Sendo certo que nestes casos existe um importante condicionalismo, o de "*os terceiros só respondem pelo imposto relativo aos bens transmitidos e apenas estes podem ser penhorados na execução, a não ser que aqueles nomeiem outros bens em sua substituição e o órgão da execução fiscal considere não haver prejuízo.*" (cfr. art. 157.º/2 do CPPT).

Algo idêntico é o que se passa com a reversão contra possuidores de bens imóveis ou móveis sujeitos a registo e em que, em termos de definição da incidência subjectiva, dependa da verificação da posse ou fruição[21], é que, se a prestação tributária em dívida respeitar a um período em relação ao qual o possuidor era pessoa diferente do actual em nome de quem tiver sido passado o título, "*...a execução reverterá, nos termos da lei, contra o antigo possuidor, fruidor ou proprietário.*" (cfr. art. 158.º/1 do CPPT). Ou se mesmo assim a posse ou fruição tiver pertencido a outrém, será ele citado para contra ele reverter essa execução. (cfr. art. 158.º/2 do CPPT).

Uma das situações de legitimação de responsáveis subsidiários e consequente reversão contra estes é a que se verifica no caso de substituição tributária, na falta ou insuficiência de bens do devedor. (cfr. art. 159.º do CPPT).

Também sobre os funcionários afectos às execuções fiscais impende responsabilidade subsidiária, *pela importância das dívidas que não puderam ser cobradas, por qualquer dos seguintes actos, desde que dolosamente praticados:*

a) Quando, por terem dado causa à instauração tardia da execução, por passarem mandado para penhora fora do prazo legal ou por não o terem cumprido atempadamente, não forem encontrados bens suficientes ao executado ou aos responsáveis;

---

[21] Veja-se o que nos diz o art. 8.º do CIMI, ao definir quem deve ser considerado sujeito passivo em sede de IMI:

"*1 – O imposto é devido pelo proprietário do prédio em 31 de Dezembro do ano a que o mesmo respeitar.*

2 – Nos casos de usufruto ou de direito de superfície, o imposto é devido pelo usufrutuário ou pelo superficiário após o início da construção da obra ou do termo da plantação.

3 – No caso de propriedade resolúvel, o imposto é devido por quem tenha o uso e fruição do prédio.

4 – Presume-se proprietário, usufrutuário ou superficiário, para efeitos fiscais, quem como tal figure ou deva figurar na matriz, na data referida no n.º 1 ou, na falta de inscrição, quem em tal data tenha a posse do prédio.

5 – Na situação prevista no artigo 81.º o imposto é devido pela herança indivisa representada pelo cabeça-de-casal."

b) *Quando, sendo conhecidos bens penhoráveis, lavrarem auto de diligência a testar a sua inexistência;*
c) *Quando possibilitem um novo estado de insolvência por não informarem nas execuções declaradas em falhas que os devedores ou responsáveis adquiriram posteriormente bens penhoráveis.*

2 – A responsabilidade subsidiária do funcionário só poderá ser exercida após condenação em processo disciplinar pelos factos referidos no número anterior." (cfr. art. 161.º do CPPT).

De referir ainda que a responsabilidade tributária que como vimos se concentra quer nos sujeitos passivos originários quer nos subsidiários, abrange de acordo com as disposições legais respectivas a totalidade da dívida tributária, (cfr. art. 22.º/1 da LGT).

Devem contudo registar-se as seguintes particularidades:

- se depois de operada a reversão no processo de execução fiscal contra os responsáveis subsidiários, estes após serem citados nessa qualidade, procederem ao pagamento da dívida exequenda por que respondam, beneficiam de isenção de juros de mora e de custas (cfr. art. 23.º/5 da LGT).
- se porém não procederem ao pagamento *dentro do prazo ou decaírem na oposição*[22] *que eventualmente tenham deduzido, os responsáveis subsidiários suportarão, além das custas a que tenham dado causa, as que forem devidas pelos originários devedores* (cfr. art. 160.º/3 do CPPT).

---

[22] É comum no caso de se operar a reversão contra os responsáveis subsidiários que estes deduzam oposição, devendo contudo ter-se em atenção que, aos revertidos é conferida a possibilidade de estes reclamarem ou apresentarem impugnação judicial relativamente aos tributos em dívida, nos termos gerais dos art.s 68.º e seguintes e 99.º e seguintes do CPPT, dentro do prazo previsto no art. 102.º/1-c) daquele diploma, sem prejuízo de se o fundamento for a nulidade, ser deduzida a todo o tempo nos termos do n.º 3 da mesma norma.

1.4. A personalidade e a capacidade tributária

A personalidade tributária está subjacente à personalidade jurídica, embora seja possível encontrar como titulares de relações jurídicas tributárias, entidades sem personalidade jurídica[23].

Como exemplo de excepção àquela regra, veja-se o caso de uma herança, a qual não lhe sendo reconhecida personalidade jurídica nos termos da lei civil, tem contudo personalidade tributária[24].

Na prática o que o legislador pretendeu foi dotar este instituto jurídico de uma abrangência tal, que seja reconhecida personalidade tributária a qualquer entidade titular de rendimentos, imputando-lhe os correspectivos direitos e deveres no âmbito da relação jurídica tributária.

E, intimamente ligada à personalidade temos a capacidade tributária, porquanto, *"...salvo disposição legal em contrário, tem capacidade tributária quem tiver personalidade tributária."* (cfr. art. 16.º/2 da LGT.).

Assim se compreende que *"a capacidade judiciária e para o exercício de quaisquer direitos no procedimento tributário tem por*

---

[23] Este conceito encontra-se formulado no art. 15.º da L.G.T., que nos diz que: *A personalidade tributária consiste na susceptibilidade de ser sujeito de relações jurídicas tributárias*. E, salvo disposição legal em contrário, tem capacidade tributária quem tiver personalidade tributária.

[24] Nas sucessões por morte, o imposto é devido pela herança, representada pelo cabeça-de-casal, e pelos legatários, (art. 2.º/2-a) do CIS.

Esta já era a filosofia adoptada no art. 29.º/2 da LGT, que prescrevia que, *"as obrigações tributárias originárias e subsidiárias transmitem-se, mesmo que não tenham sido ainda liquidadas, em caso de sucessão universal por morte, sem prejuízo do benefício de inventário"*.

Note-se contudo que, a herança até ser objecto de partilha entre os herdeiros, constitui um património autónomo, o qual responde pelas dívidas que a onerem (art. 2097.º C.C.). No que às execuções respeita, o art. 155.º do CPPT, estabelece um quadro de responsabilização dos herdeiros pelas dívidas fiscais do *de cujus*, reflectindo no n.º 3 e 4 a possibilidade de se ter verificado ou não a partilha e consequentemente ser responsabilizada a herança na pessoa do cabeça de casal ou qualquer dos herdeiros ou todos os herdeiros proporcionalmente em função das quotas hereditárias.

base e por medida a capacidade de exercício dos direitos tributários." (cfr. art. 3.º/2 do CPPT).

Refira-se que a representação junto da Administração Tributaria, bem como a intervenção em juízo pode ocorrer através de mandatário[25], ou seja, "os interessados ou seus representantes legais podem conferir mandato, sob a forma prevista na lei, para a prática de actos de natureza procedimental ou processual tributária que não tenham carácter pessoal." (cfr. art. 5.º/1 do CPPT). Sendo certo que "os actos em matéria tributária praticados pelo representante em nome do representado produzem efeitos na esfera jurídica deste, nos limites dos poderes de representação que lhe foram conferidos por lei ou por mandato".[26]

Por outro lado, é de salientar que, o mandato tributário só pode ser exercido, nos termos da lei, por advogados, advogados estagiários e solicitadores quando se suscitem ou discutam questões de direito perante a administração tributária em quaisquer petições, reclamações ou recursos." (cfr. art. 5.º/2 do CPPT).

Importa também referir que os actos relativos à situação tributária do agregado familiar e ainda os relativos aos bens ou interesses de outro cônjuge, desde que este os conheça e se não lhes tenha expressamente oposto, podem ser praticados por qualquer dos cônjuges (art. 16.º/5 da LGT).

---

[25] Aquele que representa outrem por força de procuração ou contrato de mandato, cfr. arts. 262.º e 1157.º/ss do CC.

[26] Circunstâncias em que, "...quando o mandatário é representante, por ter recebido poderes para agir em nome do mandante, os seus actos só produzem efeitos em relação à esfera jurídica deste quando praticados dentro dos limites dos poderes que lhe foram conferidos ou sejam por estes ratificados, expressa ou tacitamente (cfr. arts.. 258.º, n.º 1, e 268.º, n.º 1, "ex vi" dos arts. 1178.º, n.º 1 e 1163.º, todos do CC) regime que decorre expressamente do n.º 1 do art. 16.º da LGT.

Vale isto por dizer que só nos casos em que o mandatário do sujeito passivo defenda ou aceite posições no procedimento de avaliação indirecta distintas das defendidas pelo mandante na formulação do pedido de revisão da matéria colectável, é que não poderá haver-se como vinculado pelo acordo que se alcance, pois só alegando e provando que o representante excedeu os limites dos seus poderes de representação e agiu em sentido contrário a tais poderes é que o acordo poderá ser infirmado." (Ac. do T.C.A.s. P.º n.º 00232/04 de 30/11/2004, in Bases Jurídico Documentais http://www.dgsi.pt..

Relativamente às entidades sem personalidade jurídica, como é o caso dos incapazes, estes "...só podem estar em juízo e no procedimento por intermédio dos seus representantes, ou autorizados pelo seu curador, excepto quanto aos actos que possam exercer pessoal e livremente." (cfr. art. 3.º/3 do CPPT).

A actuação do representante em nome do incapaz manifesta-se tanto para efeitos de cumprimento das obrigações tributárias, como também em defesa dos direitos legítimos do incapaz.

Situação peculiar é a das sucursais, isto porque, as sucursais, agências, filiais, delegações ou representações podem demandar ou ser demandadas quando a acção proceda de facto por elas praticado (art. 7.º/1 do CPC), sendo certo que, quando a administração principal tiver a sede ou o domicílio em país estrangeiro, podem demandar ou ser demandadas, ainda que a acção derive de facto praticado por aquela, quando a obrigação tenha sido contraída com um português ou com um estrangeiro domiciliado em Portugal. (art. 7.º/2 do CPC).

Mas considerando que é atribuída personalidade tributária às entidades, com ou sem personalidade jurídica, que não tenham sede nem direcção efectiva em território português e cujos rendimentos nele obtidos não estejam sujeitos a IRS (art. 2.º/1-c) do CIRC), então, estas detêm também personalidade e capacidade judiciária tributária conforme resulta do art. 3.º do CPPT.

Contudo, se de acordo com as normas citadas, às sucursais, agências, filiais, delegações ou representações, não puder ser reconhecida personalidade tributária, elas sempre podem intervir no procedimento ou no processo judicial tributário, mediante autorização expressa da administração principal, quando o facto tributário lhes respeitar, (cfr. art. 4.º do CPPT).

1.5. O domicílio ou sede fiscalmente relevante

Os sujeitos passivos das relações jurídicas tributárias têm obrigatoriamente definido perante a administração fiscal a localização do seu domicílio ou sede consoante se trate respectivamente de pessoas singulares ou colectivas.

Salvo disposição em contrário o domicílio das pessoas singulares é a sua residência habitual[27]. Já quanto às pessoas colectivas, elas consideram-se domiciliadas no local da sede ou direcção efectiva, ou do seu estabelecimento estável[28] em Portugal, cfr. art. 19.º/1 da LGT. Pelo

---

[27] A definição de domicílio ou residência não se encontra no CIRS, este código no seu art. 16.º diz-nos é quais são as circunstâncias que permitem considerar os sujeitos passivos residentes em Portugal, assim, *"– São residentes em território português as pessoas que, no ano a que respeitam os rendimentos:*

a) *Hajam nele permanecido mais de 183 dias, seguidos ou interpolados;*
b) *Tendo permanecido por menos tempo, aí disponham, em 31 de Dezembro desse ano, de habitação em condições que façam supor a intenção de a manter e ocupar como residência habitual;*
c) *Em 31 de Dezembro, sejam tripulantes de navios ou aeronaves, desde que aqueles estejam ao serviço de entidades com residência, sede ou direcção efectiva nesse território;*
d) *Desempenhem no estrangeiro funções ou comissões de carácter público, ao serviço do Estado Português.*

2 – São sempre havidas como residentes em território português as pessoas que constituem o agregado familiar, desde que naquele resida qualquer das pessoas a quem incumbe a direcção do mesmo.

3 – A condição de residente resultante da aplicação do disposto no número anterior pode ser afastada pelo cônjuge que não preencha o critério previsto na alínea a) do n.º 1, desde que efectue prova da inexistência de uma ligação entre a maior parte das suas actividades económicas e o território português, caso em que é sujeito a tributação como não residente relativamente aos rendimentos de que seja titular e que se considerem obtidos em território português nos termos do artigo 18.º.

4 – Sendo feita a prova referida no número anterior, o cônjuge residente em território português apresenta uma única declaração dos seus próprios rendimentos, da sua parte nos rendimentos comuns e dos rendimentos dos dependentes a seu cargo segundo o regime aplicável às pessoas na situação de separados de facto nos termos do disposto no n.º 2 do artigo 59.º.

5 – São ainda havidas como residentes em território português as pessoas de nacionalidade portuguesa que deslocalizem a sua residência fiscal para país, território ou região, sujeito a um regime fiscal claramente mais favorável constante de lista aprovada por portaria do Ministro das Finanças, no ano em que se verifique aquela mudança e nos quatro anos subsequentes, salvo se o interessado provar que a mudança se deve a razões atendíveis, designadamente exercício naquele território de actividade temporária por conta de entidade patronal domiciliada em território português".

[28] Por seu turno no CIRC, mais propriamente no art. 5.º, encontramos o conceito de estabelecimento estável para efeitos fiscais, assim: *"1 – Considera-se*

que, ao contrário do domicílio, estes dois conceitos pressupõem o exercício de uma actividade, a qual, todavia, pode não ser efectivamente exercida em termos físicos nesse local.

---

estabelecimento estável qualquer instalação fixa através da qual seja exercida uma actividade de natureza comercial, industrial ou agrícola.

2 – Incluem-se na noção de estabelecimento estável, desde que satisfeitas as condições estipuladas no número anterior:
  a) Um local de direcção;
  b) Uma sucursal;
  c) Um escritório;
  d) Uma fábrica;
  e) Uma oficina;
  f) Uma mina, um poço de petróleo ou de gás, uma pedreira ou qualquer outro local de extracção de recursos naturais situado em território português.

3 – Um local ou um estaleiro de construção, de instalação ou de montagem, as actividades de coordenação, fiscalização e supervisão em conexão com os mesmos ou as instalações, plataformas ou barcos de perfuração utilizados para a prospecção ou exploração de recursos naturais só constituem um estabelecimento estável se a sua duração e a duração da obra ou da actividade exceder seis meses.

4 – Para efeitos de contagem do prazo referido no número anterior, no caso dos estaleiros de construção, de instalação ou de montagem, o prazo aplica-se a cada estaleiro, individualmente, a partir da data de início de actividade, incluindo os trabalhos preparatórios, não sendo relevantes as interrupções temporárias, o facto de a empreitada ter sido encomendada por diversas pessoas ou as subempreitadas.

5 – Em caso de subempreitada, considera-se que o subempreiteiro possui um estabelecimento estável no estaleiro se aí exercer a sua actividade por um período superior a seis meses.

6 – Considera-se que também existe estabelecimento estável quando uma pessoa, que não seja um agente independente nos termos do n.º 7, actue em território português por conta de uma empresa e tenha, e habitualmente exerça, poderes de intermediação e de conclusão de contratos que vinculem a empresa, no âmbito das actividades desta.

7 – Não se considera que uma empresa tem um estabelecimento estável em território português pelo simples facto de aí exercer a sua actividade por intermédio de um comissionista ou de qualquer outro agente independente, desde que essas pessoas actuem no âmbito normal da sua actividade, suportando o risco empresarial da mesma.

8 – Com a ressalva do disposto no n.º 3, a expressão «estabelecimento estável» não compreende as actividades de carácter preparatório ou auxiliar a seguir exemplificadas:

O conceito de domicílio fiscal (das pessoas singulares) não se afasta significativamente do conceito civil de domicílio voluntário geral, uma vez que ambos fazem apelo para a localização da "residência habitual" (cfr. art. 83.º/1 do CC). Em relação ao domicílio profissional, este será, em regra, aquele onde a pessoa exerce a profissão (cfr. art. 84.º/1 do CC).

Mas, ao contrário do que se encontra definido no artigo 83.º/1 e 84.º/1 do CC, na hipótese de alguém ter residência alternada em vários locais, ou exercer a profissão em vários locais, para efeitos fiscais, terá de eleger um desses lugares como sendo o da sua residência ou domicílio fiscal.

---

a) *As instalações utilizadas unicamente para armazenar, expor ou entregar mercadorias pertencentes à empresa;*
b) *Um depósito de mercadorias pertencentes à empresa mantido unicamente para as armazenar, expor ou entregar;*
c) *Um depósito de mercadorias pertencentes à empresa mantido unicamente para serem transformadas por outra empresa;*
d) *Uma instalação fixa mantida unicamente para comprar mercadorias ou reunir informações para a empresa;*
e) *Uma instalação fixa mantida unicamente para exercer, para a empresa, qualquer outra actividade de carácter preparatório ou auxiliar;*
f) *Uma instalação fixa mantida unicamente para o exercício de qualquer combinação das actividades referidas nas alíneas a) a e), desde que a actividade de conjunto da instalação fixa resultante desta combinação seja de carácter preparatório ou auxiliar.*

9 – *Para efeitos da imputação prevista no artigo seguinte, considera-se que os sócios ou membros das entidades nele referidas que não tenham sede nem direcção efectiva em território português obtêm esses rendimentos através de estabelecimento estável nele situado."*

Daí que, *"I – Para efeitos de IVA, lugar da prestação de serviços é aquele onde o prestador dos mesmos tenha a sede da sua actividade económica ou um estabelecimento estável a partir do qual os serviços são prestados ou, na falta da sede ou de estabelecimento estável, o lugar do seu domicílio ou da sua residência habitual.*

II – Mas tratando-se de serviços que incidam sobre bens incorpóreos ou imateriais (v.g. assessoria técnica), o critério do lugar da prestação do serviço é inapropriado, pelo que se aplica o critério da sede do destinatário do serviço." (Ac. do S.T.A. P.º n.º 023492 de 07/12/1999, in Bases Jurídico Documentais http://www.dgsi.pt..).

É verdade que, não basta a definição de domicílio fiscal, torna-se absolutamente necessário, caso surja qualquer alteração, que ela seja comunicada à administração fiscal, conforme preceitua a LGT no art. 19.º/2 e se encontra previsto no art. 43.º/1 do CPPT, *"Os interessados que intervenham ou possam intervir em quaisquer procedimentos ou processos nos serviços da Administração Tributária ou nos tribunais tributários comunicarão, no prazo de 15 dias, qualquer alteração do seu domicílio ou sede."*.

Na verdade, face à evolução tecnológica e aos correspectivos efeitos de modernização administrativa, torna-se algo anacrónico o actual procedimento de alteração de domicilio, talvez fosse de esperar que, através das Juntas de Freguesia da área desse domicilio, enquanto elemento de base da organização administrativa e política do Estado, ainda que sujeito a qualquer taxa, se pudessem efectuar oficiosamente essas alterações, evitando-se assim que, como bastas vezes acontece, os cidadãos se tenham de deslocar a cada serviço para proceder a actualizações.

1.6. O número fiscal e os elementos em cadastro

Ao instituir o número fiscal de contribuinte[29], a administração passou a deter um mecanismo de uso exclusivo no tratamento da informação de índole fiscal, o qual lhe permitia processar os dados relevantes à caracterização dos sujeitos passivos, criando-se assim um cadastro fiscal.[30]

Um tal cadastro abarca não só os elementos sobre o domicílio ou sede dos sujeitos passivos, mas também os dados sobre as actividades profissionais desenvolvidas, às relações inter-sujeitos passivos, em

---

[29] O número fiscal de contribuinte foi instituído pelo Dec.-Lei n.º 463/79, de 30 de Novembro.

[30] A menção do número fiscal passou a ser obrigatória, para pessoas singulares e colectivas ou entidades equiparadas, em todas as petições, exposições, reclamações, impugnações, recursos, declarações, participações, guias, relações notas e em quaisquer outros documentos que sejam apresentados nos serviços da administração fiscal (cfr. art. 9.º/1 do Dec.-Lei n.º 463/79, de 30 de Novembro).

suma, integrando tudo aquilo que permite à administração tributária conhecer os dados daqueles sobre cuja realidade incide a tributação.

Por outro lado o cadastro abrange não só entidades residentes como não residentes, relativamente às entidades não residentes apenas em relação àquelas que obtenham em território português rendimentos sujeitos a tributação através de retenção na fonte a título definitivo, se torna necessário a atribuição do respectivo número de identificação fiscal, o que tem em vista o controlo exercido sobre os substitutos tributários que efectuam as retenções.[31]

---

[31] Tendo em vista a atribuição do número fiscal às entidades nas circunstâncias em apreço, a administração fiscal divulgou as instruções que a seguir se transcrevem:
"(...) *Quem deve requerer a inscrição*
　1. *A inscrição para atribuição de número de identificação fiscal a entidades não residentes que obtenham em território português apenas rendimentos sujeitos a retenção na fonte a título definitivo, será obrigatoriamente requerida pelas entidades residentes em território português que se encontram obrigadas a proceder à respectiva retenção na fonte do imposto, ou seja, os substitutos tributários, conforme disposto no art. 3.º do Decreto-lei n.º 463/79, de 30 de Novembro, com a redacção dada pelo art. 1.º do Decreto-lei n.º 81/2003, de 23 de Abril.*
Entidades abrangidas
　2. *A obrigação que impende sobre os substitutos tributários refere-se a todos os rendimentos pagos ou colocados à disposição de entidades não residentes, independentemente de estas poderem beneficiar de qualquer regime de isenção ou redução de taxa.*
Obrigações acessórias
　3. *O número de identificação fiscal de entidades não residentes é imprescindível para efeitos, quer de comunicação das obrigações declarativas previstas nos arts. 124.º e 125.º do Código do IRS (modelos 13 e 33, aprovados pela Portaria n.º 698/02, de 25 de Junho, publicada no D.R. n.º 144, I.ª Série-B, de 25 de Junho), quer para efeitos de cumprimento da obrigação fiscal prevista no art. 119.º, n.º 7 do CIRS.*
Pedido por transmissão electrónica de dados
　4. *O pedido de atribuição de número de identificação fiscal para entidades não residentes deve ser muito excepcionalmente requerido por suporte de papel, e apenas se as inscrições a requerer não excederem*

De há muito que um dos problemas com que a administração tributária se debate é, sem dúvida, uma até agora inultrapassável incapacidade para, por um lado se proceder a uma manutenção actualizada dos elementos relativos à identificação e caracterização dos sujeitos passivos das relações tributárias, por outro, da própria susceptibilidade de se manter a qualificação como sujeito passivo, face às inúmeras situações de registo, sem a correspondente verificação de produção de factos tributários, o que transforma aqueles em meros obrigados tributários.

---

10 (dez), devendo os substitutos tributários sobre quem impende a obrigação utilizar preferencialmente e como regra o pedido através de transmissão electrónica de dados, recorrendo ao endereço www.e-financas.gov.pt.
Pedido em suporte de papel
    5. Nos casos, excepcionais, em que se recorra ao suporte de papel, a ficha de inscrição pode ser obtida no endereço www.dgci.min-financas.pt/siteinternet/Reparticao/formularios/formularios.html
Atribuição por transmissão electrónica de dados
    6. Os pedidos de atribuição de números de identificação fiscal, apresentados pelos substitutos tributários, através de transmissão electrónica de dados, são efectuados no site das Declarações Electrónicas da DGCI recorrendo à opção "Fiscais / Entregar / Inf. DL 81/2003", sendo-lhes atribuídos os respectivos números, caso não sejam detectados erros, no prazo máximo de 48 horas.
Consulta dos pedidos submetidos
    7. O resultado do tratamento realizado a cada ficheiro submetido, fica disponível na opção "Fiscais / Consultar / Inf. DL 81/2003", podendo ser feito o download do mesmo, em formato XML ou ZIP. Quando se verifiquem erros, que são devidamente identificados pelas mensagens associadas aos registos, os substitutos tributários deverão corrigir a informação, e submeter o(s) registo(s) corrigido(s) num novo ficheiro.
Construção dos ficheiros
    8. As instruções para construção dos ficheiros constam da opção "Ajuda", a qual pode ser acedida directamente, através da página "Serviços Online > Fiscais > Entregar > Inf. DL 81/2003", clicando em "formato XML", ou através do menu de "Ajuda" disponível na barra superior do site das Declarações Electrónicas da DGCI. (...)"
(cfr. Circular n.º 15/2003 de 9 de Dezembro da DGCI.

Desse modo, subsistem situações de alterações não comunicadas, como acontece em relação ao domicilio fiscal [32], mesmo perante a obrigatoriedade, legalmente determinada, da sua actualização[33] e de, no caso de incumprimento sem uma justificação plausível, a mudança ser inoponível perante a administração[34], isto independentemente da possibilidade de a actualização poder ser feita oficiosamente.[35]

---

[32] A alteração do domicilio fiscal para as pessoas singulares residentes no território nacional, já pode ser efectuada através da Internet, para tal, *"(...) devem aceder ao site www.e-financas.gov.pt, seleccionar a opção "Alterar Morada" e identificar-se com o respectivo Número de Contribuinte e Senha de Identificação.*
3. Relativamente à nova morada deverão começar por introduzir o Código Postal, completar os dados disponibilizados pela aplicação, e, estando correctos, submeter o pedido de alteração da morada.
4. Após a submissão do pedido será enviada, para a nova morada, uma carta contendo um Código de Confirmação, devendo, então, entrar na opção "Confirmar Morada" e introduzir o referido Código.
5. A alteração da morada (domicílio fiscal) produzirá efeitos a partir do momento em que efectuar a confirmação com sucesso.
6. Qualquer dúvida que surja durante a alteração ou confirmação da morada, poderá ser esclarecida na "Ajuda" disponível e, caso subsista, através do Help-desk indicado no site.
7. As alterações efectuadas através da Internet ficarão registadas em Cadastro Único na opção "Lista de Documentos" com o Tipo – Alteração – e numeração iniciada por 9998." (cfr. Of. Circulado n.º 30069/2004 de 11 de Fevereiro).

[33] Conforme se encontra determinado no art. 19.º/2 da LGT e no art. 43.º/1 do CPPT.

[34] A inoponibilidade resulta das disposições conjugadas do art. 19.º/3 da LGT e do art. 43.º/2 e 3 do CPPT. Daí que, *"..., é «ineficaz a mudança de domicílio enquanto não for comunicada à Administração Tributária» pelo que esta poderá continuar a considerar o mesmo como residente no domicílio respectivo."* (Ac. do S.T.A. P.º n.º 0973 de 15/10/2003, in Bases Jurídico Documentais http://www.dgsi.pt).

[35] A administração tributária, se dispuser de elementos, pode rectificar oficiosamente o domicílio fiscal dos sujeitos passivos (cfr. art. 19.º/6 da LGT).
Nesse pressuposto, *"(...) Não tendo o contribuinte comunicado à Administração Fiscal a alteração do seu domicílio fiscal, nos termos do art. 8 do D.L. n.º 463/79, de 30/Nov., pelo que veio devolvida a correspondência para ali endereçada, e averiguada, pelo Fisco, a nova residência do contribuinte, é válida e regular a notificação para esta enviada, cumprindo ao mesmo contribuinte o ónus da prova*

Também é verdade que tem havido e podem continuar a surgir situações limite, em que as alterações sejam devidamente participadas pelos contribuintes e que, no entanto, as notificações dos actos tributários pela administração sejam efectuadas para o anterior domicílio, nessas circunstâncias o ónus repercute-se negativa e inevitavelmente sobre a própria administração fiscal[36].

Como facilmente se depreende, num tempo em que, a maior parte do trabalho desenvolvido pela administração, inerente às relações jurídicas tributárias, é feito a partir da interacção entre dados existentes em cadastro, através dos meios informáticos, que uma base de dados de cadastro fiscal não actualizado se constitui como um instrumento ineficaz, para a prossecução do interesse público subjacente à actividade administrativa tributária.

A par desta problemática inerente à actualização do domicílio, verifica-se uma outra, a da necessidade dos "...*sujeitos passivos residentes no estrangeiro, bem como os que, embora residentes em território nacional, se ausentem deste, por período superior a seis meses, bem como as pessoas colectivas e outras entidades legalmente equiparadas que cessem a actividade, devem, para efeitos tributários, desig-*

---

de que a assinatura aposta no respectivo aviso de recepção não é de nenhuma das pessoas referidas no art. 90 do Regulamento para os serviços dos correios, aprovado pelo Decreto de 14.6.90, como facto impeditivo que é da validade e eficácia da notificação – art. 342, ns. 1 e 2 do Cód. Civil.". (Ac. do S.T.A. P.º n.º 022751 de 14/10/1998, in Bases Jurídico Documentais http://www.dgsi.pt.).

[36] Por exemplo, *"Não tendo a AT remetido o expediente postal em ordem ao exercício do direito de audição, pelo recorrente marido – obviamente a título dos rendimentos do agregado familiar –, para o domicílio fiscal que este, atempadamente, fornece à AT, por alteração do seu anterior, por ineficiência dos serviços que não trataram atempadamente tal alteração, expediente postal que, por isso, não foi recepcionado, não se pode dar por cumprido o dever vinculado, pela AF, imposto pelo art. 60.º da LGT, com a remessa de tal expediente para o referido endereço inicial, com a invocação de que a recorrente mulher não procedeu, como o marido, à alteração do domicílio fiscal, para daí concluir o não acatamento do preceituado no art. 43.º do CPPT (em correspondência do art. 70.º do revogado CPT) e a existência de dois domicílios legais dos recorrentes."* (Ac. do T.C.A.S., P.º n.º 06723/02 de 09/03/2004, in Bases Jurídico Documentais http://www.dgsi.pt.).

nar um representante com residência em território nacional."
(cfr. art. 19.º/4 da LGT).[37]

A referida imposição legal tem, do nosso ponto de vista, toda a razão de ser, na medida em que os obrigados tributários naquelas condições, caso não cumpram aquela determinação, transformam a sua ausência na impossibilidade prática de efectivação de contactos a que a administração tributária necessite de estabelecer.

Todavia, não estamos perante uma imposição cujo alcance vá além da mera instituição de um interlocutor entre o sujeito passivo ausente e a administração fiscal, porque em princípio, a figura deste representante não se confunde com a dos membros dos corpos sociais das entidades abrangidas (administradores, directores, gerentes). Ou seja, não exercerá quaisquer funções de administração ou gestão dessas entidades, logo não será passível da responsabilização tributária subsidiária prevista nos art.s 23.º e 24.º da LGT.

---

[37] Sobre a nomeação de representante de pessoas colectivas sem sede ou estabelecimento estável em território nacional, ou noutro Estado Membro sublinhamos o determinado no art. 29.º do CIVA, que aqui se transcreve em parte: "(...)

2 – *Os sujeitos passivos não residentes, sem estabelecimento estável em território nacional, que aqui pratiquem operações tributáveis e que não disponham de sede, estabelecimento estável ou domicílio noutro Estado-Membro estão obrigados a nomear um representante, sujeito passivo do imposto sobre o valor acrescentado no território nacional, munido de procuração com poderes bastantes* (o sublinhado é nosso).

3 – *O representante a que se referem os números anteriores deverá cumprir todas as obrigações decorrentes da aplicação do presente diploma, incluindo a do registo, e será devedor do imposto que se mostre devido pelas operações realizadas pelo representado.*

4 – *A nomeação do representante deve ser comunicada à parte contratante antes de ser efectuada a operação.*

(...)

6 – *Os sujeitos passivos referidos nos n.º 1 e 2 são dispensados de registo e de nomeação de representante, quando efectuem apenas transmissões de bens mencionados no anexo C e isentas ao abrigo da alínea d) do n.º 1 do art. 15.º.*

7 – *Os sujeitos passivos indicados no número anterior, que façam sair os bens dos locais ou dos regimes referidos na alínea b) do n.º 1 do art. 15.º, devem cumprir as obrigações previstas neste diploma.*".

Obviamente que não se trata de um assunto de somenos, até porque não se cinge, como já se disse, às questões de actualização de domicílio, antes abrangendo todos os restantes dados que permitem caracterizar pormenorizadamente a situação tributária de cada sujeito passivo. Por isso qualquer elemento incorrecto no cadastro individual repercute-se também no plano do exercício dos direitos dos sujeitos passivos[38].

Permitimo-nos ainda chamar a atenção para o facto da apresentação fora do prazo legal das declarações para inscrição e actualização de elementos respeitantes aos dados em cadastro dos sujeitos passivos ser punível com coimas variáveis, cfr. art. 117.º do RGIT.

Com um alcance que facilmente se perspectiva, surge também a possibilidade de a administração fiscal, para efeitos de IRS e IRC, proceder à declaração oficiosa da *cessação de actividade quando for manifesto que esta não está a ser exercida nem há intenção de a continuar a exercer, ou sempre que o sujeito passivo tenha declarado o exercício de uma actividade sem que possua uma adequada estrutura empresarial em condições para a exercer* (cfr. art.s 114.º/3 do CIRS e 8.º/6 do CIRC).

Esta cessação oficiosa assim declarada não desobriga os sujeitos passivos por ela atingidos do cumprimento das obrigações fiscais (cfr. art.s 114.º/4 do CIRS e 8.º/7 do CIRC), é que quer estejamos perante sujeitos passivos individuais quer colectivos, a declaração de cessação não lhes retira a existência jurídica e a correspondente personalidade tributária, pelo que, caso protagonizem a qualquer título a prática de actos susceptíveis de gerar rendimentos abrangidos pelas normas de incidência dos respectivos impostos, mantêm-se as suas obrigações face à administração tributária.

---

[38] Actualmente é possível a um sujeito passivo de IMI obter, via Internet, uma caderneta predial ou certidão de teor dos prédios em seu nome, munido da respectiva senha de acesso, mas apenas e só se essa base de dados estiver actualizada.

Capítulo II

A ACTIVIDADE ADMINISTRATIVA TRIBUTÁRIA

> "*A aplicação da lei tributária aos factos previstos como objecto de incidência de impostos ou de determinação da matéria colectável é, naturalmente, uma função dos órgãos da administração fiscal com poder decisório, ...*"
>
> (Preâmbulo do Decreto-Lei n.º 45005 de 27 de Abril de 1963 – Código de Processo das Contribuições e Impostos)

2. A ACTIVIDADE ADMINISTRATIVA TRIBUTÁRIA

A actividade tributária é desenvolvida pela administração tendo em vista a arrecadação da receita resultante da incidência dos vários impostos que integram o sistema fiscal português sobre os factos tributários que enquanto tal se encontram sujeitos a tributação. Dentro do nosso espectro fiscal, encontramos um conjunto de impostos relativamente vasto, os quais são passíveis de serem agrupados de acordo com variados critérios de classificação, mas, mais correntemente e até no âmbito do enquadramento que lhes é dado pela lei orçamental, no capítulo das receitas correntes, são apresentados segundo a diferenciação entre os impostos directos (aqueles que incidem nomeadamente sobre o rendimento do trabalho do capital da propriedade imobiliária), onde pontificam o IRS e o IRC e os impostos indirectos (incidentes sobre a produção, a compra a venda ou utilização de bens e serviços, ou seja, o consumo), com especial realce para o IVA.

Sobre a administração tributária recai também a competência para a arrecadação das receitas provenientes dos impostos (directos e indirectos) que contudo constituem receita exclusiva dos municípios, os chamados impostos locais (nomeadamente o IMI e o IMT).

2.1. A tributação – uma actividade conformada por princípios

Se é certo que a administração tributária actua tendo em vista a arrecadação das receitas tributárias não é menos verdade que o faz no respeito por princípios. Desde já queremos aqui dar a devida saliência a dois: o da legalidade[39] e o da capacidade contributiva[40]. Estes princípios são aqueles que emanam directamente da constituição (artigos 103.º e 104.º da CRP), contudo, para além destes existe um conjunto de outros que regendo a actividade administrativa nos reconduzem aos chamados direitos não impugnatórios sobre os quais nos iremos debruçar na segunda parte deste trabalho em "*os princípios as garantias e os meios de defesa*"[41].

---

[39] O princípio da legalidade encontra-se desenvolvido no capítulo "*Princípios Estruturantes da Actividade Tributária*".

[40] O princípio da *capacidade contributiva* foi acolhido no art. 4.º/1 da LGT. A capacidade contributiva é intrínseca ao valor do rendimento disponível do contribuinte, no sentido em que ao rendimento auferido haverá que subtrair a parcela desse rendimento indispensável não apenas à sua subsistência como também para lhe proporcionar as condições para a obtenção desse mesmo rendimento.

Para tanto, este princípio pressupõe que não seja objecto de tributação, aquele mínimo de subsistência que permita conferir dignidade à existência dos cidadãos contribuintes e dos respectivos agregados familiares. O que é conseguido através da determinação de um rendimento líquido depois de salvaguardados montantes a título de deduções e encargos relativos às despesas que normalmente concorrem a subsistência das pessoas.

[41] Na perspectiva de direitos não impugnatórios ver José Casalta Nabais, Direito Fiscal, Almedina, 2002, pág. 274 e ss.

2.2. A actividade tributária em geral

A actividade desenvolvida pela administração tributária pressupõe uma acção conjugada de todas as partes envolvidas: *do Fisco, através dos seus múltiplos serviços, dos particulares contribuintes e dos terceiros traduz-se, pois, como é natural, numa vasta e complexa rede de direitos e deveres recíprocos, todos eles coordenados em vista de uma vontade funcional em que consiste o acto de aplicação concreta da lei*.[42] Trata-se por isso de um procedimento cuja manifesta complexidade se recorta nos inúmeros actos procedimentais preparatórios que o integram e que vão desde a aquisição do conhecimento do facto tributário, passando pela instrução em que se vai a final sustentar a liquidação do tributo.

Trata-se portanto de uma actividade administrativa que se desenrola a partir do tratamento da informação obtida directa ou indirectamente transmitida, através dos sujeitos passivos e demais obrigados tributários, bem como de entidades nacionais e estrangeiras[43], de

---

[42] Alberto Xavier, Conceito e Natureza do Acto Tributário, pág. 141.

[43] Sobre a cooperação entre Estados, merece a nossa referência o regime instituído pela Directiva n.º 77/799/CE, de 19 de Dezembro de 1977, modificada pela Directiva n.º 79/1070/CEE, de 6 de Dezembro de 1979, transposta para a ordem jurídica portuguesa pelo Dec.-Lei n.º 127/90 de 17 de Abril, nos termos de cujos normativos se, "... *regulam as condições em que se deve efectuar a assistência mútua entre os Estados membros, para efeitos da correcta determinação dos impostos sobre o rendimento ou sobre o património e do imposto sobre o valor acrescentado.*

A eliminação dos entraves à livre circulação de mercadorias, de capitais, de pessoas e de serviços, as novas formas de actuação económica no campo internacional, proporcionadas pelo Tratado de Roma-CEE, mesmo na sua forma inicial, anterior à adaptação resultante do Acto Único, tornaram patente que só a colaboração entre as várias administrações fiscais nacionais poderia evitar o reverso dos benefícios obtidos pelo alargamento de um espaço económico – a progressão da fraude e evasão fiscais em dimensão internacional e em formas cada vez mais elaboradas, gorando os objectivos que devem acompanhar uma política de integração económica.

A Comunidade instaurou, assim, um processo de troca de informações entre os Estados membros, primeiro no campo da tributação directa, mais tarde no domínio do imposto sobre o valor acrescentado. Pretende-se que a referida assistência mútua, baseada sempre num princípio de reciprocidade, quer quanto às diligências a

acordo com as normas da legislação fiscal, de convenções e protocolos de cooperação e independentemente dos meios utilizados para tal.

Certo é que actualmente, até por força das várias directrizes nesse sentido, a maioria das comunicações é feita obrigatoriamente por via electrónica, em detrimento da utilização das declarações em suporte de papel.

Esta obrigatoriedade tem vindo gradualmente a estender-se aos vários impostos, tendo começado pelo IVA[44], relativamente à declarações periódicas.

---

efectuar, quer quanto ao sigilo das informações trocadas, permita um correcto apuramento dos impostos devidos em cada Estado.

A troca de informações será feita a pedido da autoridade competente do outro Estado membro, mas, em casos expressamente previstos, em que corra suspeita de fraude ou evasão, far-se-á espontaneamente.

As autoridades competentes poderão ainda acordar a troca de informações automática em certas áreas ou sob certos condicionalismos, previamente estabelecidos entre elas.

As informações dizem respeito a casos concretos e vigoram apenas para fins fiscais, podendo, no entanto, ser utilizadas em processos judiciais que conduzam à aplicação de sanções criminais, contra-ordenacionais, contravencionais ou administrativas conexas com a tributação."

[44] A apresentação de declarações fiscais pelos sujeitos passivos de IVA, de acordo com o n.º 2 do art. 125.º do CIVA, com vista ao cumprimento das "... *obrigações declarativas previstas no n.º 1 do artigo 28.º do Código do IVA, na alínea c) do n.º 1 e no n.º 2 do artigo 23.º do Regime do IVA nas Transacções Intracomunitárias podem ser cumpridas através de meios de comunicação electrónica pelos sujeitos passivos munidos de um código pessoal de acesso a obter previamente.*"

Dispondo o n.º 3 que, "*A possibilidade prevista no número anterior poderá igualmente ser utilizada pelos técnicos oficiais de contas, relativamente aos sujeitos passivos por cuja escrita sejam responsáveis, com os efeitos que o artigo 17.º da lei geral tributária estabelece para a gestão de negócios, e nos termos a regulamentar por portaria do Ministro das Finanças.*"

Quanto à obrigatoriedade de apresentação das declarações periódicas de IVA por meios electrónicos, veio a mesma a ser estabelecida pela Portaria n.º 375/03 de 10 de Maio:

"*1.º Os sujeitos passivos do IVA ficam obrigados ao envio por transmissão electrónica de dados da declaração periódica a que se refere a alínea c) do n.º 1 do artigo 28.º do Código do IVA, bem como dos anexos nela referidos.*

Mas como não poderia deixar de ser e até por motivos de consistência do sistema e potenciação das funcionalidades dos programas informáticos, a obrigatoriedade de envio de declarações por via electrónica estendeu-se a todos os sujeitos passivos de IRC.[45]

    2.º Para os efeitos do disposto no número anterior, o sujeito passivo e o técnico oficial de contas são identificados por senhas atribuídas pela Direcção-Geral dos Impostos.
    3.º Os sujeitos passivos do IVA obrigados ao envio por transmissão electrónica de dados da declaração e anexos referida no n.º 1 devem:
        a) Efectuar o registo, caso ainda não disponham de senha de acesso, através da página das «Declarações electrónicas» no endereço www.dgci.gov.pt;
        (...)
    7.º A obrigatoriedade do envio por transmissão electrónica de dados da declaração e dos anexos a que se refere o n.º 1 é aplicável a partir dos seguintes períodos de imposto, inclusive:
        a) Agosto de 2003 para os sujeitos passivos do regime normal mensal;
        b) 1.º trimestre de 2004 para os sujeitos passivos do regime normal trimestral que tenham ou devam ter contabilidade organizada;
        c) 1.º trimestre de 2005 para os restantes sujeitos passivos.
    8.º A obrigação referida no n.º 1 é igualmente aplicável a declarações de períodos anteriores enviadas após 1 de Setembro de 2003, 1 de Maio de 2004 e 1 de Maio de 2005 para os sujeitos passivos mencionados nas alíneas a), b) e c) do número anterior, respectivamente."

[45] Quanto ao IRC a obrigatoriedade de utilização da via electrónica encontra-se estabelecida pela Portaria n.º 51/2004 de 16 de Janeiro, nos termos da qual:
    "1.º Ficam obrigados ao envio, por transmissão electrónica de dados, da declaração a que se referem a alínea c) do n.º 1 do artigo 119.º do Código do IRS e o artigo 120.º do Código do IRC, aprovada pelo despacho ministerial que aprovou a declaração e respectivos anexos a que se referem os artigos 113.º do Código do IRS e do Código do IRC:
        a) Todos os sujeitos passivos de IRC, ainda que isentos, subjectiva ou objectivamente;
        b) Os sujeitos passivos de IRS titulares de rendimentos empresariais ou profissionais.
    2.º As pessoas singulares que não tendo auferido rendimentos empresariais ou profissionais estejam obrigadas a efectuar a retenção na fonte poderão optar por cumprir a obrigação declarativa a que se refere a alínea c) do n.º 1 do artigo 119.º do Código do IRS através de transmissão electrónica de dados ou em suporte de papel.

Por seu turno em sede de IRS, a obrigatoriedade abrange somente aqueles sujeitos passivos possuidores da chamada *contabilidade organizada*, tendo sido permitida a manutenção da situação de cumprimento através de suporte de papel aos restantes.[46]

Com a reforma da tributação sobre o património e entrada em vigor do CIMI, no que respeita ao cumprimento das obrigações declarativas, nomeadamente da apresentação da declaração modelo 1 por parte dos sujeitos passivos que possuam ou sejam obrigados a possuir contabilidade organizada.[47]

3.º As entidades que procedam ao envio da declaração através da Internet devem:

    a) Efectuar o registo, caso ainda não disponham de senha de acesso, através da página das «Declarações electrónicas» no endereço www.e-financas.gov.pt;

    (...)

4.º O disposto nos números anteriores é aplicável às declarações apresentadas após 1 de Janeiro de 2004.

5.º É permitida a opção pela entrega em suporte de papel, das declarações apresentadas no ano de 2004, pelos sujeitos passivos de IRS referidos na alínea b) do n.º 1.º que, não dispondo de contabilidade organizada, estejam obrigados a efectuar a retenção na fonte a um número de titulares de rendimentos inferior a cinco.".

[46] Em relação aos sujeitos passivos de IRS, a obrigatoriedade de apresentação respectiva declaração de rendimentos por via electrónica encontra-se estabelecida pela Portaria n.º 3/2004 de 10 de Janeiro, a qual no seu n.º 5 prescreve que, "*A partir de Janeiro de 2004, os sujeitos passivos de IRS titulares de rendimentos empresariais ou profissionais cuja determinação seja efectuada com base na contabilidade ficam obrigados a enviar a declaração de rendimentos dos anos 2001 e seguintes por transmissão electrónica de dados.*"

Prevendo ainda no n.º 6.º que, "*Os sujeitos passivos de IRS não compreendidos no número anterior podem optar pelo envio da declaração modelo n.º 3 e respectivos anexos pelo meio de transmissão de dados nele referido.*"

[47] Nos termos da Portaria 1282/2003 de 13 de Novembro, que aprovou a "*...declaração modelo 1 e respectivos anexos I, II e III para a inscrição de prédios e a avaliação e inscrição de prédios urbanos na matriz predial a que se referem os artigos 13.º e 37.º do Código do Imposto Municipal sobre Imóveis publicados em anexo.*

2.º Os sujeitos passivos obrigados à entrega da declaração e anexos devem efectuar o seu preenchimento de acordo com as especificações e codificações dele constantes.

Mas, no vasto espectro fiscal português muitas outras situações existem relativamente às quais, a obrigatoriedade do cumprimento através de meios electrónicos das respectivas obrigações declarativas têm vindo progressivamente a ser instituída.[48]

3.º A entrega da referida declaração e anexos deve ser efectuada em duplicado no serviço de finanças da área da situação do imóvel a que respeita, destinando-se um dos exemplares a ser devolvido ao apresentante, depois de devidamente autenticada, ou via Internet para o seguinte endereço: www.dgci.gov.pt.
4.º Os sujeitos passivos que possuam ou sejam obrigados a possuir contabilidade organizada ficam obrigados a enviar a declaração por transmissão electrónica de dados.".

Bem assim como para a declaração *"...de participação de prédio urbano arrendado, previsto no artigo 18.º do Decreto-Lei n.º 287/2003, de 12 de Novembro.*
2.º Os sujeitos passivos que sejam proprietários, usufrutuários ou superficiários de prédios urbanos arrendados por contratos vigentes e que tenham dado lugar ao pagamento de rendas até 31 de Dezembro de 2001 podem entregar a participação de prédio arrendado, cujo preenchimento deve ser efectuado de acordo com as especificações e codificações dela constantes.
3.º A entrega do referido modelo pode ser efectuada em qualquer serviço de finanças ou via Internet para o seguinte endereço: www.dgci.gov.pt.
4.º Os sujeitos passivos que possuam ou sejam obrigados a possuir contabilidade organizada são obrigados a enviar o modelo de participação por transmissão electrónica de dados."

[48] De entre essas situações em que, também está estabelecida a obrigatoriedade de envio electrónico de dados, salientamos duas:
- As entidades emitentes de valores mobiliários sujeitos a depósito ou registo em Portugal sempre que tenham em circulação valores mobiliários estão obrigadas, nos termos da Portaria n.º 378/2004 de 14 de Abril, à apresentação da declaração modelo n.º 34, sendo a respectiva obrigação declarativa de ser cumprida por transmissão electrónica de dados.
- Nos termos da Portaria n.º 438/2004 de 30 de Abril, sempre que sejam pagos ou colocados à disposição rendimentos a entidades não residentes é obrigatória a apresentação da declaração mod. 30.

"(...)
2.º A obrigação declarativa a que se refere a declaração modelo 30 deve ser cumprida por transmissão electrónica de dados.
(...)
6.º A obrigatoriedade do envio, por transmissão electrónica de dados, da declaração a que se refere o n.º 1.º é aplicável às que sejam apresentadas a partir de 1 de Maio de 2004."

Teremos mesmo de reconhecer as vantagens que representa a utilização da via electrónica para cumprimento das obrigações declarativas, as quais se revêem não só em relação à administração mas também relativamente aos obrigados tributários, quer em termos de comodidade, economia e segurança, o que só por si justifica essa utilização, acrescendo ainda o facto de dessa forma se evitar uma excessiva e anacrónica dependência em relação aos serviços locais de finanças.

É obvio que nesses casos, estamos perante informações prestadas voluntariamente, ainda que em atenção a uma imposição legal. Estas são aliás as circunstâncias normais em que decorre a actividade administrativa, ou seja, aquela em que o impulso para o procedimento tributário tem na sua génese a informação relativa aos factos tributários imputáveis a cada sujeito passivo e por eles conscientemente assumida e comunicada[49].

---

[49] Todavia, isto não significa que a informação fornecida seja assumida em definitivo pela Administração Fiscal, por isso, em sede de IVA, nos termos do art. 82.º do CIVA, *"1 – Sem prejuízo do disposto no artigo 84.º, o chefe de repartição de finanças procederá à rectificação das declarações dos sujeitos passivos quando fundamentadamente considere que nelas figure um imposto inferior ou uma dedução superior aos devidos, liquidando-se adicionalmente a diferença.*

2 – As inexactidões ou omissões praticadas nas declarações poderão resultar directamente do seu conteúdo, do confronto com declarações de substituição apresentadas para o mesmo período ou respeitantes a períodos de imposto anteriores, ou ainda com outros elementos de que se disponha, designadamente os relativos a IRS, IRC ou informações recebidas no âmbito da cooperação administrativa comunitária e da assistência mútua.

3 – As inexactidões ou omissões poderão igualmente ser constatadas em visita de fiscalização efectuada nas instalações do sujeito passivo, através de exame dos seus elementos de escrita, bem como da verificação das existências físicas do estabelecimento.

4 – Se for demonstrado, sem margem para dúvidas, que foram praticadas omissões ou inexactidões no registo e na declaração a que se referem, respectivamente, a alínea a) do n.º 2 do artigo 65.º e a alínea c) do n.º 1 do art. 67.º, proceder-se-á à tributação do ano em causa com base nas operações que o sujeito passivo presumivelmente efectuou, sem ter em conta o disposto no n.º 1 do artigo 60.º.

5 – Quando as liquidações adicionais respeitarem a aquisições intracomunitárias de bens não mencionadas pelo sujeito passivo nas suas declarações periódicas

Via de regra, assiste-se actualmente a um aumento significativo do volume de informação incorporado em cada uma das obrigações declarativas dos sujeitos passivos relativamente a cada um dos impostos que integram o nosso sistema fiscal[50].

---

de imposto ou a transmissões de bens que os sujeitos passivos considerarem indevidamente como transmissões intracomunitárias isentas ao abrigo do artigo 14.º do Regime do IVA nas Transacções Intracomunitárias, considerar-se-á, na falta de elementos que permitam determinar a taxa aplicável, que as operações são sujeitas à taxa prevista na alínea c) do n.º 1 do artigo 18.º, sem prejuízo de a liquidação ficar sem efeito se o sujeito passivo proceder à regularização da sua situação tributária, ilidir a presunção ou demonstrar que a falta não lhe é imputável.

6 – A adopção por parte do sujeito passivo, no prazo de 30 dias a contar da data da notificação a que se refere o artigo 27.º, de um dos procedimentos previstos na parte final do número anterior terá efeitos suspensivos.".

[50] A título de exemplo, veja-se o que dispõem os art.s 28.º e 40.º do CIVA, que a seguir se transcrevem:

ARTIGO 28.º

Para além da obrigação do pagamento do imposto, os sujeitos passivos referidos na alínea a) do n.º1 do artigo 2.º são obrigados, sem prejuízo do previsto em disposições especiais, a:

a) Entregar, segundo as modalidades e formas prescritas na lei, uma declaração de início, de alteração ou de cessação da sua actividade;

b) Emitir uma factura ou documento equivalente por cada transmissão de bens ou prestação de serviços, tal como vêm definidas nos artigos 3.º e 4.º do presente diploma, bem como pelos pagamentos que lhes sejam efectuados antes da data da transmissão de bens ou da prestação de serviços;

c) Enviar mensalmente uma declaração relativa às operações efectuadas no exercício da sua actividade no decurso do segundo mês precedente, com a indicação do imposto devido ou do crédito existente e dos elementos que serviram de base ao respectivo cálculo;

d) Entregar uma declaração de informação contabilística e fiscal e anexos respeitantes à aplicação do Decreto-Lei n.º 347/85, de 23 de Agosto, e dos regimes especiais previstos em legislação complementar a este diploma, relativos às operações efectuadas no ano anterior, os quais fazem parte integrante da declaração anual a que se referem os Códigos do IRC e do IRS;

Saliente-se que, se é verdade que se verifica em relação aos sujeitos passivos aquele aumento do nível de exigências, teremos de admitir que com essas mesmas circunstâncias se debatem também as entidades públicas ou privadas com vista a permitir o cruzamento de informação e dessa forma a uma fiscalização prévia dos elementos declarados.[51]

---

    e) Entregar um mapa recapitulativo com identificação dos sujeitos passivos seus clientes, donde conste o montante total das operações internas realizadas com cada um deles no ano anterior, desde que superior a (euro) 25000, (ver of. circ. n.º 30044/02, de 9/01) o qual é parte integrante da declaração anual a que se referem os Códigos do IRS e do IRC;
    f) Entregar um mapa recapitulativo com a identificação dos sujeitos passivos seus fornecedores, donde conste o montante total das operações internas realizadas com cada um deles no ano anterior, desde que superior a (euro) 25000, (ver of. circ. n.º 30044/02, de 9/01) o qual é parte integrante da declaração anual a que se referem os Códigos do IRS e do IRC;
(...) ".

Artigo 40.º

1 – Para efeitos do disposto na alínea c) do n.º 1 do artigo 28.º, a declaração periódica deve ser enviada por via postal ao Serviço de Administração do IVA, por forma que dê entrada nos seguintes prazos:
    a) Até ao dia 10 do 2.º mês seguinte àquele a que respeitam as operações, no caso de sujeitos passivos com um volume de negócios igual ou superior a 100 000 000$00 no ano civil anterior;
    b) Até ao dia 15 do 2.º mês seguinte ao trimestre do ano civil a que respeitam as operações, no caso de sujeitos passivos com um volume de negócios inferior a 100 000 000$00 no ano civil anterior.
(...)
10 – Nos casos de extravio da declaração periódica de imposto, a Direcção-Geral dos Impostos poderá exigir uma segunda via, a qual produzirá efeitos à data em que, comprovadamente, haja sido recepcionada a primeira".
[51] Sobre este assunto a seguir se transcrevem algumas normas ilustrativas das obrigações a que nos referimos:

Desta forma, a administração tributária exerce um controlo cada vez mais rigoroso da actividade económica e consequentemente do cumprimento ou não das obrigações fiscais, quer declarativas quer de pagamento dos tributos.

No CIRS:

ARTIGO 120.º
Entidades emitentes de valores mobiliários

As entidades emitentes de valores mobiliários são obrigadas a comunicar à Direcção-Geral dos Impostos, até ao fim do mês de Julho de cada ano, através de modelo oficial, os seguintes elementos:
   a) Identificação das entidades registadoras ou depositárias previstas no artigo 125.º;
   b) Quantidade de valores mobiliários que integram a emissão, e tratando-se de emissão contínua, a quantidade actualizada dos valores mobiliários emitidos;
Quantidade de valores mobiliários registados ou depositados em cada uma das entidades referidas na alínea a).

ARTIGO 123.º
Notários, conservadores e oficiais de justiça

Os notários, conservadores, secretários judiciais e secretários técnicos de justiça são obrigados a enviar à Direcção-Geral dos Impostos, até ao dia 10 de cada mês, relação dos actos praticados nos seus cartórios e conservatórias e das decisões transitadas em julgado no mês anterior dos processos a seu cargo, que sejam susceptíveis de produzir rendimentos sujeitos a IRS, através de modelo oficial.

ARTIGO 124.º
Operações com instrumentos financeiros

As instituições de crédito e sociedades financeiras devem comunicar à Direcção-Geral dos Impostos, até 30 de Junho de cada ano, relativamente a cada sujeito passivo, através de modelo oficial:
   a) As operações efectuadas com a sua intervenção, relativamente a valores mobiliários e warrants autónomos;
   b) Os resultados apurados nas operações efectuadas com a sua intervenção relativamente a instrumentos financeiros derivados.

Por isso se poderá afirmar que, actualmente, é através da utilização dos programas informáticos para tratamento da informação que lhe é fornecida, que a administração tributária, numa primeira linha de

No CIS:

ARTIGO 54.º
Relação de cheques e vales do correio passados ou de outros títulos

As entidades que passem cheques e vales de correio, ou outros títulos a definir por despacho do Ministro das Finanças, devem remeter aos serviços regionais da administração fiscal da respectiva área, até ao último dia do mês de Março de cada ano, relação do número de cheques e vales de correio, ou dos outros títulos acima definidos, passados no ano anterior.

ARTIGO 55.º
Elaboração de questionários

Os serviços da administração fiscal poderão enviar às pessoas singulares ou colectivas e aos serviços públicos questionários quanto a dados e factos de carácter específico relevantes para o controlo do imposto, que devem ser devolvidos, depois de preenchidos e assinados, no prazo que lhes for assinalado, o qual não poderá ser inferior a 10 dias úteis, aplicando-se o Regime Complementar de Inspecção Tributária.

No CIRC:

ARTIGO 119.º
Deveres de cooperação dos organismos oficiais e de outras entidades

Os serviços, estabelecimentos e organismos do Estado, das Regiões Autónomas e das autarquias locais, incluindo os dotados de autonomia administrativa ou financeira e ainda que personalizados, as associações e federações de municípios, bem como outras pessoas colectivas de direito público, as pessoas colectivas de utilidade pública, as instituições particulares de solidariedade social e as empresas públicas devem, por força do dever público de cooperação com a administração fiscal, apresentar anualmente o mapa recapitulativo previsto na alínea f) do n.º 1 do artigo 28.º do Código do IVA.

actuação, detecta as incongruências, lacunas e incorrecções dessa mesma informação. Sendo certo que, desde que internamente não sejam corrigidas essas situações, com ou sem a colaboração dos contribuintes, passam a constituir a base a partir da qual são despoletadas as acções de inspecção propriamente ditas.

Artigo 122.º
Garantia de observância de obrigações fiscais

1 – Sem prejuízo das regras especiais do Código de Processo Civil, as petições relativas a rendimentos sujeitos a IRC, ou relacionadas com o exercício de actividades comerciais, industriais ou agrícolas por sujeitos passivos deste imposto, não podem ter seguimento ou ser atendidas perante qualquer autoridade, repartição pública ou pessoas colectivas de utilidade pública sem que seja feita prova de apresentação da declaração a que se refere o artigo 112.º, cujo prazo de apresentação já tenha decorrido, ou de que não há lugar ao cumprimento dessa obrigação.

2 – A prova referida na parte final do número anterior é feita através de certidão passada pelo serviço fiscal competente.

No CIMI:

Artigo 125.º
Entidades fornecedoras de água, energia e telecomunicações

1 – As entidades fornecedoras de água, energia e do serviço fixo de telefones devem, até 31 de Julho e 31 de Janeiro de cada ano, em relação ao semestre anterior, comunicar ao serviço de finanças da área da situação dos prédios os contratos celebrados com os seus clientes, bem como as suas alterações.

2 – Da comunicação referida no número anterior deve constar a identificação fiscal do proprietário, usufrutuário ou superficiário e respectivo domicílio, bem como a do artigo matricial do prédio, fracção ou parte ou, tratando-se de prédio omisso, a indicação da data da entrega da declaração para a sua inscrição na matriz.

3 – A comunicação é feita mediante impresso de modelo aprovado oficialmente ou por suporte informático.

2.2.1. Os custos de cumprimento das obrigações fiscais

Como pudemos observar, verifica-se actualmente um crescente nível de exigências, no domínio da cooperação entre os obrigados tributários e a Administração Tributária, levando a que se coloque em equação os custos que o cumprimento dessas imposições representa para cada cidadão ou entidade abrangida[52].

ARTIGO 128.º
Câmaras municipais

1 – Às câmaras municipais compete, em particular, colaborar com a administração fiscal na fiscalização do cumprimento do disposto no presente Código, devendo, nomeadamente:
  a) Enviar mensalmente ao serviço de finanças da área da situação dos prédios os dados de que disponham relativos a alvarás de loteamento, projectos e licenças de construção, licenças de demolição e de obras, pedidos de vistorias, datas de conclusão de edifícios e seus melhoramentos ou da sua ocupação;
  b) Enviar bienalmente, até 31 de Março, aos serviços de finanças da área do município plantas dos aglomerados urbanos à escala disponível donde conste a toponímia;
  c) Enviar, oficiosamente ou a solicitação da administração fiscal, outros dados considerados pertinentes para uma eficaz fiscalização."
2 – Para efeitos do disposto no n.º 6 do artigo 37.º, as câmaras municipais devem remeter a informação aí referida ao serviço de finanças até ao fim do mês seguinte ao da sua aprovação.
3 – As normas, formatos e procedimentos necessários ao cumprimento do disposto no número anterior são definidos por portaria do Ministro das Finanças, após audição da Associação Nacional de Municípios Portugueses."
(Nos termos do n° 4 do artigo 16º do Dec.-Lei n.º 238/2006 de 20/12, a nova redacção dada ao n.º 2 do artigo 128.º do Código do IMI entra em vigor no prazo de 30 dias a contar da data da publicação da portaria a que se refere o n.º 3 do artigo 128.º do mesmo Código, na redacção introduzida pelo presente decreto-lei.).

[52] Resulta assim que, *"se por um lado as pessoas singulares vão cumprir as suas obrigações sobre um esteio formado pelas declarações devidas pelas sociedades e outras pessoas colectivas, também a Administração fiscal só poderá exercer a sua actividade de controlo com base nos elementos por elas fornecidos.*

Porém, quando se fala de custos de cumprimento poderíamos ser levados a pensar que os mesmos apenas se reflectem na esfera patrimonial dos particulares, contudo, a sua relevância manifesta-se igualmente no plano oposto, ou seja, no da arrecadação das receitas fiscais. Aparentemente, do lado da obtenção da receita, a repercussão será positiva na perspectiva de uma maior celeridade na arrecadação da mesma, mas, sê-lo-á ainda mais, se atentarmos nos benefícios que representa a disponibilidade *on line* da informação prestada por via electrónica pelos sujeitos passivos dos impostos, quer pela desafectação de meios humanos na digitação de declarações e compilação de dados, quer pela selectividade emergente do tratamento da informação no âmbito das acções de inspecção.

Por seu turno, do lado dos particulares podemos observar dois níveis de repercussão económica decorrentes do cumprimento das obrigações fiscais, o do imposto propriamente dito e o da sua componente administrativa, inerente a esse cumprimento, enquanto parcela do rendimento que fica indisponível para os respectivos titulares.

Temos assim como matéria para reflexão, não só o nível de tributação que impende sobre os sujeitos passivos, mas também a onerosidade que representam as práticas administrativas que lhe estão associadas.

Resta saber qual o limite até ao qual os particulares irão a aceitar de bom grado esta transferência de tarefas administrativas, no limiar da burocracia, até há bem pouco apenas desempenhadas pela Administração, isto se não for suficientemente evidente a diminuição dos custos de cumprimento. Sobretudo porque, não se registam medidas de simplificação do sistema de tributação, mas, ao contrário, este aparece cada vez menos claro e refém da profusão de medidas legislativas impeditivas da confiança e certezas jurídicas, factores onde residirá porventura o maior custo de cumprimento.

Com uma clara opção do legislador pela atribuição dos custos administrativos ligados ao pagamento do imposto à empresa – cujas necessidades específicas de funcionamento exigem a realização de registos contabilísticos – com a entidade em princípio mais apta para desempenhar essa função". (Saldanha Sanches, *Manual de Direito Fiscal*, Lex, 1998, pág. 239).

2.3. O procedimento inspectivo

Um dos aspectos mais visíveis da actuação da administração é sem dúvida, o da fiscalização do cumprimento das obrigações que recaem sobre os sujeitos passivos e demais obrigados tributários.

As acções de inspecção, levadas a cabo pelos SPIT, corporizam a necessidade objectiva de apuramento da situação tributária dos contribuintes[53], ou por outras palavras, *"o procedimento de inspecção tributária visa a observação das realidades tributárias, a verificação do cumprimento das obrigações tributárias e a prevenção das infracções tributárias"*. (cfr. art. 2.º/1 do RCPIT).

Ao falarmos do RCPIT, não podemos deixar de sublinhar que se de facto era necessário sistematizar e uniformizar procedimentos no que toca à actuação da inspecção tributária, também é certo que o diploma, tal como veio a ser publicado (Dec.-Lei n.º 413/98), acabou em grande parte por repetir ao nível dos princípios (Capítulo II) aquilo que já se encontrava consagrado na LGT, não lhe conferindo tal facto maior dignidade uma vez que esses princípios não sendo porventura comuns a toda a administração pública, são-no sem sombra de dúvida à actuação de toda a administração tributária. Aliás, numa das matérias que ocorre apenas por força da actuação dos SPIT, como é a da determinação da matéria tributável por métodos indirectos devidamente tratada no art. 87.º e seguintes da LGT, o RCPIT nada acrescenta.

Quem de perto privar com a actuação dos SPIT, quer como sujeito passivo quer como simples obrigado tributário, pode constatar que, muito embora tenha sido adoptada, uma designação abrangente para a actuação do serviço, (prevenção e inspecção)[54], observa-e contudo uma propensão quase exclusiva para a prática inspectiva, o qual acaba por constituir em si mesmo uma subversão da própria designação do serviço, levando-o a descurar aquela que deveria ser a sua primeira "atribuição" nada mais nada menos que a prevenção. Talvez por isso, do nosso ponto de vista, mais realisticamente, no citado art. 2.º/1 do

---

[53] Esta é a perspectiva que nos é dada no art. 63.º/1 da L.G.T..

[54] A designação do serviço é o de "Serviço de Prevenção e Inspecção Tributária".

RCPIT, a prevenção esteja dirigida para as infracções tributárias, ou seja, numa fase em que a prevenção vem fora de tempo em relação às infracções cometidas, pode unicamente servir de meio dissuasor relativamente ao sempre possível surgimento de novas infracções.

Temos assim que a acção de inspecção permitirá:

- a observação das realidades tributárias, confrontando-as nomeadamente com os dados obtidos em sede de cruzamento de informação contabilística adquirida através quer dos dados do inspeccionado quer de terceiros;
- propor as correcções que se mostrem necessárias em razão da avaliação da situação tributária do SP inspeccionado, caso este não as efectue no decorrer da acção;
- detecção das infracções tributárias praticadas, levantando o respectivo auto de notícia, com vista ao seu sancionamento;

2.3.1. *Os tipos*

Embora ao falar-se da actividade inspectiva se associe esta a acções externas, a realidade é que, actualmente, o desenvolvimento das novas tecnologias, nomeadamente de sistemas informáticos de cruzamento de informação, leva a que o procedimento de inspecção decorra internamente, sem que portanto se dê a deslocação de funcionários aos locais da sede ou domicílio dos inspeccionados.

Para além desta distinção de ordem física, uma outra, pelos seus efeitos legais, merece ser aqui devidamente salientada, falamos da suspensão do prazo de caducidade.[55]

---

[55] Conforme determina o art. 46.º/1, da LGT, a suspensão do prazo de caducidade não abrange as acções de inspecção interna, mas tão só os casos de acção externa.

2.3.2. A metodologia

Normalmente, antecedendo o início da acção de inspecção, os serviços procedem à emissão de uma carta aviso[56], através da qual o sujeito passivo é notificado, com uma antecedência mínima de cinco dias, de que irá ser objecto de procedimento externo de inspecção tributária[57].

O procedimento de inspecção tem verdadeiramente início, com a chamada "Ordem de Serviço", é ela que contém a determinação para a sua realização e paralelamente a credenciação do(s) funcionário(s) incumbido(s) de a levar a cabo[58].

---

[56] É através da *carta aviso* que os sujeitos passivos tomam conhecimento do âmbito e extensão da acção de inspecção da qual vão ser objecto, podendo assim estar preparados para, sem sobressaltos, se munirem dos elementos necessários à comprovação da sua situação tributária.

Contudo, há situações em que, conforme prevê o art. 50.º do RCPIT, a carta aviso não será remetida, sendo entregue no momento da prática dos actos de inspecção:

a) *O procedimento vise apenas a consulta, recolha ou cruzamento de documentos destinados à confirmação da situação tributária do sujeito passivo ou obrigado tributário;*

b) *O fundamento do procedimento for participação ou denúncia efectuada nos termos legais e estas contiverem indícios de fraude fiscal;*

c) *O objecto do procedimento for a inventariação de bens ou valores em caixa, testes por amostragem ou quaisquer actos necessários e urgentes para aquisição e conservação da prova;*

d) *O procedimento consistir no controlo dos bens em circulação e da posse dos respectivos documentos de transporte;*

e) *O procedimento se destine a averiguar o exercício de actividade por sujeitos passivos não registados;*

f) *A notificação antecipada do início do procedimento de inspecção for, por qualquer outro motivo excepcional devidamente fundamentado pela administração tributária, susceptível de comprometer o seu êxito.*

[57] Conforme resulta das disposições conjugadas dos art.s 49.º e 50.º do R.C.P.I.T. e art. 59.º/3-l da L.G.T..

[58] O procedimento externo de inspecção acolhe um dos princípios mais recorrentes do relacionamento da administração com os obrigados tributários, que é o princípio da colaboração, cfr. art. 59.º/3, da L.G.T., sobre esta matéria ver ainda, art.s 46.º, 47.º e 51.º do R.C.P.I.T.).

A ordem de serviço define também, o âmbito e extensão da acção, a qual pode englobar um ou mais períodos e um ou vários aspectos da tributação, conquanto se cinja a um ou vários dos impostos a que o inspeccionado esteja sujeito, cfr. art. 14.º do R.C.P.I.T..

A segurança jurídica e respeito pelos direitos dos obrigados tributários, obriga a que, se porventura após o início de uma acção de inspecção se verifiquem factos novos que determinem a alteração do âmbito e ou extensão do procedimento, este terá de ser objecto de despacho fundamentado por parte do competente órgão da administração tributária que o tiver ordenado, dando lugar à notificação do inspeccionado, (cfr. art. 15.º do R.C.P.I.T.).

2.3.2.1. O tempo e o lugar

O procedimento de inspecção concretiza-se através da deslocação dos funcionários, para tal incumbidos, ao local onde se encontrem ou devam encontrar localizados os elementos contabilísticos dos inspeccionados, normalmente tais elementos encontram-se no local da sede ou domicílio dos sujeitos passivos, o que contudo não impede que as acções de inspecção não possam ter lugar no gabinete do TOC responsável pela execução da contabilidade, (cfr. art. 34.º do RCPIT).

Por outro lado, sob a perspectiva temporal, as acções de inspecção devem ocorrer dentro do horário normal de funcionamento da actividade, sem interferências que se repercutam negativamente naquela, isto porque, fora do horário normal, as acções carecem de autorização dos visados ou excepcionalmente de autorização judicial, (cfr. art. 35.º do RCPIT).

2.3.2.2. O âmbito do procedimento

No âmago do procedimento de inspecção, está a comprovação dos factos de que depende a tributação e nesse sentido, os funcionários podem desenvolver todas as diligências necessárias[59] ao apuramento da situação tributária dos contribuintes, de que salientamos:

- Aceder livremente às instalações ou locais onde possam existir elementos relacionados com a sua actividade ou com a dos demais obrigados fiscais;
- Examinar e visar os seus livros e registos da contabilidade ou escrituração, bem como todos os elementos susceptíveis de esclarecer a sua situação tributária;
- Bem assim como, aceder, consultar e testar o seu sistema informático, incluindo a documentação sobre a sua análise, programação e execução;
- Utilizar as suas instalações quando a utilização for necessária ao exercício da acção inspectiva.

Esta actuação por parte dos serviços de inspecção, faz pressupor que na prática se verifique uma efectiva cooperação da parte dos administrados para com o trabalho inspectivo levado a cabo pelos serviços, dada a necessidade de por estes serem documentados os relatórios das acções[60].

---

[59] Admitem-se aquelas que se encontram prevista na lei, (art. 63.º da L.G.T. e art.s 28.º, 29.º e 55.º a 57.º do R.C.P.I.T.), sendo certo que este conjunto de diligências já se encontravam previstas no CIVA, art.s 77.º; 78.º; 79.º, no CIRS, art.s 134.º e 135.º e no CIRC, art. 125.º.

[60] Sobre os aspectos que acabamos de referir, a seguir se transcrevem os art.s 54.º a 56.º do RCPIT:

Artigo 54.º
Presença do sujeito passivo ou obrigado tributário

1. O sujeito passivo ou obrigado tributário, os seus representantes legais e técnicos e revisores oficiais de contas devem estar presentes no momento da prática de actos de inspecção externa quando esta se efectue nas instalações ou dependências de contribuinte e a sua presença for considerada indispensável à descoberta da verdade material.

2. O sujeito passivo ou obrigado tributário pode, sempre que o pretenda, assistir às diligências da inspecção externa desde que os actos se realizem nas suas instalações ou dependências.

3. *O sujeito passivo ou obrigado tributário pode fazer-se acompanhar por um perito especializado.*

Artigo 55.º
Recolha de elementos

A recolha de elementos no âmbito do procedimento de inspecção deve obedecer a critérios objectivos e conter:
 a) A menção e identificação dos documentos e respectivo registo contabilístico, com indicação, quando possível, do número e data do lançamento, classificação contabilística, valor e emitente;
 b) A integral transcrição das declarações com identificação das pessoas que as profiram e as respectivas funções, sendo as referidas declarações, quando prestadas oralmente, reduzidas a termo.

Artigo 56.º
Procedimento de recolha de elementos

1. As fotocópias ou extractos serão efectuadas nas instalações ou dependências onde se encontrarem os livros ou documentos.
 2. Em caso de impossibilidade de as cópias ou extractos se efectuarem nos locais referidos no número anterior, os livros ou documentos só podem ser retirados para esse efeito por prazo não superior a 72 horas, devendo ser entregue recibo ao sujeito passivo ou obrigado tributário.
 3. Dos inventários e contagens físicas será lavrado o correspondente termo.
 4. O termo referido no número anterior será assinado pelo sujeito passivo ou obrigado tributário ou seu representante, que declarará ser ou não o mesmo conforme ao total das existências, e poderá acrescentar as observações que entender convenientes.
 5. Quando o sujeito passivo ou obrigado tributário, ou seu representante, se recusarem a assinar, será o termo assinado por duas testemunhas.
 6. Na impossibilidade de os serviços de inspecção tributária colherem assinatura das testemunhas, constará o facto do termo, do qual será entregue uma cópia ao sujeito passivo ou obrigado tributário.
 7. Sempre que os testes de amostragem não consistirem no mero confronto de documentos, será igualmente lavrado o respectivo termo, aplicando-se o disposto nos números 4 a 6 do presente artigo com as necessárias adaptações".

Todos os elementos obtidos farão parte de um relatório final ou nota de diligência[61] elaborada pelo(s) funcionário(s) inspector(es), da qual o inspeccionado será devidamente notificado e da qual deverá

---

[61] Para além de deverem ser facultados, a documentação e informação relativa à actividade dos inspeccionados, extraindo-se as cópias as quais comprovarão o teor dos elementos obtidos e integrarão o relatório ou nota de diligência de acordo com o preceituado nos art. 61.º e 62.º do RCPIT:

ARTIGO 61.º
Conclusão dos actos

1. Os actos de inspecção consideram-se concluídos na data de notificação da nota de diligência emitida pelo funcionário incumbido do procedimento.
2. O relatório previsto no artigo seguinte deve ser notificado ao contribuinte por carta registada com aviso de recepção nos 10 dias posteriores ao termo do prazo referido no n.º 4 do artigo anterior.
3. A nota de diligência tem como objectivo a definição da data de conclusão dos actos e, nos casos referidos no n.º 4 do artigo 46.º, indicará obrigatoriamente as tarefas realizadas.

ARTIGO 62.º
Relatório de inspecção

1. Para conclusão do procedimento é elaborado um relatório final com vista à identificação e sistematização dos factos detectados e sua qualificação jurídico-tributária.
2. O relatório deve conter, tendo em atenção a dimensão e complexidade da entidade inspeccionada, os seguintes elementos:
   a) Identificação da entidade inspeccionada, designadamente denominação social, número de identificação fiscal, local da sede e serviço local a que pertence;
   b) Menção das alterações a efectuar aos dados constantes nos ficheiros da administração tributária;
   c) Data do início e do fim dos actos de inspecção e das interrupções ou suspensões verificadas;
   d) Âmbito e extensão do procedimento;
   e) Descrição dos motivos que deram origem ao procedimento, com a indicação do número da ordem de serviço ou do despacho que o motivou;

constar obrigatoriamente, no caso de ter havido emissão de ordem de serviço no início, a descrição das tarefas realizadas, cfr. art. 61.º do R.C.P.I.T..

Sobre as conclusões os interessados são convidados a pronunciar--se em sede de direito de audição. Só após o decurso do prazo concedido para direito de audição, independentemente de este ter ou não sido exercido, é que será elaborado no prazo de 10 dias o relatório definitivo. Neste relatório final ter-se-á necessária e obrigatoriamente em conta os elementos (novos) suscitados no direito de audição, ou a men-

> *f) Informações complementares, incluindo os principais devedores dos sujeitos passivos e dos responsáveis solidários ou subsidiários pelos tributos em falta;*
> *g) Descrição dos factos susceptíveis de fundamentar qualquer tipo de responsabilidade solidária ou subsidiária;*
> *h) Acréscimos patrimoniais injustificados ou despesas desproporcionadas efectuadas pelo sujeito passivo ou obrigado tributário no período a que se reporta a inspecção;*
> *i) Descrição dos factos fiscalmente relevantes que alterem os valores declarados ou a declarar sujeitos a tributação, com menção e junção dos meios de prova e fundamentação legal de suporte das correcções efectuadas;*
> *j) Indicação das infracções verificadas, dos autos de notícia levantados e dos documentos de correcção emitidos;*
> *k) Descrição sucinta dos resultados dos actos de inspecção e propostas formuladas;*
> *l) Identificação dos funcionários que o subscreveram, com menção do nome, categoria e número profissional;*
> *m) Outros elementos relevantes.*
> *3. No caso de o sujeito passivo ter apresentado pedido de redução de coima ou procedido à regularização da sua situação tributária durante o procedimento de inspecção, do facto far-se-á referência no relatório.*
> *4. Poderão ser elaborados outros tipos de relatórios em caso de procedimentos de inspecção com objectivos específicos, os quais, no entanto, incluirão sempre a identidade das entidades inspeccionadas, os fins dos actos, as conclusões obtidas e a sua fundamentação.*
> *5. O relatório de inspecção será assinado pelo funcionário ou funcionários intervenientes no procedimento e conterá o parecer do chefe de equipa que intervenha ou coordene, bem como o sancionamento superior das suas conclusões".*

ção de que não foi exercido, (cfr. art. 60.º da L.G.T e art. 60.º a 62.º do R.C.P.I.T.).

2.3.2.3. As repercussões

Independentemente dos factos determinantes para a efectivação das acções de inspecção, via de regra, resultam correcções aos valores da matéria tributável, o que consequentemente dita a alteração dos montantes da colecta aos impostos abrangidos pelas alterações, as quais podem decorrer de:

- Correcções meramente aritméticas (correcções técnicas) determinadas pela aplicação das normas legais aplicáveis[62];
- Determinadas por aplicação de métodos indirectos / indiciários, (art.s 87.º e 88.º da L.G.T.)[63];

Como qualquer outra acção da administração fiscal, a actuação dos serviços de inspecção, no sentido da obtenção e comprovação dos elementos relativos às actividades dos sujeitos passivos, encontra-se norteada, como se referiu, pelos princípios gerais de direito fiscal, nomea-

---

[62] Trata-se nestes casos de interpretações divergentes por parte dos sujeitos passivos das normas de incidência ou de determinação da matéria tributável.

[63] No caso se verificar haver lugar a aplicação de métodos indirectos, o contribuinte tem o direito de se pronunciar sobre a *"impossibilidade de comprovação e quantificação directa e exacta dos elementos indispensáveis à correcta determinação da matéria tributável"*, (cfr. art. 60.º/1-d) da L.G.T.).

Em todo o caso, *"A prova dos pressupostos da tributação por métodos indiciários (demonstrando que a liquidação não pode assentar nos elementos fornecidos pelo contribuinte e que o recurso à tributação por índices se tornou a única forma de calcular o imposto a liquidar) cabe à AT.*

E, uma vez especificados e demonstrados aqueles pressupostos, cabe ao contribuinte provar a ilegitimidade do acto, seja por via da existência de erro nos pressupostos para a tributação com recurso àqueles métodos indiciários, seja por via da existência de erro na quantificação da respectiva matéria tributável." (Ac. do T.C.A.s P.º n.º 01046/03 de 11/01/2005, in Bases Jurídico Documentais http://www.dgsi.pt.).

damente os da: legalidade, boa-fé, certeza e segurança jurídica, da igualdade, da justiça e imparcialidade. Contudo, uma possível correcção da matéria colectável declarada pelo contribuinte, muito embora sendo um acto vinculado, não o é totalmente por abrigar uma certa indeterminação e uma certa margem de livre apreciação técnica[64].

Importa salientar que as alterações ou fixações de rendimentos decorrentes dos dois tipos de correcções referidos, as quais são sem dúvida as mais comuns, apresentam uma distinção essencial na forma de serem contestadas.

É que, no caso de aplicação de métodos indirectos, em que portanto o sujeito passivo[65] viu a matéria tributável ser determinada através das regras do art. 90.º da LGT[66], para posteriormente poder atacar a liquidação, (havendo-a), tem de previamente e após a notificação da fixação da matéria tributável, pedir a revisão da mesma nos termos do

---

[64] Neste sentido: Sá Gomes, Manual de Direito Fiscal, II, 1996, págs. 159 e 234.

[65] Excepto se abrangido pelo regime simplificado de tributação (cfr. art.s 28.º do CIRS e 53.º do CIRC).

[66] O art. 90.º da LGT dá-nos conta dos condicionalismos que determinam a aplicação dos métodos indirectos, assim, *"1 – Em caso de impossibilidade de comprovação e quantificação directa e exacta da matéria tributável, a determinação da matéria tributável por métodos indirectos poderá ter em conta os seguintes elementos:*
   a) As margens médias do lucro líquido sobre as vendas e prestações de serviços ou compras e fornecimentos de serviços de terceiros;
   b) As taxas médias de rentabilidade de capital investido;
   c) O coeficiente técnico de consumos ou utilização de matérias-primas e outros custos directos;
   d) Os elementos e informações declaradas à administração tributária, incluindo os relativos a outros impostos e, bem assim, os relativos a empresas ou entidades que tenham relações económicas com o contribuinte;
   e) A localização e dimensão da actividade exercida;
   f) Os custos presumidos em função das condições concretas do exercício da actividade;
   g) A matéria tributável do ano ou anos mais próximos que se encontre determinada pela administração tributária.
   h) O valor de mercado dos bens ou serviços tributados;
   i) Uma relação congruente e justificada entre os factos apurados e a situação concreta do contribuinte.

art. 91.º do mesmo diploma[67]. Este pedido de revisão constitui por isso condição prévia a uma possível futura reclamação ou impugnação da liquidação (cfr. art. 86.º/3 da LGT).

---

2 – No caso de a matéria tributável se afastar significativamente para menos, sem razão justificada, dos indicadores objectivos de actividade de base técnico-científica, a sua determinação efectua-se de acordo com esses indicadores.".

[67] E, o pedido de revisão da matéria tributável determinada por métodos indirectos, não se confunde de modo nenhum com a "Revisão de Actos Tributários" prevista no art. 78.º da LGT, a revisão aqui versada está regulada pelo art. 91.º o qual dispõe que, *"1 – O sujeito passivo pode, salvo nos casos de aplicação do regime simplificado de tributação em que não sejam efectuadas correcções com base noutro método indirecto, solicitar a revisão da matéria tributável fixada por métodos indirectos em requerimento fundamentado dirigido ao órgão da administração tributária da área do seu domicílio fiscal, a apresentar no prazo de 30 dias contados a partir da data da notificação da decisão e contendo a indicação do perito que o representa.*

2 – O pedido referido no número anterior tem efeito suspensivo da liquidação do tributo.

3 – Recebido o pedido de revisão e se estiverem reunidos os requisitos legais da sua admissão, o órgão da administração tributária referido no n.º 1 designará no prazo de 8 dias um perito da administração tributária que preferencialmente não deve ter tido qualquer intervenção anterior no processo e marcará uma reunião entre este e o perito indicado pelo contribuinte a realizar no prazo máximo de 15 dias.

4 – No requerimento referido no n.º 1, pode o sujeito passivo requerer a nomeação de perito independente, igual faculdade cabendo ao órgão da administração tributária até à marcação da reunião referida no n.º 3.

5 – A convocação é efectuada com antecedência não inferior a oito dias por carta registada e vale como desistência do pedido a não comparência injustificada do perito designado pelo contribuinte.

6 – Em caso de falta do perito do contribuinte, o órgão da administração tributária marcará nova reunião para o 5.º dia subsequente, advertindo simultaneamente o perito do contribuinte que deverá justificar a falta à primeira reunião e que a não justificação da falta ou a não comparência à segunda reunião valem como desistência da reclamação.

7 – A falta do perito independente não obsta à realização das reuniões sem prejuízo de este poder apresentar por escrito as suas observações no prazo de cinco dias a seguir à reunião em que devia ter comparecido.

8 – O sujeito passivo que apresente pedido de revisão da matéria tributável não está sujeito a qualquer encargo em caso de indeferimento do pedido, sem prejuízo do disposto no número seguinte.

Este condicionalismo de esgotamento dos meios graciosos, numa fase anterior à liquidação, tem toda a razão de ser, basta pensarmos que a matéria tributável que foi determinada naqueles termos, pese embora a razoabilidade dos factores tomados em consideração, será em todo o caso fruto de alguma discricionariedade. Assim, o procedimento de revisão terá a virtualidade de ser um espaço de debate para uma situação, que dessa forma se poderá aproximar mais da realidade económica aferida indirectamente pelos SPIT, mas neste caso com a intervenção de um perito representando o SP.

Na sequência do que acabamos de referir, saliente-se que o acto de notificação de alteração ou fixação da matéria tributável, decorrente de uma acção inspectiva, não é imediatamente lesivo da esfera jurídica do inspeccionado, por isso não é directamente impugnável. De facto a sobredita alteração ou fixação insere-se no

---

9 – *Poderá ser aplicado ao sujeito passivo um agravamento até 5% da colecta reclamada quando se verificarem cumulativamente as seguintes circunstâncias:*

   a) *Provar-se que lhe é imputável a aplicação de métodos indirectos;*
   b) *A reclamação ser destituída de qualquer fundamento;*
   c) *Tendo sido deduzida impugnação judicial, esta ser considerada improcedente.*

10 – *O agravamento referido no número anterior será aplicado pelo órgão da administração tributária referido no n.º 1 e exigido adicionalmente ao tributo a título de custas.*

11 – *Os peritos da Fazenda Pública constarão da lista de âmbito distrital a aprovar anualmente pelo Ministro das Finanças até 31 de Março.*

12 – *As listas poderão estar organizadas, por sectores de actividade económica, de acordo com a qualificação dos peritos.*

13 – *Os processos de revisão serão distribuídos pelos peritos de acordo com a data de entrada e a ordem das listas referidas no n.º 11, salvo impedimento ou outra circunstância devidamente fundamentada pela entidade referida no n.º 1.*

14 – *As correcções meramente aritméticas da matéria tributável resultantes de imposição legal e as questões de direito, salvo quando referidas aos pressupostos da determinação indirecta da matéria colectável, não estão abrangidas pelo disposto neste artigo.*

15 – *É autuado um único procedimento de revisão em caso de reclamação de matéria tributável apurada na mesma acção de inspecção, ainda que respeitante a mais de um exercício ou tributo.".*

conjunto de actos preparatórios do procedimento que culmina com a liquidação do tributo[68].

Contudo, convém aqui deixar nota de que, não poucas vezes, o resultado das acções de inspecção se pode esgotar na assunção por parte dos sujeitos das situações irregulares, adoptando as medidas necessárias a conformar com os respectivos quadros legais a sua situação tributária, independentemente de estarmos ou não, perante faltas detectadas pelos SPIT, caso em que mesmo assim, a regularização terá de constar do relatório cfr. art. 58.º do R.C.P.I.T.[69].

---

[68] Também neste particular se coloca não só a questão da definitividade dos actos, como sobretudo a distinção que, no procedimento tributário, há que efectuar entre actos definitivos e actos interlocutórios. É que de acordo com o disposto no art. 66.º da LGT, "*1 – Os contribuintes e demais interessados podem, no decurso do procedimento, reclamar de quaisquer actos ou omissões da administração tributária..*"
2 – A reclamação referida no número anterior não suspende o procedimento, mas os interessados podem recorrer ou impugnar a decisão final com fundamento em qualquer ilegalidade."
Contudo, como decorre da norma citada, estes actos preparatórios da decisão final, que são directa e imediatamente impugnáveis por via contenciosa, assumem a natureza de actos destacáveis. Mas estes actos, que encontramos no desenvolvimento do procedimento, além de a precederem, condicionam a decisão final, o que por si só justifica que possam ser objecto de impugnação autónoma.
A possibilidade de impugnação de actos interlocutórios, não põe em causa o princípio da *definitividade dos actos tributários*, a que se refere o art. 60.º do CPPT, nos termos do qual, "*Os actos tributários praticados por autoridade fiscal competente em razão da matéria são definitivos quanto à fixação dos direitos dos contribuintes, sem prejuízo da sua eventual revisão ou impugnação nos termos da lei.*"
A impugnação autónoma deverá portanto ocorrer apenas nos casos que se encontrem legalmente previstos, por serem imediatamente lesivos. Decerto que, não podem ser assim considerados os actos de alteração da matéria tributável decorrentes de acções de inspecção.

[69] Deve ainda ser tida em conta para efeitos redução das coimas nos termos dos artigos 29.º e 30 do R.G.I.T.

2.3.2.4. Outras particularidades do procedimento

Numa perspectiva temporal, devemos ter presente que, o procedimento de inspecção é contínuo e deve estar concluído no prazo máximo de seis meses a contar da data de notificação do seu início[70].

---

[70] O prazo de seis meses terá de ser considerado razoável e, embora pontualmente possa ser insuficiente, casos haverá em que o procedimento será concluído em tempo inferior, sobre esta matéria, transcreve-se de seguida o art. 36.º do RCPIT:

ARTIGO 36.º
Início e prazo do procedimento de inspecção

1. O procedimento de inspecção tributária pode iniciar-se até ao termo do prazo de caducidade do direito de liquidação dos tributos ou do procedimento sancionatório, sem prejuízo do direito de exame de documentos relativos a situações tributárias já abrangidas por aquele prazo, que os sujeitos passivos e demais obrigados tributários tenham a obrigação de conservar.
2. O procedimento de inspecção é contínuo e deve ser concluído no prazo máximo de seis meses a contar da notificação do seu início.
3. O prazo referido no número anterior poderá, no caso do procedimento geral ou polivalente, ser ampliado por mais dois períodos de três meses, nas seguintes circunstâncias:
  a) Situações tributárias de especial complexidade resultante, nomeadamente, do volume de operações, da dispersão geográfica ou da integração em grupos económicos nacionais ou internacionais das entidades inspeccionadas;
  b) Quando, na acção de inspecção, se apure ocultação dolosa de factos ou rendimentos;
  c) Outros motivos de natureza excepcional, mediante autorização fundamentada do director-geral dos Impostos.
4. A prorrogação da acção de inspecção é notificada à entidade inspeccionada com a indicação da data previsível do termo do procedimento.
5. Independentemente do disposto nos números anteriores, o prazo para conclusão do procedimento de inspecção suspende-se quando, em processo especial de derrogação do segredo bancário, o contribuinte interponha recurso com efeito suspensivo da decisão da administração tributária que determine o acesso à informação bancária ou a administração tributária solicite judicialmente acesso a essa informação, mantendo-se a suspensão até ao trânsito em julgado da decisão em tribunal.

Ainda que, em circunstâncias de especial complexidade, nomeadamente aquelas em que o âmbito da inspecção se reveste um carácter polivalente ou globalizante, decorrente de transacções numerosas, de dispersão geográfica ou de integração em grupos económicos e, ainda, quando se apure ocultação dolosa de factos ou rendimentos, aquele prazo poderá ser ampliado, por mais dois períodos de 3 meses.

O procedimento pode também ser objecto de suspensão "...*em casos de prioridades excepcionais e inadiáveis da administração tributária. Os motivos da suspensão devem constar de despacho fundamentado do dirigente do serviço.*"[71].

Em qualquer caso, para além da notificação do início e da conclusão, também serão sempre notificadas a prorrogação a suspensão e o reinício da inspecção.

Concluído o procedimento e elaborado o relatório final[72], há um aspecto de que aqui queremos deixar a devida nota, é que, após a sua notificação, o SP pode requerer no prazo de 30 dias, ao Director Geral dos Impostos, que as conclusões nele vertidas sejam sancionadas, conferindo-lhe assim eficácia vinculativa (cfr. art. 64.º do RCPIT).[73]

De qualquer modo, tomando como prazo médio, poderemos afirmar que, embora de acordo com o disposto no art. art. 36.º/1 do R.C.P.I.T., o procedimento inspectivo possa ter inicio até ao limite do prazo de caducidade, na realidade e independentemente de uma eventual interrupção daquele prazo, ele nunca deverá iniciar-se sem serem tidos em linha de conta os tempos necessários na fase subsequente, quer seja para notificação, direito de audição, liquidação e respectiva notificação.

Saliente-se ainda que, este prazo de seis meses, embora igual, não coincide e portanto não pode ser confundido, com o que está estabelecido como prazo de caducidade para a liquidação dos tributos, cuja matéria tributável tenha sido apurada em sede de acções inspectivas, ou seja o prazo de caducidade é contado a partir do termo do prazo fixado para a conclusão da respectiva acção. (Cfr. art. 45.º/5 da LGT).

[71] A suspensão não prejudica contudo os prazos legais de conclusão, cfr. art. 53.º/2, do RCPIT.

[72] A anteceder este relatório final haverá um projecto de relatório que será notificado ao SP para que ele se possa pronunciar em sede de direito de audição sobre o respectivo conteúdo.

[73] Caso seja sancionado, a Administração Tributária fica vinculada, ficando inibida de, nos três anos seguintes, proceder em sentido diverso, excepto se à posteriori, se vierem a constatar situações de simulação, falsificação, violação, ocultação ou destruição de elementos.

Desde o seu início e no decurso dos actos de inspecção que, no momento da sua prática, os SP bem como os seus representantes legais, técnicos e revisores oficiais de contas, não só podem como devem estar presentes, nomeadamente se tal lhes for solicitado, a quando da prática de actos de inspecção, realizada nas suas instalações. Podem ainda fazer-se acompanhar de perito especializado para assistir às diligências de inspecção. (cfr. art.s 52.º a 54.º do R.C.P.I.T. os seus representantes legais e técnicos e revisores oficiais de contas)[74].

---

[74] Procede-se de seguida à transcrição das normas citadas, para uma noção mais aprofundada do âmbito e alcance das mesmas:

ARTIGO 52.º
Representante para as relações com a administração tributária

Sem prejuízo dos deveres que legalmente lhe incumbem, o sujeito passivo ou obrigado tributário devem designar, no início do procedimento externo de inspecção, uma pessoa que coordenará os seus contactos com a administração tributária e assegurará o cumprimento das obrigações legais nos termos do presente diploma.

ARTIGO 53.º
Continuidade e suspensão dos actos

1. A prática dos actos de inspecção é contínua, só podendo suspender-se em caso de prioridades excepcionais e inadiáveis da administração tributária reconhecidas em despacho fundamentado do dirigente do serviço.
2. A suspensão não prejudica os prazos legais de conclusão do procedimento previstos no presente diploma.
3. Em caso de suspensão, deve ser notificado ao sujeito passivo ou obrigado tributário o reinício do procedimento.

ARTIGO 54.º
Presença do sujeito passivo ou obrigado tributário

1. O sujeito passivo ou obrigado tributário, os seus representantes legais e técnicos e revisores oficiais de contas devem estar presentes no momento da prática de actos de inspecção externa quando esta se efectue nas instalações ou dependências de contribuinte e a sua presença for considerada indispensável à descoberta da verdade material.

No decurso do procedimento de inspecção, em função da situação com que se deparem os inspectores, pode verificar-se a necessidade de serem tomadas medidas excepcionais,[75] com vista a evitar o extravio destruição de documentação ou a dissipação de bens, como são respectivamente as providências cautelares de arrolamento[76], arresto ou sela-

---

2. O sujeito passivo ou obrigado tributário pode, sempre que o pretenda, assistir às diligências da inspecção externa desde que os actos se realizem nas suas instalações ou dependências.

3. O sujeito passivo ou obrigado tributário pode fazer-se acompanhar por um perito especializado".

[75] As providências cautelares aqui referidas, estão previstas genericamente no art. 51.º da LGT e no caso concreto do procedimento de inspecção, nos art.s 30.º e 31.º do RCPIT.

[76] O arrolamento aqui referido, é o que se encontra regulado pelo art. 140.º e seguintes do CPPT, curiosamente, ao contrário do que veio a ser acolhido no art. 29.º do CIMT, ao tempo da vigência do Código da Sisa e Imposto sobre Sucessões e Doações, estava previsto no § 2.º do art. 70.º daquele diploma, um arrolamento diferente, o arrolamento sem depósito, "(...) *Prescreve o artigo 70.º em causa:*

«Seja ou não devido imposto, e haja ou não inventário, é sempre obrigatório prestar as declarações e relacionar os bens, pertencendo às repartições de finanças, em face do processo devidamente instruído, verificar as possíveis isenções.

§ 1.º Não sendo feita a declaração nos termos do artigo 60.º e tendo o chefe da repartição de finanças conhecimento, por qualquer outro meio, de que se operou uma transmissão de bens a título gratuito, competir-lhe-á instaurar oficiosamente o processo de liquidação do imposto.

§ 2.º Se não for apresentada a relação de bens, dentro dos prazos fixados no artigo 67.º, o chefe da repartição de finanças notificará o infractor ou infractores, sob pena de serem havidos por sonegados todos os bens, a apresentá-la dentro do prazo por ele estabelecido, não inferior a dez nem superior a trinta dias; se a relação ainda não for apresentada neste prazo, o chefe da repartição comunicará imediatamente o facto ao agente do Ministério Público da comarca onde os bens estiverem situados, a fim de que promova, através de arrolamento sem depósito, a sua descrição e avaliação.»

Resulta evidente da leitura do normativo transcrito que este arrolamento é especial relativamente aos arrolamentos a que se refere o artigo 140.º do Código de Procedimento e Processo Tributário. Tal especialidade reside exactamente nos requisitos necessários num e noutro caso para a sua efectivação. No arrolamento previsto no artigo 140.º exige-se que haja fundado receio de extravio ou dissipação dos bens ou documentos e que os mesmos sejam

gem de instalações. Estas medidas têm natureza judicial,[77] tendo por fundamento o justo receio de que se possam verificar danos irreparáveis, neste caso em relação à Fazenda Nacional, independentemente da forma ou meios utilizados[78].

> *conexos com obrigações tributárias. No arrolamento sem depósito previsto no artigo 70.º ele é consequência da não apresentação da relação de bens por parte dos obrigados a tal apresentação, nos prazos e após as notificações aí previstas, independentemente de ser ou não devido imposto. Por isso, se a lei indica expressamente quais os requisitos necessários para se proceder ao arrolamento sem depósito, que são diversos dos requisitos gerais dos arrolamentos, não pode o julgador substituir-se ao legislador e determinar que os requisitos não são os que a lei refere.*
>
> *A não apresentação da relação de bens no prazo previsto após as notificações que o artigo 70.º consigna faz presumir a sonegação dos bens e obriga o chefe da repartição de finanças a participar o caso ao Ministério Público para promoção de arrolamento sem depósito dos mesmos, sua descrição e avaliação.(...)".* (Ac. do T.C.A.s P.º n.º 01520/03 de 08/10/2003, in Bases Jurídico Documentais http://www.dgsi.pt.).
>
> [77] As providências cautelares terão de ser requeridas através do Representante da Fazenda Pública junto do Tribunal Tributário de 1ª Instância competente (cfr. art. 135.º e segs. do CPPT, e art.s 30.º e 31.º do R.C.P.I.T.).
>
> Se o objecto da apreensão forem documentos originais, devem ser observadas as disposições relativas à autenticação das fotocópias ou duplicados, bem assim em caso de selagem de instalações, as quais não deverão conter bens, documentos ou registos que sejam indispensáveis ao exercício normal da actividade (cfr. art. 30.º/3 do R.C.P.I.T.).
>
> [78] Importa ter presente que, *"I. Os requisitos legais de decretamento do arresto são: a) haver fundado receio da diminuição de garantia de cobrança de créditos tributáveis; b) o tributo estar liquidado ou em fase de liquidação – cfr. o n.º 1 do artigo 136.º do Código de Procedimento e de Processo Tributário.*
>
> *II. Quanto à prova do direito de crédito do Estado, subjacente ao pedido de arresto, exige-se tão-somente um juízo de provável existência do tributo (summaria cognitio, e fumus boni juris) – cfr. o n.º 4 do artigo 136.º do Código de Procedimento e de Processo Tributário.*
>
> *III. No caso de dívidas por impostos que o devedor esteja obrigado a reter ou a repercutir a terceiros e não haja entregue nos prazos legais, a Fazenda Pública goza de presunção legal em relação à prova da circunstância do fundado receio da diminuição de garantia de cobrança (periculum in mora)- de acordo com o disposto nos n.ºs 1 e 5 do artigo 136.º do Código de Procedimento e de Processo Tributário.*

2.4. A actividade administrativa tributária e o sigilo bancário

Se há matéria que ao longo do tempo tem vindo a ser equacionada, dando origem às mais variadas teses, ela é sem dúvida a da preservação ou não do sigilo bancário face à actividade tributária. Questiona-se sobretudo em que circunstâncias e em que medida ele pode ou deve ser cerceado, quando se fala em combate à fraude e evasão fiscal.[79]

A evolução legislativa que os códigos fiscais têm sofrido, aponta claramente para a progressiva desvalorização do sigilo bancário, admi-

---

IV. Tendo a Administração Tributária alegado mormente dívidas de IVA que o sujeito passivo não liquidou, nem entregou nos cofres do Estado IVA estamos em presença de dívidas por impostos que o devedor está obrigado a repercutir a terceiros- e, por isso, a Fazenda Pública goza de presunção legal em relação à prova do periculum in mora.

V. Segundo o disposto no artigo 136.º do Código de Procedimento e de Processo Tributário, o Representante da Fazenda Pública pode requerer o arresto de bens quer do devedor originário, quer do devedor solidário ou subsidiário, sem necessidade de excussão prévia dos bens daquele.

VI. Deve ser confirmada a manutenção do arresto decretado, se o arrestado não alega ou não prova factos susceptíveis de afastar os fundamentos da providência ou de determinar a sua redução- nos termos da alínea b) do n.º 1 do artigo 388.º do Código de Processo Civil.." (Ac. do T.C.A.s P.º n.º 07350/02 de 21/01/2003, in Bases Jurídico Documentais http://www.dgsi.pt..).

[79] Sendo por força dessa concepção que, *"I – A derrogação do sigilo bancário, nos termos da al. c) do n.º 2 do art. 63º-B da LGT, por acto da Administração Fiscal, só pode ter lugar "quando existam indícios da prática de crime doloso em matéria tributária" designadamente nos «casos de utilização de facturas falsas" e, em geral, nas "situações em que existam factos concretamente identificados gravemente indiciadores da falta de veracidade do declarado».*

II – O vocábulo de carácter exemplificativo "designadamente" abrange e refere-se tanto às facturas falsas como às situações referidas na parte final do mesmo segmento normativo.

III – Pelo que a dita derrogação só pode ser admitida quando e sempre que "existam indícios da prática de crime doloso em matéria tributária".

IV – E relacionados com a quantificação ou determinação da matéria colectável do contribuinte, como logo resulta da inserção do preceito, no título III da LGT, referente ao procedimento tributário, e não no título V, relativo às infracções fiscais." (Ac. do S.T.A. P.º n.º 0950/04 de 13/10/2004, in Bases Jurídico Documentais http://www.dgsi.pt.).

tindo-se a sua derrogação com vista a abrir a possibilidade de uma eficaz verificação através dos dados de natureza financeira na posse das instituições bancárias, em relação aos elementos carreados pelos contribuintes nas suas declarações fiscais, que não apenas circunscrita às situações decorrentes da prática de crimes fiscais.

2.4.1. *O quadro legal do sigilo bancário*

Num passado mais ou menos recente – tempos pós revolução – face à necessidade de estancar a fuga de capitais para o estrangeiro ocorrida com a revolução de Abril de 1974, foi publicado o Decreto-Lei n.º 2/78 de 9 de Janeiro, em cujo preâmbulo se diz: *"Ponderando que a reconstrução do País implica o estabelecimento de um clima de confiança na banca que permita a captação e recuperação do dinheiro entesourado, vem o Governo revelando preocupação pela tutela do segredo bancário."*

A reforma do quadro jurídico existente em vista à adequação do sistema bancário à integração do país na Comunidade Europeia, nomeadamente a concretização efectiva da união económica e monetária, tornou-se inevitável pela necessidade de harmonização que lhe está subjacente, tendo culminado com a publicação do Dec.-Lei n.º 298/92, de 31/12, o qual instituiu o RGICSF.

O novo quadro normativo manteve o sigilo bancário como princípio disciplinador das relações entre as instituições de crédito e financeiras e seus clientes. Relações que se devem basear *"...em princípios de ética profissional e regras que protejam de forma eficaz a posição do "consumidor" de serviços financeiros..."*.

A violação do dever de sigilo à semelhança do enquadramento anteriormente preconizado no Dec.-Lei n.º 2/78, também agora remete para a punição estabelecida nas normas do CP, assim aqueles que culposamente o violarem incorrem na pena prevista no art. 195.º – pena de prisão até um ano ou pena de multa até 240 dias, a qual pode ser agravada de um terço se a violação acontecer com vista à obtenção de recompensa ou enriquecimento do próprio ou de terceiro ou para causar prejuízo a outra pessoa ou ao Estado, ou o facto violador for praticado através da comunicação social nos termos do art. 197.º.

Para uma delimitação do âmbito do sigilo bancário, torna-se necessário determinar qual o bem jurídico protegido pela incriminação. As controvérsias distribuem-se em torno de "...*duas concepções extremadas e contrapostas (...) as quais definem como bem jurídico típico, respectivamente: ou um valor pessoal-individual, tendencialmente identificado com a privacidade; ou, pelo contrário, um bem jurídico supra-individual institucional, tendencialmente identificado com a funcionalidade sistémico-social de determinadas profissões e ofícios.*"[80].

Estas concepções centram a sua defesa em dois pólos conflituantes, a primeira no indivíduo na sua esfera pessoal, caso em que o crime de violação do segredo se insere no capítulo dos crimes contra privacidade/intimidade, a segunda faz a sua fundamentação a partir da defesa do interesse colectivo geral, no sistema bancário, como área fundamental da organização económica/financeira da sociedade com reflexos no todo comunitário.

De acordo com a doutrina, "*o bem jurídico típico do art. 195.º é assim, a privacidade em sentido material*," ou seja, o que é objecto de protecção da norma "...*é a privacidade no seu círculo mais extenso*", que não portanto no restrito domínio da intimidade. O que no entanto não pode ser interpretado como *o silenciamento dos valores ou interesses comunitários ou institucionais, e, por via disso, supra-individuais.*[81]

Esta visão está de acordo com a chamada *teoria das esferas segundo a qual a privacidade no seu conjunto é concebida como um conjunto de esferas concêntricas, em que a protecção mais intensa é conferida à esfera da intimidade, seguida por uma decrescente intensidade da tutela da esfera privada e da esfera social.*[82]

Suscita-se então a questão de delimitar *intimidade* e *privacidade*, tendo em mente que se tratam de realidades distintas e na perspectiva

---

[80] Manuel Costa Andrade, *Comentário Conimbricense do Código Penal*, (art. 195.º), pág. 774.
[81] Manuel Costa Andrade, obra cit., pág. 777.
[82] Alexi,Theorie der Grundrechet, (Frankfurt 1986) 327-330, in CTF n.º 377, pag. 26.

de que apenas os aspectos íntimos da vida estariam a coberto de qualquer ingerência alheia, legitimando assim a redução do espectro de protecção dos aspectos privados da vida dos cidadãos que não fossem considerados de íntimos. O que, diga-se, estaria em consonância com a própria consagração constitucional ínsita no quadro dos direitos pessoais de *reserva da intimidade da vida privada e familiar*, (art. 26.º/1 da CRP).

Pelo que a esfera central na qual se confinam os interesses íntimos não deve ser confundida nos seus limites com a da privacidade a qual embora englobando aqueles, congrega realidades da vida privada que não são necessariamente íntimas pelo facto de se revestirem de características interpessoais e sócio-económicas que estão muito para além daquelas que são próprias das relações sentimentais e familiares.[83]

2.4.2. *A actividade tributária e a derrogação do sigilo bancário*

No direito da maioria dos países europeus, não encontramos normas que imponham um verdadeiro sigilo bancário. É porém reconhecido o dever de descrição, como vertente da ética profissional por

---

[83] Pode assim afirmar-se que, "*A constituição traça claramente uma zona de protecção muito intensa em relação a essa zona onde se exercem as opções irredutivelmente pessoais dos indivíduos, num espaço de liberdade que deve estar coberta de qualquer intromissão: intimidade da vida privada, intimidade da vida familiar, constituindo esta intimidade qualquer coisa como o núcleo essencial de um direito amplo à privacidade, que abrange não apenas a intimidade, mas todas as actuações (mesmo aquela zona da vida pessoal ou familiar que normalmente tem lugar «a portas abertas» ou as do tipo comercial ou profissional) que sem pertencerem ao núcleo da intimidade, podem também, por livre escolha do indivíduo, ter lugar sem ser acompanhadas de qualquer publicidade: temos aqui um importante conjunto de direitos que podem conhecer restrições, por exemplo quando o indivíduo busca a notoriedade, mesmo profissional e tem qualquer tipo de benefícios com essa mesma notoriedade, o que por si mesmo atribui como que uma habilitação genérica aos meios de comunicação para que estes possam abordar aspectos da sua vida que, sem pertencerem à sua esfera intima estariam, em princípio, sujeitos à reserva que acompanha (pode acompanhar) a vida particular de cada um.*" (José Luís Saldanha Sanches, *Segredo Bancário e Tributação do Lucro Real*, CTF, n.º 377, pág. 27 e ss.)

parte daqueles exercem funções em instituições de crédito ou sociedades financeiras e o sigilo bancário constitui, para efeitos de protecção jurídica, uma das vertentes do sigilo profissional. Tal não impediu que, a partir de meados do século passado, se tivesse acentuado um aumento de poder de livre acesso aos livros e documentos bancários, por parte da Administração Fiscal, ou seja, as derrogações prevalecem sistematicamente impostas sob a capa do interesse público subjacente ao imperativo de arrecadação dos tributos enquanto essência da actividade tributária[84].

---

[84] É que, tendo em vista conferir um maior grau de eficácia à actuação da administração e sobretudo dos serviços de inspecção tributária, o legislador veio reconhecer no n.º 1 do art. 63.º da LGT, que "*Os órgãos competentes podem, nos termos da lei, desenvolver todas as diligências necessárias ao apuramento da situação tributária dos contribuintes, nomeadamente:*
   a) Aceder livremente às instalações ou locais onde possam existir elementos relacionados com a sua actividade ou com a dos demais obrigados fiscais;
   b) Examinar e visar os seus livros e registos da contabilidade ou escrituração, bem como todos os elementos susceptíveis de esclarecer a sua situação tributária;
   c) Aceder, consultar e testar o seu sistema informático, incluindo a documentação sobre a sua análise, programação e execução;
   d) Solicitar a colaboração de quaisquer entidades públicas necessária ao apuramento da sua situação tributária ou de terceiros com quem mantenham relações económicas;
   e) Requisitar documentos dos notários, conservadores e outras entidades oficiais;
   f) Utilizar as suas instalações quando a utilização for necessária ao exercício da acção inspectiva."
Para a realização desse tipo de diligências é necessário que se verifique a cooperação dos contribuintes, cuja negação "*só será legítima quando as mesmas impliquem:*
   a) O acesso à habitação do contribuinte;
   b) A consulta de elementos abrangidos pelo segredo profissional, bancário ou qualquer outro dever de sigilo legalmente regulado, salvos os casos de consentimento do titular ou de derrogação do dever de sigilo bancário pela administração tributária legalmente admitidos;
   c) O acesso a factos da vida íntima dos cidadãos;
   d) A violação dos direitos de personalidade e outros direitos, liberdades e garantias dos cidadãos, nos termos e limites previstos na Constituição e na lei." (cfr. art. 63.º/4 da LGT).

Sem pretendermos fazer aqui uma retrospectiva exaustiva sobre esta matéria, sempre podemos referir que, em Portugal, o acesso à informação bancária, era legalmente possível antes da reforma fiscal de 2001[85], já então os Tribunais, nas situações em que eram levados a intervir, afastavam a reserva do sigilo bancário. Essa era aliás a regra que emanava do disposto no artigo 63.º/2 da LGT na sua versão original[86].

A Lei 30-G/2000, veio introduzir alterações significativas no quadro legal estabelecido na LGT, ao definir um conjunto de circunstâncias que, verificando-se, permitem a derrogação do sigilo bancário sem pendência de autorização judicial (cfr. art. 63.º/2 da LGT), aditando àquele diploma os artigos 63.º-A e 63.º-B, através de cujas normas ficou clarificado o regime de acesso à informação relativa a *documentos bancários*[87] detida pelas instituições de crédito e sociedades financeiras, sobretudo pela instituição de um regime de acesso directo a essa informação pela Administração Tributária, nas situações aí previstas e através de pedido a formular pelo Director Geral dos Impostos.

Nessas circunstâncias o sigilo pode mesmo assim ser afastado, realizando-se a diligência "... *mediante autorização concedida pelo tribunal da comarca competente com base em pedido fundamentado da administração tributária.*" (cfr. art. 63.º/5 da LGT).

[85] Este marco histórico na problemática da derrogação do sigilo bancário, decorre da entrada em vigor da Lei n.º 30-G/2000 de 29/12 e caracteriza-se pela consagração legal da possibilidade de acesso directo à informação bancária num maior número de situações que não apenas naquelas até então admitidas, nomeadamente as relativas a benefícios fiscais.

[86] Era a seguinte a versão original desta norma: "*O acesso à informação protegida pelo sigilo profissional, bancário ou qualquer outro dever de sigilo legalmente regulado depende de autorização judicial, nos termos da legislação aplicável.*"

[87] A definição de documento bancário que deve ser atendida neste âmbito é a que se encontra definida no n.º10 do art. 63.º-B da LGT, nos termos do qual: – *Para os efeitos desta lei, considera-se documento bancário qualquer documento ou registo, independentemente do respectivo suporte, em que se titulem, comprovem ou registem operações praticadas por instituições de crédito ou sociedades financeiras no âmbito da respectiva actividade, incluindo os referentes a operações realizadas mediante utilização de cartões de crédito.*

O referido quadro legal veio recentemente a ser objecto de reformulação com as alterações introduzidas pela Lei n.º 55-B/2004, de 30/12, a qual aditou o art. 63.º-C à LGT[88]. Realce-se que salvo nos casos de indícios de prática de *crime em matéria tributária* ou de *factos concretamente identificados indiciadores da falta de veracidade do declarado*, se mantém subjacente ao procedimento de derrogação do sigilo bancário, o princípio do consentimento do titular, bem como do princípio da participação através da sua audição prévia.

Por último refira-se que nos termos dos art.s 8.º e 9.º do Dec.-Lei n.º 62/2005 de 11 de Março, que transpôs para a ordem jurídica interna a directiva n.º 2003/48/CE, criando a obrigatoriedade dos agentes pagadores e dos operadores económicos transmitirem à administração tributária, os elementos relativos à poupança sob a forma de juros, e designadamente no que se refere ao tratamento destes rendimentos, quando auferidos por não residentes. É de salientar o facto de, em face do disposto no art. 15.º-A daquele diploma, (aditado pelo art. 8.º da Lei 39-A/2005 de 29 de Julho), o cumprimento das obrigações nele previstas derrogar qualquer dever de sigilo a que se encontrem sujeitas as entidades abrangidas por essas obrigações.

---

[88] Sob a epígrafe *Contas bancárias exclusivamente afectas à actividade empresarial*, é o seguinte o teor do o artigo 63.º-C:

    1 – Os sujeitos passivos de IRC, bem como os sujeitos passivos de IRS que disponham ou devam dispor de contabilidade organizada, estão obrigados a possuir, pelo menos, uma conta bancária através da qual devem ser, exclusivamente, movimentados os pagamentos e recebimentos respeitantes à actividade empresarial desenvolvida.

    2 – Devem, ainda, ser efectuados através da conta ou contas referidas no n.º 1 todos os movimentos relativos a suprimentos, outras formas de empréstimos e adiantamentos de sócios, bem como quaisquer outros movimentos de ou a favor dos sujeitos passivos.

    3 – Os pagamentos respeitantes a facturas ou documentos equivalentes de valor igual ou superior a 20 vezes a retribuição mensal mínima devem ser efectuados através de meio de pagamento que permita a identificação do respectivo destinatário, designadamente transferência bancária, cheque nominativo ou débito directo.

2.4.2.1. O procedimento de derrogação do sigilo

Embora a derrogação possa ser equacionada em diferentes circunstâncias, via de regra ela será especialmente necessária na sequência de acções de inspecção ou de investigação criminal fiscal. Já antes demos nota do quadro legal em que, actualmente, a derrogação do sigilo bancário para efeitos fiscais pode ser exercitada e cujos contornos essenciais radicam no disposto no art. 63.º-B da LGT, nos termos do qual a derrogação pode verificar-se por:

a) Autorização do contribuinte[89];
b) Acesso directo[90],

- sem audição do contribuinte – art. 63.º-B/1;
- com audição do contribuinte – art. 63.º-B/2, 3 e 5;

c) Decisão judicial, com audição do visado – art. 63.º-B/8 e art. 146.ºA do CPPT.

Assim e por princípio, exceptuando as situações de acesso directo previstas no art. 63.º-B/1, quando se pretenda obter a derrogação do sigilo bancário, esta deve ser suscitada através de autorização do contribuinte para o acesso à informação protegida. Em face do que, nas

---

[89] Quando se fala em autorização do contribuinte devemos ter presente que, esta se enquadra no âmbito do *princípio da colaboração*, mas que pode mesmo assim não ser prestada nos casos a que se refere o art. 63.º/4-b) e 5 e 63.º-B/8 da LGT.

[90] De facto "*I – Nos termos dos n.ᵒˢ 1 e 2 do art. 63.º-B da LGT, a derrogação do sigilo bancário por acto da Administração Fiscal só pode ocorrer nas situações de recusa da sua exibição ou de autorização para a sua consulta.*

II – O legislador, ao usar naquele normativo a expressão nas "situações de recusa" no plural, é patente que a conjunção "ou" é ali utilizada, não para separar as duas expressões, mas para as unir.

III – Sendo assim, é fundamento do acesso directo da administração tributária à documentação bancária do contribuinte não só a recusa da sua exibição, mas também a falta de autorização deste para a sua consulta.

IV – Esta interpretação não viola o princípio da boa-fé." (Ac. do S.T.A. P.º n.º 035/05 de 16/02/2005, in Bases Jurídico Documentais http://www.dgsi.pt..).

circunstâncias referidas no art. 63.º-B/1 ou na falta de autorização, a decisão que determine a derrogação será *da competência do director- -geral dos Impostos ou do director-geral das Alfândegas e dos Impostos Especiais sobre o Consumo, ou seus substitutos legais, sem possibilidade de delegação.* Decisão essa que deve ser fundamentada *com expressa menção dos motivos concretos que as justificam.* (cfr. art. 63.º-B/4 da LGT).

Por outro lado, nos termos do art. 63.º/6 da LGT, *a notificação das instituições de crédito, sociedades financeiras e demais entidades, para efeitos de permitirem o acesso a elementos cobertos pelo sigilo a que estejam vinculadas, nos casos em que exista a possibilidade legal de a administração tributária exigir a sua derrogação, deve ser instruída com os seguintes elementos:*

a) *Nos casos de acesso directo sem necessidade de consentimento do titular dos elementos protegidos, cópia da decisão fundamentada proferida pelo director-geral dos Impostos ou pelo director-geral das Alfândegas e dos Impostos Especiais sobre o Consumo, nos termos do n.º 4 do artigo 63.º-B;*
b) *Nos casos de acesso directo em que não é facultado ao contribuinte o direito a recurso com efeito suspensivo, cópia da notificação que lhe foi dirigida para o efeito de assegurar a sua audição prévia;*
c) *Nos casos de acesso directo em que o contribuinte disponha do direito a recurso com efeito suspensivo, cópia da notificação referida na alínea anterior e certidão emitida pelo director- -geral dos Impostos ou pelo director-geral das Alfândegas e Impostos Especiais sobre o Consumo que ateste que o contribuinte não interpôs recurso no prazo legal;*
d) *Nos casos em que o contribuinte tenha recorrido ao tribunal com efeito suspensivo e ainda nos casos de acesso aos documentos relativos a familiares ou a terceiros, certidão da decisão judicial transitada em julgado ou pendente de recurso com efeito devolutivo.*

Saliente-se o facto de "*as instituições de crédito, sociedades financeiras e demais entidades devem cumprir as obrigações relativas ao acesso a elementos cobertos pelo sigilo a que estejam vinculadas no prazo de 10 dias úteis.*" (cfr. art. 63.º/7 da LGT). Caso seja incumprida esta determinação incorrem os visados na punição como *desobediência qualificada, com pena de prisão até dois anos ou de multa até 240 dias.* (cfr. art. 90.º do RGIT).

Para além das hipóteses a que nos referimos de pedidos de elementos por parte da Administração Tributária, através do Director Geral dos Impostos, derrogando o sigilo bancário, "*As instituições de crédito e sociedades financeiras têm a obrigação de fornecer à administração tributária, quando solicitado nos termos do número seguinte, o valor dos pagamentos com cartões de crédito e de débito, efectuados por seu intermédio, a sujeitos passivos que aufiram rendimentos da categoria B de IRS e de IRC, sem por qualquer forma identificar os titulares dos referidos cartões*" (cfr. art. 63.º-A/2 da LGT).

Por outro lado, recai ainda sobre as instituições de crédito e sociedades financeiras a sujeição "*…a mecanismos de informação automática quanto às transferências transfronteiras que não sejam relativas a pagamentos de rendimentos sujeitos a algum dos regimes de comunicação para efeitos fiscais já previstos na lei, a transacções comerciais ou efectuadas por entidades públicas, nos termos a definir por portaria do Ministro das Finanças, ouvido o Banco de Portugal*". (cfr. art. 63.º-A/1 da LGT).

Refira-se ainda que a administração tributária pode aceder à *informação bancária relevante, relativa a familiares ou terceiros que se encontrem numa relação especial com o contribuinte.* Neste caso, porém, dependendo de prévia e expressa autorização judicial, nos termos do art. 63.º-B/8, da LGT. Nesta hipótese bem como em qualquer outra em que a derrogação seja suscitada através de autorização judicial, haverá lugar à instauração de um processo judicial nos termos do art. 146.º-A, do CPPT.

2.4.2.2. Os meios de defesa dos contribuintes

Ao falarmos de meios de defesa, ocorre-nos desde logo registar uma garantia nem sempre devidamente valorada, que é a da confidencialidade que decorre do sigilo profissional que impende sobre os *dirigentes, funcionários e agentes da administração tributária os quais estão obrigados a guardar sigilo sobre os dados recolhidos sobre a situação tributária dos contribuintes e os elementos de natureza pessoal que obtenham no procedimento, nomeadamente os decorrentes do sigilo profissional ou qualquer outro dever de segredo legalmente regulado.* (cfr. art. 64.º da LGT).

Mas, para além da garantia e no âmbito da defesa dos interesses dos contribuintes, para aqueles que sejam alvo de decisões de derrogação de sigilo bancário, o legislador consagrou um conjunto de direitos, de entre os quais salientamos, a possibilidade de recurso para o Juiz do Tribunal Tributário de 1.ª Instância da área do domicílio ou sede, no prazo de 10 dias a contar da data da notificação da decisão do Director Geral dos Impostos, (cfr. art. 63.º-B/5 da LGT e art. 146.º-B/1 e 2 do CPPT).[91]

A decisão sobre o pedido deve ser proferida no prazo de 90 dias após a apresentação do requerimento inicial, facto que se prende com a

---

[91] Sobre o tipo de processo e características da sua tramitação haverá de atender ao disposto nos art,.ºs 146.ºA a D do CPPT.

De referir que, *"este requerimento não está sujeito a qualquer formalidade especial e deve ser acompanhado dos respectivos elementos de prova, que só podem ser de natureza documental (n.º 3 deste art. 146.º-B).*

O requerimento não tem de ser subscrito por advogado, sendo, neste caso, a assinatura do interessado acompanhada da indicação, do número, data e entidade emitente do respectivo bilhete de identidade ou documento equivalente emitido por autoridade competente de um dos países da União Europeia ou do passaporte, confrontada com o respectivo documento de identificação (n.º 2 do art. 6.º deste código).

Porém, esta dispensa de representação por advogado limita-se à subscrição da petição, pelo que, na restante tramitação do processo, serão aplicáveis a regra do n.º 1 do mesmo art. 6.º e o art. 32.º do C.P.C., que estabelecem as regras gerais sobre a obrigatoriedade de tal representação." Jorge Lopes de Sousa CPPT anotado, pág. 664.

natureza urgente atribuída à tramitação deste processo (cfr. art. 146.º-D do CPPT).

Quanto aos efeitos deste recurso haverá que distinguir entre os casos previstas no número 2 e os do 3 do art. 63.º-B da LGT, porquanto, ele revestir-se-á de efeito meramente devolutivo nos do número 2 e de efeito suspensivo nos do número 3.[92]

O interessado poderá ainda recorrer das decisões do Juiz do Tribunal Tributário de 1.ª Instância para o Tribunal Central Administrativo no prazo de 10 dias (cfr. art.s 279.º/1-a) e 280.º/1 e 3 do CPPT).[93]

---

[92] Quanto aos efeitos dos recursos eles podem ser sintetizados deste modo: o recurso tem efeito devolutivo quando a sua interposição não obsta à execução imediata da decisão recorrida, resultando do recurso apenas a atribuição, ao tribunal superior, da possibilidade de alterar ou anular a decisão recorrida.

E efeito suspensivo que, assim, se lhe contrapõe, quando o recurso, além daquele efeito, tem, ainda, o de impedir que se dê imediata execução à decisão recorrida.

[93] É de salientar que de acordo com a regra ínsita no art. 286.º/2 do CPPT os recursos jurisdicionais, na jurisdição tributária, têm efeito meramente devolutivo, salvo se for prestada garantia ou aquele efeito afectar a utilidade do recurso.

Capítulo III

O ACTO TRIBUTÁRIO

> " ... *acto administrativo definitivo e executório que fixa o quantitativo do imposto que o contribuinte tem de pagar, como resultado da aplicação da lei fiscal aos factos nela previstos, acto cuja formação se efectiva através de um processo administrativo, mais ou menos complexo, de natureza graciosa ou burocrática.*"
>
> (Brás Teixeira, Princípios de Direito Fiscal, 1979, pág. 226).

3. O ACTO TRIBUTÁRIO

O contexto em que se verifica o exercício do direito de defesa dos direitos e interesses legítimos por parte dos sujeitos passivos, decorrerá normalmente, da prática pela Administração Fiscal de actos, cujos efeitos se repercutem negativamente nas respectivas esferas jurídicas. Tais actos (tributários) que se encontram subjacentes à relação jurídica tributária, resultam da actividade administrativa desenvolvida pela Administração Fiscal corporizada, geralmente, na definição de um montante de imposto a pagar pelos contribuintes v.g. a liquidação[94].

Se encararmos a liquidação numa perspectiva redutora, de acto de determinação da colecta por aplicação da taxa à matéria tributável, ela deverá ser entendida como liquidação *stricto sensu*, ao contrário, se tivermos em consideração o conjunto de actos complexos que passam pela incidência subjectiva e objectiva e o apuramento da matéria tributável, os quais antecedem a determinação do valor da colecta com a aplicação da taxa à matéria tributável, então nessa visão abrangente e de complementaridade ela configura-se como liquidação *lato sensu*[95].

Do nosso ponto de vista, embora reconhecendo o aspecto fulcral do procedimento de liquidação ao quantificar o valor do imposto, – acto tributário por excelência, – essa perspectiva não nos impede de admitir que esse momento *maior* não deve ser visto isoladamente, o que nos reconduz ao referido sentido lato do termo "liquidação".

Como se pode observar, *"Segundo a técnica adoptada pelo legislador nos códigos específicos dos vários tributos do sistema, a liquidação é normalmente tratada como um acto autónomo na linha do circuito operacional de aplicação da lei, embora intimamente ligado e dependente do acto de determinação da matéria colectável; de onde se conclui que, embora cada um destes actos tenha natureza de acto administrativo, decisório, e com efeitos definitivos e executórios, nenhum deles é por si mesmo suficiente para criar a situação jurídica de obrigação tributária do contribuinte e do crédito do Estado, sendo indispensável a pratica de ambos em unidade substantiva embora por vezes em dualidade formal e temporal".*[96]

Todavia, as relações jurídico-tributárias, não se cingem ao simples direito da administração de exigir dos sujeitos passivos o pagamento dos tributos e em contraposição o dever destes de os pagar, é que, se de

---

[94] Assim se pronuncia Alberto Xavier, ao considerar o acto tributário ou de liquidação como o acto de aplicação de uma norma tributária material praticado por um órgão da administração. (Obra cit. pág. 92).

[95] Neste sentido ver: Casalta Nabais, Direito Fiscal, Almedina, 2001, pp. 253 e segs.

[96] Vítor Faveiro, in "O Estatuto do Contribuinte" Coimbra Editora, 2002, pp. 682 e segs.

facto este constitui o fulcro dessas relações, a realidade é que em torno delas se gera um conjunto complexo e diversificado de direitos e de obrigações acessórias.

Tanto assim é que, o objecto da relação jurídica tributária, tal como se encontra definido no artigo 30.º/1 da LGT, integra:

"*a) O crédito e a dívida tributários,* (art. 10.º/1-a) do CPPT);
 b) O direito a prestações acessórias de qualquer natureza e o correspondente dever ou sujeição;
 c) O direito à dedução, reembolso ou restituição do imposto;
 d) O direito a juros compensatórios;
 e) O direito a juros indemnizatórios.".

Refira-se entretanto que os elementos essenciais da relação jurídica tributária encontram-se submetidos ao princípio da indisponibilidade, porquanto ocorrendo um facto tributário que dentro do quadro de previsibilidade da lei é gerador do crédito tributário, este, só através de lei especial pode ser objecto de redução, alteração ou extinção.

Sendo nesta perspectiva que se deverá interpretar o n.º 2 do artigo 30.º nos termos do qual, "*o crédito tributário é indisponível, só podendo fixar-se condições para a sua redução ou extinção com respeito pelo princípio da igualdade e da legalidade tributária.*".

Assim sendo, o conjunto de direitos e obrigações gerados com o facto tributário, dentro da relação jurídica tributária, "... *não podem ser alterados por vontade das partes.*" (cfr. art. 36.º/2 da LGT).[97]

De facto, nem de outro modo poderia conceber-se a relação jurídica tributária, uma vez que todos os actos praticados pela Administração Tributária estão sujeitos, entre outros, ao princípio da legalidade tributária.

---

[97] É neste sentido que podemos afirmar que: "(...) *As obrigações tributárias não são susceptíveis de transmissão por contrato de direito privado, salvo se a lei tal autorizasse, pelo que o co-contratante não adquire legitimidade para recorrer contenciosamente contra os actos tributários dirigidos a quem fez a transmissão da dívida fiscal.* (...)" (Ac. do S.T.A. P.º n.º 01898/02 de 02/07/2003, in Bases Jurídico Documentais http://www.dgsi.pt.).

Relativamente aos tipos de actos e tendo presente as várias normas da L.G.T. e do C.P.P.T., delas emergem diversos tipos de actos, os quais no essencial se podem distinguir em actos:

a) tributários, *tout court*, (art. 10.º/1-a) do C.P.P.T.),
b) em matéria tributária (art. 9.º/2 da L.G.T.),
c) administrativos em matéria tributária (art. 10.º/1-d) e art. 97.º/1-d) do C.P.P.T.), ou
d) administrativos em questões tributárias (art. 97.º/1-p) do C.P.P.T.).[98]

Todos estes actos emergem das já referidas relações jurídico-tributárias, estabelecidas entre a Administração Fiscal e os obrigados tributários, ou na terminologia seguida pelo legislador no n.º 2 do art. 1.º da LGT, "*...entre a administração tributária agindo como tal, e as pessoas singulares e colectivas e outras entidades legalmente equiparadas a estas.*"

Já vimos que, em relação ao objecto das relações jurídico-tributárias, pontifica o crédito e a dívida tributária, falta referir que, para a sua determinação, a Administração Fiscal põe em prática aquilo a que denomina por "procedimento tributário", que em termos genéricos se consubstancia num conjunto de actos[99] sucessivos dirigidos à declaração de direitos tributários.

---

[98] Em face da terminologia apontada: "*I – Questões fiscais são todas as que emergem de resolução autoritária que imponha aos cidadãos o pagamento de qualquer prestação pecuniária com vista à obtenção de receitas destinadas à satisfação de encargos públicos do Estado e demais entidades públicas, bem como o conjunto de relações jurídicas que surjam em virtude do exercício de tais funções ou que com elas estejam objectivamente conexas ou teleologicamente subordinadas.*" (Ac. do S.T.A. P.º n.º 01072/03 de 09/10/2003, in Bases Jurídico Documentais http://www.dgsi.pt.).

Ou noutra perspectiva, "*I – Por «questão fiscal» deverá entender-se a que de qualquer forma, imediata ou mediata, faça apelo à interpretação e aplicação da norma do direito fiscal ou seja, da norma que se relaciona com impostos ou figuras análogas.*" (Ac. do S.T.A. P.º n.º 01927/03 de 11/02/2004, in Bases Jurídico Documentais http://www.dgsi.pt.).

[99] A cada vez maior disponibilidade de meios tecnológicos determina a alteração do tipo de procedimento normal no plano tributário, assim "*O procedimento

Tudo leva a crer que o legislador terá pretendido incluir, no conceito de procedimento tributário, todos os actos passíveis de serem praticados pela administração tributária, que não apenas aqueles que a visão clássica fazia perceber como integrantes do procedimento de lançamento, liquidação e cobrança. Porquanto neste contexto apresenta a título exemplificativo[100] o elenco do art. 54.º/1 da LGT, no qual constam:

a) *As acções preparatórias ou complementares de informação e fiscalização tributária;*
b) *A liquidação dos tributos quando efectuada pela administração tributária;*
c) *A revisão oficiosa ou por iniciativa dos interessados, dos actos tributários;*
d) *O reconhecimento ou revogação dos benefícios fiscais;*
e) *A emissão ou revogação de outros actos administrativos em matéria tributária;*
f) *As reclamações e os recursos hierárquicos;*

---

tributário segue a forma escrita, sem prejuízo da tramitação electrónica dos actos do procedimento tributário nos termos definidos por portaria do Ministro das Finanças." Acresce que, em termos valorativos, "*Os documentos emitidos e os actos praticados por meios electrónicos pela administração tributária têm o mesmo valor legal dos documentos autênticos emitidos e dos actos praticados em suporte papel, desde que garantida a sua autenticidade, integridade, confidencialidade e conservação de acordo com os requisitos legais e regulamentares exigíveis pelo Sistema de Certificação Electrónica do Estado - Infra-Estrutura de Chaves Públicas, nos termos a regulamentar por portaria do Ministro das Finanças*". (cfr. art. 54º/3 e 4 da LGT).

[100] O que não quer dizer que possam incluir-se quaisquer tipos de actos, como por exemplo os actos confirmativos, é que, "*I – Para que um acto se possa dizer confirmativo, é necessário que haja identidade de decisão e fundamentação e a mesma situação fáctica e regime jurídico.*

II – O acto confirmativo nada inova na ordem jurídica, não tem qualquer poder genético, nada acrescenta ou tira ao acto confirmado; este é que define a situação jurídica do administrado.

III – Não é confirmativo de outro, o acto que essencialmente diverge na respectiva fundamentação e nem sequer põe fim ao procedimento, pois que "recomendou" ao interessado a "apresentação de um novo requerimento". (...)" (Ac. do S.T.A. P.º n.º 01697/03 de 23/06/2004, in Bases Jurídico Documentais http://www.dgsi.pt..).

g) *A avaliação directa ou indirecta dos rendimentos ou valores patrimoniais;*
h) *A cobrança das obrigações tributárias, na parte que não tiver natureza judicial.*

Em todo o caso, se é certo que a relação jurídica tributária se constitui com o facto tributário emergente de negócios jurídicos, o que importa verdadeiramente é o efeito económico deles resultante[101].

E, como já referimos, corporizando essa relação jurídica desenvolve-se um procedimento administrativo – o procedimento tributário – em cujo seio, por força das normas de incidência, é possível ser determinada uma matéria tributável a que aplicada a correspondente

---

[101] A eficácia ou validade dos negócios jurídicos deve ser relativizada, atento o disposto no art. 38.º e 39.º da LGT:

Artigo 38.º
Ineficácia de actos e negócios jurídicos

1 – A ineficácia dos negócios jurídicos não obsta à tributação, no momento em que esta deva legalmente ocorrer, caso já se tenham produzido os efeitos económicos pretendidos pelas partes.

2 – São ineficazes no âmbito tributário os actos ou negócios jurídicos essencial ou principalmente dirigidos, por meios artificiosos ou fraudulentos e com abuso das formas jurídicas, à redução, eliminação ou diferimento temporal de impostos que seriam devidos em resultado de factos, actos ou negócios jurídicos de idêntico fim económico, ou à obtenção de vantagens fiscais que não seriam alcançadas, total ou parcialmente, sem utilização desses meios, efectuando-se então a tributação de acordo com as normas aplicáveis na sua ausência e não se produzindo as vantagens fiscais referidas.

Artigo 39.º
Simulação dos negócios jurídicos

1 – Em caso de simulação de negócio jurídico, a tributação recai sobre o negócio jurídico real e não sobre o negócio jurídico simulado.

2 – Sem prejuízo dos poderes de correcção da matéria tributável legalmente atribuídos à administração tributária, a tributação do negócio jurídico real constante de documento autêntico depende de decisão judicial que declare a sua nulidade.

taxa resulta a final, um tributo em relação ao qual, a administração, praticando os necessários actos tributários, vai exercer o seu direito de crédito.

No período de tempo que medeia entre o surgimento da relação jurídica emergente do facto tributário e a cobrança do tributo, haverá que equacionar dois prazos: um directamente relacionado com a liquidação, ou seja, com a aferição ou determinação do montante do tributo, designado por prazo de caducidade, o outro que se prende com a cobrança desse tributo, aquele que é conhecido como prazo de prescrição.

3.1. A notificação dos actos

No desenvolvimento normal da actividade administrativa, a administração fiscal pratica actos tributários e actos em matéria tributária que afectam direitos e interesses legítimos dos contribuintes. Quando tal acontece, aqueles só são susceptíveis de produzirem efeitos em relação a estes quando lhes sejam notificados[102] e essa notificação seja considerada válida.[103]

---

[102] A notificação assume-se assim como uma condição de eficácia da decisão nos termos do art. 77.º/8 da LGT, "...*é que, como é entendimento jurisprudencial pacificamente aceite, a notificação do acto tributário de liquidação, que aqui importa considerar, não contende, por princípio, com a respectiva validade, mas antes e apenas com a sua eficácia, pelo que se prende tão só com a exigibilidade do direito com aquela exercido; É certo, no entanto, que a lei consagra uma excepção a tal regime no que respeita à caducidade, em que, a notificação da liquidação é pressuposto para que a mesma não ocorra e, como tal, condição da validade do acto tributário.*" (Ac. do T.C.A., P.º n.º 05815/01 de 12/10/2004, in Bases Jurídico Documentais http://www.dgsi.pt).

[103] Assim o determina o art. 36.º/1 do CPPT. Sendo certo que essa validade passa por respeitar os cinco elementos essenciais que essas mesmas notificações devem conter e que se encontram vertidos no n.º 2 da mesma norma, a saber: a decisão, os seus fundamentos, os meios de defesa, o prazo para reagir e a indicação da entidade que praticou o acto notificado, que caso tenha actuado no uso de delegação ou subdelegação de competências terá de indicar a qualidade em que o fez. Deve ainda esse conteúdo respeitar o disposto no art. 39.º/8 do CPPT, nos termos de cuja norma deve a notificação conter o sentido e a data da decisão.

No texto da lei, (art.s 35.º a 43.º do CPPT) podemos encontrar a previsão de dois tipos de notificação, são eles a pessoal e a postal.

E, enquanto que a notificação pessoal, pela solenidade dos actos a que respeita, só será efectuada nos casos previstos na lei, ou quando o órgão da administração de que emanam assim o entender, já a notificação postal sendo a mais comummente utilizada, pode efectivar-se por uma de três formas, consoante o grau de importância de que revestem os actos a que respeitam, a simples via postal, por carta registada ou por carta registada com aviso de recepção.

Percebe-se facilmente que, sempre que as notificações que tenham por objecto actos ou decisões susceptíveis de alterarem a situação tributária dos contribuintes ou a convocação para estes assistirem ou participarem em actos ou diligências, terem obrigatoriamente de ser efectuadas por carta registada com aviso de recepção[104].

---

[104] Por isso, *"É pacífico que, prescrevendo a lei uma formalidade – remessa de carta registada com aviso de recepção -, e procedendo-se em desacordo com essa prescrição – omitindo o recepção – se incorre numa irregularidade, por preterição de formalidade legal.*

Mas tal irregularidade deve considerar-se sanada desde que a finalidade que a lei tem em vista com a imposição da formalidade tenha sido atingida, mau grado a sua preterição. Dito de outro modo, a irregularidade, mesmo que essencial, degrada-se, deixa de o ser, quando o escopo que ela visava assegurar foi atingido.

Tanto mais que o legislador, ao impor o aviso de recepção, não quis garantir uma maior eficácia da notificação. Fica tão ciente daquilo que lhe é transmitido por uma carta aquele que a recebe com aviso de recepção como aquele a quem tal aviso não é apresentado. Não é porque o destinatário tem de assinar um aviso, confirmando a recepção, que a notificação é, qualitativamente, melhor.

O objectivo querido pelo legislador, ao escolher o meio, foi, antes, alcançar aquilo que ele propicia: o ficar o remetente com um documento que assegura a recepção pelo destinatário, e a data em que tal ocorreu. Ou seja, a função do aviso de recepção não é outra que proporcionar à Administração uma prova segura de que a notificação se concretizou, na pessoa devida, e numa dada data.

Ora, no nosso caso, sabe-se, porque a recorrida o afirma, que recebeu a notificação.

É verdade que tal notificação foi levada a cabo por meio que não respeitou integralmente a prescrição legal, que manda fazê-la por carta registada com aviso de recepção. Mas a consequência não é a inexistência da notificação, nem, sequer, a sua invalidade. É, apenas, o colocar a Administração perante a necessidade de provar que a notificação teve lugar, apesar da preterição da formalidade. Prova que,

Ainda em relação às notificações postais, uma das questões que sendo uma decorrência normal, assume particular importância, é a de se saber em que circunstâncias se podem considerar devidamente efectuadas, v.g. perfeitas.

Quando efectuadas por carta registada e salvo prova em contrário, presumem-se efectuadas no 3.º dia posterior ao do registo ou no primeiro dia útil seguinte se aquele o não for. Já havendo aviso de recepção, a data em que se considera efectuada é a da assinatura desse aviso, mesmo que por terceiro, desde que no domicílio do destinatário[105].

Uma das circunstâncias que podem verificar-se é a prevista no n.º 5 do art. 39.º do CPPT, é que, *"Em caso de o aviso de recepção ser devolvido ou não vier assinado por o destinatário se ter recusado a recebê-lo ou não o ter levantado no prazo previsto no regulamento dos serviços postais e não se comprovar que entretanto o contribuinte comunicou a alteração do seu domicílio fiscal, a notificação será efectuada nos 15 dias seguintes à devolução por nova carta registada com aviso de recepção, presumindo-se a notificação se a carta não tiver sido recebida ou levantada, sem prejuízo de o notificando poder provar justo impedimento ou a impossibilidade de comunicação da mudança de residência no prazo legal."*

Sendo certo que nos termos do n.º 6 daquela mesma norma, *"No caso da recusa de recebimento ou não levantamento da carta, previstos no número anterior, a notificação presume-se feita no 3.º dia posterior ao do registo ou no 1.º dia útil seguinte a esse, quando esse dia não seja útil."*.

De referir ainda que as pessoas colectivas serão notificadas na pessoa um dos seus administradores ou gerentes, na sua sede, na resi-

---

no caso, não tem que fazer, pois a recorrida não questiona, antes afirma, a recepção da notificação.". (Ac. do S.T.A., P.º n.º 01099/03 de 22/10/2003, in Bases Jurídico Documentais http://www.dgsi.pt..).

[105] Desde logo porque, *"Nos termos do art. 28.º n.º 4 , al. a), do Regulamento do Serviço Público de Correios aprovado pelo Dec.-Lei 176/88 de 18 de Maio, a entrega da correspondência registada, mesmo com aviso de recepção, é sempre comprovada por recibo e tem lugar na morada do destinatário."* (Ac. do S.T.A., P.º n.º 01437/02 de 26/02/2003, in Bases Jurídico Documentais http://www.dgsi.pt..).

dência destes ou em qualquer lugar em que se encontrem[106]. Pode ainda ser efectuada na pessoa de qualquer empregado desde que se encontre no local onde normalmente funcione a administração da pessoa colectiva ou sociedade[107]. Excepto se a sociedade se encontrar em situação de liquidação ou falência em que a diligência terá de ser efectuada na pessoa do liquidatário (cfr. art. 41.º do CPPT).

Tal como atrás demos nota quando nos referimos à questão dos dados em cadastro, está consagrado (cfr. art. 19.º/4 da LGT) o dever dos sujeitos passivos residentes no estrangeiro, bem como os que, embora residentes em território nacional, se ausentem deste, por período superior a seis meses, bem como as pessoas colectivas e outras entidades legalmente equiparadas que cessem a actividade, de designarem um representante com residência em território nacional. É por demais evidente que esta norma visa essencialmente a manutenção de um interlocutor com quem a administração possa continuar a manter os contactos inerentes à actividade tributária face às relações jurídicas integradas por sujeitos passivos nas referidas condições.

Nas situações de contencioso, quando os obrigados tributários tenham constituído mandatário, as notificações serão efectuadas na pessoa deste, salvo se estiver em causa a notificação de actos pessoais,

---

[106] Em face do que, *"Deve a (...) sociedade considerar-se notificada de acto tributário (...), apesar de a carta registada haver sido devolvida por não ter sido reclamada não alegando a mesma sociedade qualquer motivo razoável para não ter reclamado tal carta que, por isso, foi devolvida.*

É que às sociedades é de aplicar a regra processual civil de que o destinatário da correspondência postal se deve ter por notificado, apesar de os papéis serem devolvidos uma vez que tal regra tem na sua base a presunção de que, se tal não acontecer, o evento é de imputar àquele.

Com efeito é de pressupor que a sociedade tem um serviço de escritório, de porta aberta e atendimento onde se exerce labor diário, o que, em princípio, garantirá a entrega postal ou, pelo menos a recepção diária, ou quase diária, da correspondência." (Ac. do S.T.A. P.º n.º 0344 de 02/07/2003, in Bases Jurídico Documentais http://www.dgsi.pt.).

[107] *"(...) Assim, é válida a notificação de uma empresa feita na pessoa de um empregado que assinou o aviso de recepção, não sendo obrigatória a assinatura do gerente ou administrador dessa empresa-contribuinte."* (Ac. do S.T.A., P.º n.º 01437/02 de 26/02/2003, in Bases Jurídico Documentais http://www.dgsi.pt..).

caso em que também o próprio interessado será notificado por carta com indicação do motivo, data e local para comparência (cfr. art. 40.º do CPPT).

3.2. A caducidade do acto de liquidação

Quando nos situamos no campo restrito do acto tributário de liquidação e o enquadramos legalmente, não só em termos de validade, mas sobretudo de eficácia em relação ao respectivo destinatário, sujeito passivo da relação jurídica tributária, um dos aspectos que pela sua importância desde logo se tornará necessário aferir é o do prazo dentro do qual a administração procedeu à necessária notificação, ou seja, se o fez validamente e se foi ou não respeitado o prazo de caducidade.[108]

---

[108] Importa ter presente que a caducidade do direito do Estado à liquidação dos tributos não é de conhecimento oficioso, ou seja, tem de ser alegada, assim o entende a jurisprudência "...*A caducidade do direito do Estado à liquidação, ao contrário da prescrição, não obteve acolhimento no Código do Processo das Contribuições e Impostos.*

A sua pesquisa haveria de fazer-se nas várias leis de tributação (vide, a título de exemplo, o art. 28.º do CIMV, o art. 94.º, do CCI, o art. 35.º do CIP e o art. 41.º do CIC).

Não assim a prescrição que constava expressamente do art. 27.º do CPCI.

Não era esta então de conhecimento oficioso, a não ser em hipóteses contadas (vide §§ 2.º e 3.º deste artigo).

O Código de Processo Tributário vem consagrar expressamente a figura da caducidade do direito à liquidação de impostos e outras prestações tributárias (art33.º), nada adiantando, porém, sobre o regime do seu conhecimento (se era oficioso ou não).

Por sua vez, consagra-se também nesse Código a prescrição das obrigações tributárias (art.34.º), esclarecendo-se que o seu conhecimento é oficioso (art. 259.º).

A caducidade da liquidação tem depois assento na Lei Geral Tributária (art. 45.º), nada se dizendo também aqui sobre o regime do seu conhecimento.

Por sua vez, a prescrição das dívidas tributárias tem previsão no art. 48.º da LGT, estatuindo o art. 175.º do CPPT que o seu conhecimento é oficioso.

Não havendo nas leis tributárias qualquer norma sobre o regime do conhecimento da caducidade da liquidação, impõe-se saber se esta é ou não de conhecimento oficioso.

Este prazo de caducidade impede a manutenção, por tempo indeterminado, da possibilidade da administração exercer o direito de liquidação dos tributos, em razão dos factos tributários que lhes dão origem, decorrido que esteja o prazo legalmente fixado para o efeito. (cfr. art. 45.º da LGT).

Já vimos que aqueles que assim pensam, ou seja, que defendem que a caducidade da liquidação é de conhecimento oficioso, estribam o seu pensamento no art. 333.º, 1, do CC, que reza assim:

"A caducidade é apreciada oficiosamente pelo tribunal e pode ser alegada em qualquer fase do processo, se for estabelecida em matéria excluída da disponibilidade das partes".

Pois bem. Como, no tocante a impostos, estamos patentemente perante matéria excluída da disponibilidade das partes, é óbvio que, para quem entende aplicável este preceito, é a caducidade de conhecimento oficioso.

É nestas águas que se move o acórdão recorrido.

Mas não nos parece ser esta a melhor solução.

Desde logo, e se bem atentarmos, não é paralelo o caminho seguido no direito civil para a prescrição (a invocar sempre pelas partes – art. 303.º do CC), o que desde logo evidencia não haver aqui consonância com o direito tributário, onde, como vimos, a prescrição é de conhecimento oficioso. Não é pois decisivo apontar a regra prevista no CC para a caducidade, pois, como vimos, onde as disposições são expressas – na prescrição – o regime é diverso.

Depois porque se nos afigura patentemente que a liquidação efectuada já depois de decorrido o prazo de caducidade, é apenas uma ilegalidade, idêntica a outras ilegalidades, susceptível de gerar a anulabilidade do acto, a alegar expressamente no processo de impugnação.

Vemos realmente no art. 99.º do CPPT que constitui fundamento de impugnação "qualquer ilegalidade", sendo que nos parece inequívoco que a liquidação depois de decorrido o prazo de caducidade, é igualmente uma ilegalidade idêntica a todas as outras que se englobam no citado art. 99.º do CPPT, e que não merece pois tratamento diverso.

A necessitar de alegação na petição inicial. Sob pena do seu conhecimento ficar precludido.

Tal e qual como acontece com as outras ilegalidades.

Estando nós no domínio da legalidade tributária, afigura-se-nos ser de apelar aos princípios que a regem, a procurar no direito tributário, e não ao Código Civil.

É certo que a prescrição é de conhecimento oficioso. Mas aqui podemos ver uma questão que tem a ver com a eficácia do acto, que não com a sua ilegalidade, justificando assim tratamento diverso.

Actualmente esse prazo, salvo nas situações de excepção legalmente consagradas, é de quatro anos. Refira-se que este prazo tem vindo progressivamente a diminuir e a ser cada vez mais uniforme dentro do espectro legal tributário[109].

A excepção mais evidente é aquela que se verifica em relação aos impostos sobre as transmissões[110], como são o IMT e IS (antes I. de Sisa e I. Sucessório), em que o prazo de caducidade é de oito anos, cfr. art. 35.º/1 e 39.º/1 do CIMT e do CIS[111] respectivamente.

Atente-se no entanto para a existência de prazos de aplicação específica como acontece em:

- *"...casos de erro evidenciado na declaração do sujeito passivo ou de utilização de métodos indirectos por motivo da aplicação à situação tributária do sujeito passivo dos indicadores objectivos da actividade previstos na presente lei[112], o prazo de caducidade referido no número anterior é de três anos."* (cfr. art. 45.º/2 da LGT), e,

---

Concluímos assim que a caducidade da liquidação não é de conhecimento oficioso. (...)." (Ac. do S.T.A. P.º n.º 0564/02 de 07/07/2004, in Bases Jurídico Documentais http://www.dgsi.pt..).

[109] Só com o CPT é que passou a estar consagrado um prazo genérico de caducidade de cinco anos (cfr. art. n.º 33.º), pois que, até então, o prazo de caducidade, mesmo que coincidente, estava estabelecido em cada um dos códigos que regiam os vários impostos, (conferindo: art. 88.º do CIVA; art. 84.º do CIRS; art. 79.º do CIRC; art. 34.º da CCA; art. 264.º-A do Reg. I. Do Selo; art. 92.º do CISISSD).

[110] Sendo ainda de registar que, tal como agora, também então o prazo de caducidade relativo aos impostos sobre as transmissões do património (I. de Sisa e I. Sucessório – art. 92.º do CISISSD), tinham prazos mais longos, à data da sua revogação (31/12/2003) e desde a entrada em vigor do Dec.-Lei 472/99 de 8 de Novembro, o prazo era de oito anos, mas, antes era de dez anos desde a entrada em vigor do Dec.-Lei 119/94 de 7 de Maio e anteriormente o prazo era de 20 anos.

[111] Convém notar que, de acordo com o estabelecido no art. 39.º/1 do CIS, estão consagrados dois prazos de caducidade, um geral de 4 anos, decorrente da remissão para os art.s 45.º e 46.º da LGT, o qual abrange os factos sujeitos a IS, com excepção das transmissões gratuitas e, a par deste está consagrado um outro especial de oito anos de aplicação exclusiva às transmissões gratuitas. Em relação a este deverão ser tidas em atenção as especificidades referidas nos n.os 2 e 3 daquela norma.

[112] O que se passa é que desde a entrada em vigor da LGT, que se encontra por regulamentar esta norma, assim embora legalmente previstos nunca foram definidos.

- *"...caso de ter sido efectuado reporte de prejuízos, bem como de qualquer dedução ou crédito de imposto, o prazo de caducidade é o do exercício desse direito."* (cfr. art. 45.º/3 da LGT).

"O art. 87°, al. c) da LGT (redacção anterior à Lei n.º 100/99) prevê a realização da avaliação indirecta da matéria colectável do sujeito passivo quando esta se afastar, significativamente e sem razão justificada, da resultante «da aplicação dos indicadores objectivos da actividade de base técnico-científica» nela referidos.

Tais indicadores são definidos anualmente, nos termos da lei, pelo Ministro das Finanças, após audição das associações empresariais e profissionais, podendo consistir em margens de lucro ou rentabilidade, que, tendo em conta a localização e dimensão da actividade, sejam manifestamente inferiores às normais do exercício da actividade e possam, por isso, constituir factores distorsivos da concorrência.

Todavia, tal normativo não é aplicável, por não concretizada ainda a via regulamentar necessária para o efeito.

Pelo que, inexistentes, não podiam tais indicadores ter obviamente sido aplicados.

O que se passou foi que, apurada a infidelidade da contabilidade da recorrente, a Administração determinou a matéria tributável socorrendo-se ou tendo em conta "as margens médias de lucro líquido", nos termos do art. 90°, n.º 1, al. a) da LGT.

E, tratando-se embora de um critério também de cariz objectivo, não concretiza os ditos indicadores que terão de ser abstracta e genericamente definidos regulamentarmente.

Aliás, aquela determinação da matéria colectável, nos termos da dita al. a), tem necessariamente de basear-se em "critérios objectivos" em obediência ao disposto no art. 84°, n.º 1 da mesma LGT como efectivamente acontece já que reportada ao cálculo e estatística que lhe subjaz, como se acentua na sentença recorrida.

Ora, nos termos do art. 45°, n.º 2 da mesma lei, o prazo de caducidade é de três anos, se tiverem sido utilizados os ditos "indicadores objectivos", o que, como se viu, não foi o caso pelo que o prazo é o geral de quatro anos – seu n.º 1 –, aplicável às demais hipóteses de avaliação indirecta previstas no art. 87°, nomeadamente, como nos autos, à "impossibilidade de comprovação e quantificação directa e exacta dos elementos indispensáveis à correcta determinação da matéria tributável" – al. b).

A razão de ser de tal encurtamento do prazo resulta, como acentua Lima Guerreiro, LGT Anotada, pág. 215, de que, na aplicação de tais indicadores objectivos, «a administração tributária, não precisa de recorrer a qualquer inspecção externa ou interna»." (Ac. do S.T.A. P.º n.º 01914/03 de 24/03/2004, in Bases Jurídico Documentais http://www.dgsi.pt.).

Um outro aspecto que aqui queremos deixar referido é o que se prende com o facto de, o prazo de caducidade, nos termos do disposto no artigo 45.°/4 da LGT, ser contado de forma diferenciada, consoante se trate de impostos periódicos ou de obrigação única.[113]

---

[113] A redacção dada ao art. 45.° da LGT tem vindo a ser sucessivamente alterada, correspondendo o texto do n.° 4 aqui transcrito, ao que consta da Lei n.° 55-B/2004 de 30/12/2004 (Orçamento de Estado para 2005).

Mas a evolução legislativa que versa sobre esta matéria já se verificava noutros diplomas, "*Estabelece o art. 88.° 1 do CIVA que «só poderá ser liquidado imposto nos cinco anos civis seguintes àquele em que se verificou a sua exigibilidade»*.

Deste preceito normativo parece resultar que o prazo de caducidade do direito à liquidação do IVA só se verifica depois de decorridos os cinco anos civis seguintes àquele em que se verificou à exigibilidade do referido imposto.

Até ao início da vigência do CPT era esta norma especial porque relativa ao imposto sobre o valor acrescentado.

O art. 33.° do CPT estabelecia, na sua versão inicial, que «o direito à liquidação de impostos e outras prestações de natureza tributárias caduca se não for exercido ou a liquidação não for notificada ao contribuinte no prazo de cinco anos contados, nos impostos periódicos, a partir do termo daquele em que se verificar o facto tributário e, nos impostos de obrigação única, a partir da data em que o facto tributário ocorreu».

Por força do DL 47/95, de 10-3, passou este mesmo preceito normativo a estabelecer que "o direito à liquidação de impostos e outras prestações tributárias caduca se a liquidação não for notificada ao contribuinte no prazo de cinco anos contados, nos impostos periódicos, a partir do termo daquele em que ocorreu o facto tributário ou, nos impostos de obrigação única, a partir da data em que o facto tributário ocorreu".

O art. 11.° do DL 154/91, de 23-4 (diploma que aprovou o CPT), estabeleceu que é revogada "toda a legislação contrária ao Código aprovado pelo presente decreto-lei" e o art. 4.° do mesmo diploma legal acrescentou que "os novos prazos de caducidade e prescrição só serão aplicáveis à sisa e ao imposto sobre sucessões e doações após a introdução no respectivo Código das normas necessárias de adaptação".

Da conjugação destes preceitos normativos parece podermos concluir que o regime da caducidade do IVA passou a ser regulado pelo art. 33.° 1 do CPT que revogou o art. 88.° do CIVA na parte em que este seja com aquele incompatível.

Do mencionado art. 88.° 1 do CIVA parece resultar que o legislador pretendeu enquadrar o IVA na categoria doutrinária dos impostos periódicos ao optar neste preceito normativo pelo regime destes.

(...)

A distinção entre impostos periódicos e de obrigação única, tem subjacente as diferentes perspectivas que a relação jurídica tributária típica de cada um dos impostos do nosso sistema fiscal nos oferece, consoante essa relação jurídica seja: "*...desencadeada por um facto ou acto isolado ou por factos ou actos sem continuidade entre si, ou seja, duma relação de carácter instantâneo, que dá origem a uma obrigação de imposto isolada (ainda que o seu pagamento possa ser realizado em parcelas ou prestações), o imposto que sobre ela recai é um imposto*

Em termos gerais são de obrigação única os impostos que incidem sobre actos ou factos isolados, sem qualquer continuidade enquanto que já serão periódicos os que incidem sobre factos, situações ou actividades que se prolongam no tempo renovando-se as correspondentes obrigações.

Contudo, como adverte Cardoso da Costa, Curso..., 1970, p. 31 e ss., depois de fazer referência a vários critérios, «nada obsta, realmente, a que o nosso direito não tenha atribuído à distinção sempre o mesmo significado».

Assim se para o mesmo autor o critério da classificação orçamental tem como ponto de partida o «carácter nominativo ou anónimo da respectiva cobrança» já a distinção do Código Civil não coincide com esta não tendo todos os pressupostos da tributação a mesma natureza pois «umas vezes, são situações estáveis, situações que se prolongam no tempo, como a propriedade dum prédio rústico ou urbano ou o exercício de uma actividade industrial ou comercial» outras vezes, são «actos ou factos isolados, actos ou factos que, embora possam repetir-se, não têm continuidade entre si, sendo considerados para efeitos fiscais una tantum – é o que sucede com a aquisição de bens, com a importação ou transacção de determinadas mercadorias, com a passagem dum recibo».

Ainda para o autor que vimos citando «no primeiro caso, há que referir o imposto a um determinado período (em regra um ano), renovando-se a obrigação fiscal, enquanto a situação se mantiver, de cada vez que surge um novo período: temos os impostos periódicos, os impostos que presumivelmente se renovarão periodicamente; no segundo caso, o imposto reporta-se a cada acto ou facto isoladamente: temos os impostos de obrigação única».

Neste mesmo plano se situa Braz Teixeira, Princípios..., 1985, p. 63, quando escreve que «pode acontecer, porém, que, em certos casos, um imposto de obrigação única venha a apresentar-se como imposto periódico, como acontece, p. ex., com o imposto sobre as sucessões e doações pago por avença».

Na verdade se este imposto para certos efeitos pode ser qualificado como de obrigação única já para outros pode ser qualificado como imposto periódico."
(Ac. do S.T.A. P.º n.º 026806 de 07/05/2003, in Bases Jurídico Documentais http://www.dgsi.pt.).

indirecto; se, pelo contrário, a relação jurídica fonte da obrigação de imposto tem na base situações estáveis, situações que se prolongam no tempo, dando origem a obrigações periódicas, a obrigações que se renovam todos os anos, então estamos perante um imposto directo.".[114]

Por isso tal como refere aquele autor, *"com este sentido a distinção entre impostos directos e impostos indirectos vem a coincidir com a distinção entre impostos periódicos e impostos instantâneos ou de obrigação única, (...)"*.

Equacionado o problema e estabelecida a distinção naqueles termos, mais facilmente podemos interpretar a disposição contida no citado n.º 4 do art. 45.º da LGT, onde se refere que *"o prazo de caducidade conta-se nos impostos periódicos, a partir do termo do ano em que se verificou o facto tributário e, nos impostos de obrigação única, a partir da data em que o facto tributário ocorreu, (...)"*. O que consequentemente vem mostrar a importância de que se reveste aquela distinção, desde que não se percam de vista as excepções que retiram o carácter linear da referida caracterização.

É que o legislador estabeleceu excepções, como acontece em relação ao *"...imposto sobre o valor acrescentado e nos impostos sobre o rendimento quando a tributação seja efectuada por retenção na fonte a título definitivo, caso em que aquele prazo se conta a partir do início do ano civil seguinte àquele em que se verificou, respectivamente, a exigibilidade do imposto ou o facto tributário"* (cfr. art. 45.º/4 da LGT). Qualquer das situações excepcionadas têm razão de ser, em relação ao IVA, porque os factos tributários sobre que incide, são vistos de *per si*, ainda que integrados no âmbito de uma actividade económica em função de cujo exercício, o SP está obrigado a uma contabilização global e periódica para efeitos de apuramento do imposto.[115]

---

[114] José Casalta Nabais *in DIREITO FISCAL*, reimp. Coimbra, 2002, pág. 61 e ss.

[115] A caracterização do IVA como imposto de obrigação única tem merecido o entendimento uniforme da jurisprudência do STA, é que, *"... o IVA é um imposto sobre o consumo que incide sobre as transmissões de bens, as prestações de serviços e as aquisições intracomunitárias de bens – cfr. artigos 1.º do CIVA e 1.º do Regime do Imposto sobre o Valor Acrescentado nas Transacções Intracomunitárias (RITI) aprovado pelo decreto-lei n.º 290/92, de 28 de Dezembro.*

No caso especifico das retenções na fonte a título definitivo, elas são consideradas como revestindo as características de imposto de obrigação única, porque sendo uma situação de substituição tributária, o substituído fica desobrigado de obrigações declarativas e de pagamento do imposto.

O facto gerador do imposto é, pois, a transmissão, prestação, importação ou aquisição, o qual, ao preencher a previsão legal da norma de incidência, origina a relação jurídica de imposto.

Assim vistas as coisas, parece claro que estamos perante um imposto de obrigação única, porquanto, verificada a ocorrência do facto, logo nasce a respectiva relação jurídica de imposto. O que não muda só porque o sujeito passivo intervém, em regra, numa multiplicidade desses factos (vd. o artigo 2.º do CIVA), pois, por força da norma de incidência, cada um desses factos é, só por si, e independentemente da sequência em que possa inserir-se, gerador da obrigação de imposto.

Mais claro é, ainda, se encararmos a questão do ponto de vista de quem é o verdadeiro contribuinte, aquele que suporta o imposto, o consumidor, pois este arca com ele cada vez que adquire um bem (cfr. o artigo 36.º do CIVA).

Mas, se formos além da norma de incidência, e atentarmos no modo como é apurada a dívida de imposto do sujeito passivo, já as coisas se nos apresentam de modo mais opaco.

Reportando-nos, apenas, ao regime geral, a dívida do sujeito passivo «é calculada pelo método do crédito de imposto, traduzindo-se na seguinte operação: aplicada a taxa ao valor global das transacções da empresa, em determinado período, deduz-se ao montante assim obtido o imposto por ela suportado nas compras desse mesmo período, revelado nas respectivas facturas de aquisição. O resultado corresponde ao montante a entregar ao Estado» – *do preâmbulo do decreto-lei n.º 394-B/84, de 26 de Dezembro, que aprovou o CIVA.*

Correspondendo esse período temporal a um mês ou a um trimestre (artigos 28.º e 40.º do CIVA), respeitando a ele as obrigações de declaração e de pagamento, e o direito à dedução, e implicando, tudo, «a elaboração de uma conta corrente do contribuinte, debitada pelo montante da sua declaração periódica e creditada pelos pagamentos efectuados» (do citado preâmbulo), bem se percebe o impulso para a qualificação do imposto como periódico.

Pensamos, porém, que periódico é, apenas, o cumprimento daquelas apontadas obrigações de declaração e de pagamento, e o exercício daquele direito à dedução. E, se assim é, é – o por razões de exequibilidade prática, pois não seria viável apurar o valor acrescentado por cada sujeito em cada uma das operações por si realizadas.

Porém, essa periodicidade nada terá a ver com a natureza do imposto, que continua a incidir sobre cada uma das operações a ele sujeitas, isoladamente, ainda

Sempre que esteja em equação a aferição da eventual caducidade do direito à liquidação devemos ainda atender a uma hipótese cuja verificação, independentemente do tributo que estiver em causa, dá lugar a um alargamento do prazo de caducidade, referimo-nos à possibilidade de ter sido instaurado inquérito criminal, nesse caso, o prazo referido

que se trate de operações que os mesmos sujeitos repetem amiúde, porém, sem que uma continue a outra, ou dela de qualquer modo dependa.

Quando, pelo falado método do crédito de imposto, se apura o montante devido pelo sujeito passivo, o que se está a fazer não é a determinar o imposto incidente sobre cada um dos factos tributários, mas, só, a calcular o montante global que o sujeito deve pagar ou recuperar, em resultado da soma do imposto que incidiu sobre cada um dos factos que constituem outputs (vendas), subtraído do que recaiu sobre os factos que constituem inputs (compras).

O imposto não se refere a um período de tempo, mas a um momento, o da operação sujeita; não incide sobre o resultado de uma actividade continuada, mas sobre a operação isolada; o facto tributário não tem natureza duradoura, mas instantânea; a obrigação de imposto não se renova em cada período, antes se esgota em cada operação.

Ou seja, o IVA não tem as características que a doutrina aponta para os impostos periódicos, apresentando, antes, as que distinguem os impostos de obrigação única.

Periódico, continuado, duradouro, é, só, o modo de apuramento do montante devido pelos operadores económicos em resultado das múltiplas operações sujeitas a imposto em que intervêm.

(...)

Acrescente-se, ainda, que não milita contra a qualificação do IVA como imposto de obrigação única o artigo 88 – A do CIVA, aditado pelo artigo 2.º do decreto-lei n.º 166/94, de 9 de Junho, ao dispor que «as liquidações referidas nos artigos 82.º e 83.º poderão ser agregadas por anos civis num único documento de cobrança".

Trata-se, ainda aqui, de uma regra que não contende, nem com as características do facto tributário, nem com a natureza do imposto, respeitando, apenas, à sua cobrança».

Diga-se, por último, que a posição adoptada parece coincidir com a escolha do legislador da lei n.º 32-B/2002, de 30 de Dezembro, cujo artigo 43.º alterou o artigo 45.º n.º 4 da LGT, o qual passou a dizer: «O prazo de caducidade conta-se, nos impostos periódicos, a partir do termo do ano em que se verificou o facto tributário e, nos impostos de obrigação única, a partir da data em que o facto tributário ocorreu, excepto em imposto sobre o valor acrescentado, caso em que aquele prazo se conta a partir do início do ano civil seguinte àquele em que verificou a exigibilidade do imposto».

no n.º 1, seja o geral ou outro fixado na lei, é alargado até ao arquivamento ou trânsito em julgado da sentença, acrescido de um ano (cfr. art. 45º/5 da LGT)[116].

Como tivemos oportunidade de salientar anteriormente, a validade do acto tributário depende da sua válida notificação ao contribuinte, quando no âmbito da verificação da eventual caducidade de um tributo, devemos ter presente que, para efeitos da contagem do prazo referido no n.º 1 do art. 45º da LGT, o n.º 6 da mesma norma dispõe que: *as notificações sob registo consideram-se validamente efectuadas no 3.º dia posterior ao do registo ou no 1.º dia útil seguinte a esse, quando esse dia não seja útil.*

Uma questão indissociável da problemática relativa à caducidade é a que se prende com a possibilidade de verificação de factos suspensivos em relação ao decurso do prazo de caducidade, conforme dispõe o art. 46.º da LGT, que a seguir se transcreve:

"1 – O prazo de caducidade suspende-se com a notificação ao contribuinte, nos termos legais, da ordem de serviço ou despacho no início da acção de inspecção externa, cessando, no entanto, esse efeito, contando-se o prazo desde o seu início, caso a duração da inspecção externa tenha ultrapassado o prazo de seis meses após a notificação.

2 – O prazo de caducidade suspende-se ainda:

    a) Em caso de litígio judicial de cuja resolução dependa a liquidação do tributo, desde o seu início até ao trânsito em julgado da decisão;

Ou seja, o legislador terá optado ele mesmo por qualificar o IVA como imposto de obrigação única, embora excepcionando-o do regime regra quanto à caducidade do direito à respectiva liquidação, reaproximando-o do regime regra do art. 88.º n.º 1 do CIVA, segundo o qual «só poderá ser liquidado imposto nos cinco anos civis seguintes àquele em que se verificou a exigibilidade.»" (Ac. do S.T.A. P.º n.º 0809 de 24/09/2003, in Bases Jurídico Documentais http://www.dgsi.pt..).

[116] O número 5 do artigo 45º da LGT foi introduzido pela Lei n.º 60º-A de 2005 de 30 de Dezembro e, nos termos do n.º 2 do artigo 57º dessa lei, o alargamento do prazo é aplicável aos prazos de caducidade em curso à data da entrada em vigor daquela lei (01/01/2006).

b) Em caso de benefícios fiscais de natureza contratual, desde o início até à resolução do contrato ou durante o decurso do prazo dos benefícios;

c) Em caso de benefícios fiscais de natureza condicionada, desde a apresentação da declaração até ao termo do prazo legal do cumprimento da condição;

d) Em caso de o direito à liquidação resultar de reclamação ou impugnação, a partir da sua apresentação até à decisão.

3 – Em caso de aplicação de sanções da perda de benefícios fiscais de qualquer natureza, o prazo de caducidade suspende-se desde o início do respectivo procedimento criminal, fiscal ou contra-ordenacional até ao trânsito em julgado da decisão final".

Como vimos, a distinção não oferece grandes dificuldades, bastando seguir como base de entendimento a distinção entre os dois tipos de impostos em equação, assim serão havidos como impostos de obrigação única aqueles cuja relação jurídica decorre de factos tributários isolados ou instantâneos, ao contrário, serão periódicos aqueles em que os factos tributários abrangidos evidenciam uma relação de continuidade e interligação entre si não podendo ser vistos isoladamente.

Vejamos então um exemplo de cada um dos referidos tipos de imposto:

Como imposto periódico, em relação a cujos factos tributários o prazo de caducidade se conta a partir do termo do ano da ocorrência desses factos, tomamos como exemplo o IRS, logo relativamente aos factos geradores de IRS ocorridos no ano de 2000, a contagem do prazo de caducidade (4 anos) faz-se a partir do termo desse ano (31/12/2000) ou seja medeia entre o dia 01 de Janeiro de 2001 e 31 de Dezembro de 2004.

Assim, se porventura um determinado SP "A", auferiu rendimentos de trabalho dependente durante o ano 2000, tendo ainda procedido à alienação de um imóvel que havia adquirido no ano anterior, por esses factos tributários encontra-se sujeito a IRS, sob as categorias "A" e "G". Por qualquer razão, não apresentou no prazo legal (entre 16 de Março e 30 de Abril de 2001), nem posteriormente a competente declaração modelo 3 de IRS, acompanhada do respectivo anexo "G", mas, se posteriormente o SP apresentou a declaração em falta, não tendo contudo sido devidamente notificado da liquidação do imposto até 31 de Dezembro de 2004, dá-se a caducidade do direito à liquidação.

Pode ainda verificar-se a possibilidade da administração tributária não ter procedido à fixação dos rendimentos determinados em função da mais valia apurada, nos termos do art. 65.°/2 do CIRS e subsequentemente à respectiva notificação, primeiro dessa fixação e depois da liquidação do imposto em causa até 31 de Dezembro de 2004, também aqui se dá a caducidade do direito à liquidação do imposto.

No exemplo citado se o SP embora auferindo os dois tipos de rendimento, tivesse apresentado a declaração mod. 3 de IRS, indicando apenas os rendimentos da categoria "A", ou seja, apresentando a declaração na primeira fase (entre 01 de Fevereiro e 15 de Março de 2001), omitindo portanto os rendimentos da categoria "G", a diferença residiria apenas no facto de a administração tributária não proceder à fixação, mas sim à alteração dos rendimentos nos termos do art. 65.°/4 do CIRS.

Já relativamente a um imposto de obrigação única, podemos tomar como exemplo o Imposto do Selo, colocando a seguinte hipótese: o senhor "B" é proprietário de um imóvel e, na qualidade locador, celebrou um contrato de arrendamento em 30 de Maio de 2000, deveria por isso, na condição de sujeito passivo, ter procedido ao pagamento do imposto do selo até ao dia 20 de Junho (mês seguinte ao da constituição da obrigação tributária), porém e sem qualquer justificação assim não procedeu.

Neste caso, haverá que ter em consideração a data da verificação do facto tributário (30 de Maio), pois é a partir dela que se irá proceder à contagem do prazo de caducidade, assim, se até 30 de Maio de 2004, a administração não efectuar as diligências necessárias com vista a que, o SP proceda voluntariamente à liquidação do imposto, ou se este o não fizer, proceder oficiosamente a essa liquidação e à respectiva notificação, então dar-se-á a caducidade do direito a essa mesma liquidação.

3.3. O prazo de caducidade e a correcção das liquidações

Situação diferente, das que atrás demos conta, é aquela em que, após a apresentação de uma reclamação graciosa em relação à qual seja proferida a decisão de deferimento parcial da pretensão, implique a correcção da liquidação, objecto dessa reclamação. É que nestes casos, não se verifica o desaparecimento total dos efeitos da liquidação reclamada, pois que aquilo que acontece é a execução da decisão proferida na reclamação, que leva a que, tendo sido admitida a procedência de parte do pedido, tenha de se proceder à conformação do resultado da liquidação reclamada face ao decidido.[117]

Portanto a liquidação que assim conformada venha a ser notificada ao contribuinte, já para além do prazo de caducidade, não padece de qualquer ilegalidade face a essa extemporaneidade, ela é tão somente o fruto da execução da decisão proferida no processo de reclamação, a qual tem necessariamente de ser executada.

O mesmo não acontecerá se a decisão que a reclamação merecer fosse de deferimento total e porventura viesse a ser produzida nova liquidação que substituísse inteiramente a primeira que havia sido reclamada, porque aí estaríamos perante um acto tributário novo que se afirmaria *ex novo* no plano jurídico tributário e como tal sendo praticado para além do prazo de caducidade não poderia ser exigível por ser ilegal.

---

[117] Assim, tal "(…) *Como resulta da matéria de facto dada como provada, a liquidação impugnada resultou da procedência parcial da reclamação graciosa. Quem fez essa liquidação não podia deixar de se conformar com a decisão da reclamação graciosa, não sendo lícito desviar-se do decidido na reclamação.*

Deste modo, a liquidação em causa não passou de um acto de execução do que se decidira na reclamação graciosa. Se a reclamante não concordava com a decisão da reclamação graciosa, pois entendia que ela deveria ter sido julgada totalmente procedente, e não apenas parcialmente, teria de deduzir impugnação judicial no prazo de 8 dias, nos termos art. 123.º, n.º 2, do CPT.

Como não deduziu essa impugnação dentro do prazo legal, não pode depois tentar alcançar o mesmo efeito mediante uma impugnação do acto que se limitou a dar execução à decisão da reclamação graciosa." (Ac. do S.T.A. P.º n.º 0947/03 de 29/10/2003, in Bases Jurídico Documentais http://www.dgsi.pt.).

3.4. O prazo de caducidade e a prescrição das contra--ordenações

Uma situação singular no ordenamento jurídico tributário é aquela que decorre da disposição contida no art. 33.º/2 do RGIT, nos termos da qual, *"O prazo de prescrição do procedimento por contra-ordenação é reduzido ao prazo de caducidade do direito à liquidação da prestação tributária quando a infracção depender daquela liquidação."*[118].

Aqui se equacionam portanto aquelas situações em que o procedimento por contra-ordenação se extingue, não no prazo normal de cinco anos (art. 33.º/1 do RGIT), mas no prazo de caducidade do direito à liquidação que é, como antes vimos, de quatro anos, salvo se outro não estiver legalmente previsto.

Sem rebuço se concederá no quanto importante é, também neste caso, a distinção entre impostos de obrigação única e impostos periódicos, mas também por outro lado, a relevância da referida dependência da liquidação, a qual na nossa perspectiva deve ser entendida no sentido de, após a instauração e instrução do processo de contra-ordenação, o valor da coima a fixar depender ou não do montante do imposto liquidado.

Atente-se na situação prática exposta no exemplo referido no item anterior, de um SP que tendo auferido rendimentos sujeitos a IRS e devendo apresentar a competente declaração, o não fez, incorreu por

---

[118] Embora para apreciação da verificação da prescrição no plano das contra--ordenações fiscais, se tenha de atender ao regime legal vigente ao tempo da prática da infracção, há contudo que salientar que, *"II – Em matéria de direito sancionatório, vale o princípio constitucional da aplicação do regime globalmente mais favorável ao infractor que, embora apenas previsto expressamente para as infracções criminais (art. 29.º, n.º 4, da C.R.P.), é de aplicar analogicamente aos outros direitos sancionatórios.*

III – Por isso, além de nunca poder ser aplicável uma lei sobre prescrição mais gravosa para o arguido do que a vigente no momento da prática da infracção, será mesmo aplicável retroactivamente o regime que, globalmente, mais favoreça o infractor.". (Ac. do S.T.A. P.º n.º 01017/04 de 30/11/2004, in Bases Jurídico Documentais http://www.dgsi.pt).

isso, na infracção tipificada no art. 116.º/1 do RGIT, note-se que a fixação do valor da coima aí prevista não depende de qualquer liquidação, logo o prazo prescricional para o procedimento contra-ordenacional é o previsto no art. 33.º/1 daquele diploma.

Se contudo esse mesmo SP, tendo auferido rendimentos da categoria "A" e da categoria "G", apresentou a declaração omitindo os rendimentos de uma das categorias, então praticou a infracção prevista no art. 119.º/1 do RGIT. Acontece porém que, nos termos do n.º 2 dessa norma, *"No caso de não haver imposto a liquidar, os limites das coimas previstas no número anterior são reduzidos para metade"*. Ou seja, a delimitação do valor da coima acaba por estar dependente da liquidação a efectuar, em função da qual se verificará se a mesma produz ou não imposto. Na circunstância descrita, teremos então a aplicação do prazo prescricional indexado ao prazo de caducidade – quatro anos.

Neste mesmo regime se incluem situações tais como: as de falta de entrega da prestação tributária – art. 114.º do RGIT e, as de falsificação, viciação e alteração de documentos fiscalmente relevantes – art. 118.º do RGIT.

Capítulo IV

A EXTINÇÃO
DA RELAÇÃO JURÍDICA TRIBUTÁRIA

> *"As prestações tributárias são pagas em moeda corrente ou por cheque, débito em conta, transferência conta a conta e vale postal ou por outros meios utilizados pelos serviços dos correios ou pelas instituições de crédito que a lei expressamente autorize."*
>
> (Art. 40.º/1 da LGT)

4. A EXTINÇÃO DA RELAÇÃO JURÍDICA TRIBUTÁRIA

Se no início da relação jurídica tributária temos o facto tributário, o seu epílogo ocorrerá com o pagamento[119] da prestação tributária,

---

[119] Saliente-se que, conforme determina o n.º 3 do art. 40.º da LGT, *"Os contribuintes ou terceiros que efectuem o pagamento devem indicar os tributos e períodos de tributação a que se referem."*

E que de acordo com o disposto no n.º 4 daquela norma, *"Em caso de o montante a pagar ser inferior ao devido, o pagamento é sucessivamente imputado pela seguinte ordem a:*
a) Juros moratórios;

independentemente do meio[120] e da forma de que se revista[121] e de esse mesmo pagamento ser efectuado voluntária ou coercivamente[122].

Tal como acontece no direito comum (art. 601.º do CC), também o direito tributário acolheu o princípio segundo o qual, pelos créditos da Fazenda Pública, resultantes da relação jurídica tributária, respondem todos os bens do devedor susceptíveis de penhora, ou de acordo com a formulação insíta no art. 50.º/1 da LGT, *"o património do devedor constitui garantia geral dos créditos tributários"*.

Ainda tendo como pano de fundo a relação jurídica tributária, teremos de realçar a ligação causal entre esta e o crédito tributário, isto porque dela emerge a preferência de que beneficia o Estado através da Administração Tributária no ressarcimento dos seus créditos, com base nas garantias especiais legalmente instituídas e a que se reportam as várias alíneas do art. 51.º/2 da LGT. Estas garantias constituídas em primeiro lugar pelos privilégios creditórios, abrangem também a hipoteca, o penhor e o direito de retenção.

Merecem-nos igualmente referência as medidas cautelares não especificadas (cfr. art. 381.º do CPC) como o arrolamento e o arresto, as quais, enquanto medidas preventivas, quando postas em prática em tempo útil, concorrem de uma forma mediata para evitar a frustração dos créditos tributários, conservando a legítima expectativa de os ver ressarcidos na fase da cobrança. Estas medidas têm natureza jurisdicional uma vez que dependem de decisão do juiz do tribunal administrativo

---

b) Outros encargos legais;
c) Dívida tributária, incluindo juros compensatórios;
d) Coimas."

[120] Ao falarmos de "meio" temos em mente as várias hipóteses como são nomeadamente: o dinheiro, o cheque, o débito em conta e a transferência bancária, (art. 40.º/1 da LGT).

[121] Além do pagamento propriamente dito, a lei admite também a dação em pagamento e a compensação, modalidades que se encontram consagradas no art. 40.º/2 da LGT, que dispõe: *"– A dação em cumprimento e a compensação são admitidas nos casos expressamente previstos na lei."*

[122] Pagamento voluntário é aquele que é efectuado dentro do prazo estabelecido nas leis tributárias, (art. 84.º CPPT), findo o prazo de pagamento voluntário, será extraída certidão de dívida que servirá de base à instauração de processo executivo, (art. 88.º CPPT).

e fiscal competente, tratando-se de processos urgentes (cfr. art. 382.º do CPC) e estando na dependência de uma acção principal que já esteja a decorrer ou que venha a ser interposta (cfr. art. 383.º/1 do CPC).

4.1. A sub-rogação

Uma circunstância que merece desde logo ser abordada, uma vez que é transversal a esta problemática da realização da prestação debitória, é a que se prende com a satisfação daquela por um terceiro que não o devedor, nesses casos dá-se a chamada sub-rogação, nos termos da qual o terceiro fica investido na posição do credor da prestação por ele satisfeita (cfr. art. 41.º da LGT).[123]

Para que a sub-rogação se verifique é necessário que, de acordo com o disposto no n.º 2 do art. 41.º da LGT, *"o terceiro que proceda ao pagamento das dívidas tributárias após o termo do prazo do pagamento voluntário fica sub-rogado nos direitos da administração tributária, desde que tenha previamente requerido a declaração de sub--rogação e obtido autorização do devedor ou prove interesse legítimo"*, o que nos coloca perante três condições essenciais:

- ter decorrido o prazo de pagamento voluntário
- ter sido requerida a sub-rogação;
- ter sido obtida a autorização do devedor ou provado interesse legítimo.

Desde que se encontrem preenchidos estes requisitos o sub-rogado fica investido nas prorrogativas que assistiam à Administração Tributária, nomeadamente da possibilidade de fazer valer a sua posição de credor através do processo de execução fiscal (cfr. art.s 91.º e 92.º do CPPT).

---

[123] Sobre o instituto da sub-rogação ver também o art.s 589.º a 594.º do CC, uma vez que no que respeitam às relações entre o devedor e o sub-rogado elas reger--se-ão através daquelas disposições.

4.2. O pagamento em prestações

Quando o devedor não possa cumprir integralmente o pagamento, este pode, na fase de pagamento voluntário, requerer o pagamento em prestações de acordo com as condições definidas na lei, (cfr. art. 42.º/1 da LGT). Mas, tal como se determina no n.º 2 daquela norma, não é permitido quando a dívidas respeitem *a recursos próprios comunitários e, nos termos da lei, às quantias retidas na fonte ou legalmente repercutidas a terceiros ou ainda quando o pagamento do imposto seja condição da entrega ou transmissão dos bens.*[124]

O pagamento em prestações encontra-se regulado pelo disposto no Dec.-Lei n.º 492/88 de 30 de Dezembro,[125] podendo ser solicitado desde que reunidos os requisitos ali previstos, nomeadamente a prestação de garantia idónea.

---

[124] As restrições enumeradas têm toda a razão de ser, uma vez que caso assim não fosse estaria a ser dada cobertura a situações de financiamento com base nas prestações tributárias.

[125] Sobre a possibilidade de apresentação do pedido de pagamento em prestações, as condições da sua admissibilidade e demais requisitos, transcrevem-se de seguida os art.s 29.º a 32.º do Dec.-Lei n.º 492/88 de 30 de Dezembro:

ARTIGO 29.º
Pagamentos em prestações

1 – As dívidas de impostos sobre o rendimento das pessoas singulares e das pessoas colectivas poderão ser pagas em prestações, após o decurso do período do pagamento voluntário e antes da instauração do respectivo processo de execução fiscal.

2 – O disposto no número anterior não é aplicável às dívidas liquidadas pelos serviços por falta de entrega dentro dos respectivos prazos legais de quaisquer retenções de imposto.

3 – O número de prestações não pode exceder 36, sendo de periodicidade mensal.

ARTIGO 30.º
Competência para autorizar as prestações

A competência para autorizar o pagamento em prestações das dívidas referidas no artigo anterior cabe ao Ministro das Finanças.

Já porém, se estivermos perante a cobrança de dívidas em fase executiva, o pagamento em prestações encontra-se regulado pelo disposto no art. 196.º a 200.º do CPPT.

Artigo 31.º
Requisitos dos pedidos

1 – Poderão solicitar o pagamento em prestações os devedores cuja situação económica, devidamente comprovada, não lhes permita solver as dívidas dentro dos prazos legalmente previstos ou nos casos em que ocorram circunstâncias excepcionais e razões de interesse público o justifiquem.

2 – Os pedidos de pagamento em prestações conterão a identificação do requerente, a natureza da dívida e o número de prestações pretendido, devendo ser apresentados nas direcções distritais de finanças da área fiscal onde o devedor tenha o seu domicílio, sede ou estabelecimento estável no prazo de quinze dias a contar do termo do prazo para o pagamento voluntário.

3 – O director distrital de finanças, juntas todas as informações de que disponha sobre o pedido e sobre a situação económica do requerente, pronunciar-se-á sobre a concessão, alteração ou denegação do pedido, submetendo--o a apreciação, através dos serviços centrais da DGCI, no prazo de quinze dias após a recepção.

Artigo 32.º
Das garantias

1 – Conjuntamente com o pedido referido no artigo anterior deverá o devedor oferecer garantia idónea, nomeadamente:
  a) Aval bancário ou de instituição legalmente autorizada a prestá-lo;
  b) Seguro-caução ou caução efectuados por instituições de seguros legalmente autorizadas;
  c) Hipoteca.

2 – A garantia será prestada pelo valor da dívida e juros de mora, a contar até à data do pedido, acrescido de 25% da soma daqueles valores.

3 – As garantias referidas no n.º 1 deverão ser constituídas para cobrir todo o período de tempo que foi concedido para efectuar o pagamento, acrescido de três meses, e ser apresentadas no prazo de 10 dias a contar da notificação que autorizou as prestações, salvo no caso da hipoteca, cujo prazo poderá ser ampliado até 30 dias.

4 – Após o decurso dos prazos referidos no número precedente sem que tenha sido prestada a garantia, fica sem efeito a autorização para efectuar o pagamento da dívida em prestações, aplicando-se o disposto nos n.ºs 2 e 3 do artigo 34.º.

4.3. A compensação

Dentro do prazo de pagamento voluntário, ou seja, na fase não executiva, os contribuintes podem também, nos casos legalmente previstos, solver o valor das prestações tributárias através da compensação.[126]

---

[126] Relativamente à compensação, cabe dizer que, ela consiste numa extinção recíproca de créditos dependendo da necessária declaração compensatória, sem a qual obviamente, qualquer um dos créditos continua a poder ser validamente satisfeito ou extinto por outros meios.

Mas afigura-se pacifico que, a compensação tanto pode ter lugar em sede de pagamento voluntário como coercivo, "(...) *Prescreve o artigo 89.º n.º 1 do CPPT que os créditos do executado resultantes de reembolso são obrigatoriamente aplicados na compensação das suas dívidas à administração tributária, salvo se pender reclamação, impugnação, recurso, oposição à execução, ou se a dívida exequenda estiver a ser paga em prestações e estiver garantida. E o n.º 5 estabelece que, no caso de já estar instaurado processo de execução, tal compensação se efectua através da emissão de título de crédito destinado ao pagamento da dívida exequenda e acrescido.*

Resulta pois do que fica referido que, contrariamente ao que a recorrente pretende, não é necessário haver citação para que se possa proceder à compensação. Donde se terá de concluir que a eventual falta de citação no processo executivo não seria impeditiva da compensação. É certo que este artigo não se mostra muito claro ao referir no n.º 1 o reembolso de créditos do executado e no n.º 5 admitir implicitamente que a execução pode ainda não estar instaurada, mas, contrariamente ao que a recorrente pretende, não é a citação que determina a existência da execução. Já antes dela se verificar há execução que se inicia com a respectiva instauração com base em certidão da dívida, como se refere no artigo 88.º n.º 4 do CPPT, sendo a citação um acto posterior a ordenar no prazo de 24 horas após o registo como estipula o artigo 188.º n.º1 do mesmo diploma legal. Não pode por isso pretender-se que não se é executado enquanto não houver citação. Mas havendo execução, pode fazer-se a compensação sem necessidade de efectuar penhora do título de crédito, aplicando-se o montante do crédito no pagamento da dívida exequenda e acrescido, conforme determina expressamente o n.º 5 do artigo 89.º citado, que não é incompatível com o disposto no artigo 226.º do CPPT que tem um âmbito mais vasto por se referir à generalidade dos títulos de crédito. Tendo a sentença recorrida decidido desse modo não há que fazer-lhe qualquer censura. (...)

Existindo um crédito de reembolso do executado pode a administração tributária utilizá-lo no pagamento da dívida, nos casos previstos no artigo 89.º n.º 5 do CPPT, sem necessidade de efectuar a penhora de tal título de crédito." (Ac. do S.T.A., Proc.º n.º 01245/04 de 07.12.2004, in Bases Jurídico Documentais http://www.dgsi.pt).

Ao falarmos de compensação estamos perante uma situação de extinção não de uma mas de duas ou várias obrigações, traduzindo-se na prática num acerto de contas, sem que contudo ocorra a reciprocidade de pagamentos decorrentes dessas obrigações.

Ainda em relação à aplicação da compensação como forma extintiva das obrigações tributárias, refira-se que a compensação tanto pode ocorrer por iniciativa da administração tributária, como por iniciativa dos contribuintes.

Por iniciativa da administração tributária ela opera-se nos termos e condições previstas no art. 89.º do CPPT, cujo n.º 1 determina que, *"os créditos do executado resultantes de reembolso, revisão oficiosa, reclamação graciosa ou impugnação judicial de qualquer acto tributário são obrigatoriamente aplicados na compensação das suas dívidas à mesma administração tributária,..."*. Exceptuando-se os casos em que em relação à dívida exequenda a ser compensada tiver sido contestada através dos meios graciosos ou judiciais legalmente previstos ou essa dívida esteja a ser paga em prestações.

Por iniciativa dos contribuintes e desde que ainda não tenha terminado o prazo de pagamento voluntário, verificando-se essa condição, a compensação seguirá o mesmo regime que se encontra previsto para as situações em que a iniciativa é da administração tributária, ou seja, *mutatis mutandis*, de acordo com o determinado no art. 89.º do CPPT.

4.4. A dação em pagamento

Uma outra forma de extinção da dívida tributária é a que opera através da dação em pagamento[127], esta consiste na extinção da obri-

---

[127] Relativamente à dação *pro solvendo* prevista no artigo 840.º do CC, ela consiste num meio que permite facilitar ao credor da prestação a satisfação do seu crédito, através da aceitação de bens entregues pelo devedor. Neste caso não se trata de substituir dessa forma a prestação, uma vez que o credor se vai ressarcir com base na venda desses bens através do preço respectivo que vai receber, entregando o remanescente ao devedor. De referir que a dação em pagamento pode ter por objecto a transmissão de um crédito que o credor tenha sobre um terceiro.

gação através da utilização de uma prestação diversa daquela que à partida seria exigível, mas que só ocorre com a anuência do credor, no nosso caso da Administração Tributária.

Ainda em relação ao regime que segue a dação em pagamento na fase pré-executiva, devemos reter o que o art. art. 87.º do CPPT, que tem por epígrafe *"Dação em pagamento antes da execução fiscal"* dispõe:

"1 – A dação em pagamento antes da instauração do processo de execução fiscal só é admissível no âmbito de processo conducente à celebração de acordo de recuperação de créditos do Estado.

2 – O requerimento da dação em pagamento pode ser apresentado a partir do início do prazo do pagamento voluntário e é dirigido ao ministro ou órgão executivo de que dependa a administração tributária, que decidirá, ouvidos os serviços competentes, designadamente sobre o montante da dívida e acrescido e os encargos que incidam sobre os bens.

3 – A aceitação da dação, em caso de dívidas a diferentes administrações tributárias, poderá ser efectuada por despacho conjunto dos ministros competentes e órgãos executivos, que deverá discriminar o montante aplicado no pagamento das dívidas existentes, sem prejuízo do direito de o contribuinte solicitar a revisão dos critérios utilizados.

4 – À dação em pagamento efectuada nos termos do presente artigo aplicam-se os requisitos materiais ou processuais da dação em pagamento na execução fiscal, com as necessárias adaptações.

5 – Salvo se já tiver sido instaurado processo de execução fiscal em que se efectua por auto no processo, a dação em pagamento efectua-se por auto no procedimento previsto no presente artigo.

6 – O pedido de dação em pagamento não suspende a cobrança da obrigação tributária.

7 – As despesas de avaliação entram em regra de custas do procedimento de dação em pagamento, salvo se já tiver sido instaurado processo de execução fiscal, caso em que serão consideradas custas deste processo."

Importa distinguir as duas formas de que a dação se pode revestir, porque, quando se fala em dação em cumprimento dá-se a exoneração do devedor perante o credor, o mesmo não se verificando quando se trata de dação em função do cumprimento em que o devedor permanece vinculado uma vez que não se dá a extinção da dívida. Sintomática desta distinção a situação gerada com a dação (em função do cumprimento) que os clubes de futebol contrataram com a administração no âmbito do chamado "Totonegócio".

"1.º – A dação em cumprimento (datio in solutum) e a dação em função do cumprimento (datio pro solvendo) constituem meios de extinção da obrigação tributária, nos termos dos artigos 109.º-A, 284.º e 284.º-A do Código de Processo Tributário, e 837.º a 840.º do Código Civil.

A dação em pagamento, de acordo com o que se encontra previsto no C.P.P.T. pode ocorrer em dois momentos: antes da instauração de processo de execução fiscal (art. 87.º) e depois dessa instauração (art.s 201.º e 202.º).

E, quer nos casos em que o pedido é formulado antes da execução fiscal, quer naqueles em que é posterior à sua instauração, o pedido de dação em pagamento implica a instauração de um procedimento tributário tendente à sua autorização, que, no caso de estar pendente execução fiscal, se insere no âmbito desse processo, desenvolvendo-se em paralelo com aquele, (cfr. art. 201.º/2 e seguintes do CPPT).[128]

2.º – Os Despachos n.ᵒˢ 7/98-XIII, de 4 de Março de 1998, e 9/98-XIII, de 23 de Março de 1998, ambos do Secretário de Estado dos Assuntos Fiscais, proferidos no âmbito do Decreto-Lei n.º 124/96, de 10 de Agosto, prefiguram, por preenchimentos dos respectivos requisitos, uma hipótese de satisfação de dívidas fiscais por meio de dação em função do cumprimento, não violando, por isso, o disposto nos artigos 109.º-A, 284.º e 284.º-A do Código de Processo Tributário.

3.º – A dação em função do cumprimento do direito às receitas futuras das apostas mútuas desportivas a que os clubes de futebol com dívidas ao Fisco tenham direito, para pagamento de tais dívidas, constitui, na medida em que contribui para o saneamento económico e financeiro dos clubes, uma forma de promover e desenvolver o futebol, nos termos do estatuído nos artigos 16.º e 17.º-A do Decreto-Lei n.º 84/85, de 28 de Março.

4.º – Os Despachos n.ᵒˢ 7/98-XIII e 9/98-XIII do Secretário de Estado dos Assuntos Fiscais, porque não implicam a renúncia ao exercício de quaisquer competências por parte de órgãos ou agentes do Estado, não violam o disposto no artigo 29.º, n.º 2, do Código do Procedimento Administrativo." (Parecer da PGR. n.º P000451998, in Bases Jurídico Documentais http://www.dgsi.pt..).

[128] Sobre o regime que deve ser seguido relativamente à dação em pagamento, diga-se que, *"I – Na falta de regime especial relativo à dação em pagamento, é-lhe aplicável o regime previsto no C.P.P.T..*

II – No regime do C.P.P.T., tanto nos casos em que o pedido é instaurado antes da execução fiscal como naqueles em que é posterior à sua instauração, o pedido de dação em pagamento dá origem à instauração de um procedimento tributário tendente à sua autorização, que, no caso de estar pendente execução fiscal, corre paralelamente a ela, nos termos dos n.ᵒˢ 2 e seguintes do art. 201.º daquele Código.

III – No entanto, este procedimento para autorização da dação em pagamento na pendência de execução fiscal insere-se no âmbito desse processo, como decorre

4.5. A anulação

A anulação da divida tributária, por qualquer modo previsto na lei, é também ela uma forma de extinção da relação jurídica, se considerarmos que a fonte da relação obrigacional foi anulada pela administração fiscal oficiosamente através de revisão ou em sede contenciosa por força de decisão de reclamação, recurso hierárquico ou de sentença judicial.

Estando a decorrer a fase de cobrança coerciva, determina o art. 270.º do CPPT que, "*1 – O órgão da execução fiscal onde correr o processo deverá declarar extinta a execução, oficiosamente, quando se verifique a anulação da dívida exequenda.*

2 – Quando a anulação tiver de efectivar-se por nota de crédito, a extinção só se fará após a sua emissão."

da inserção sistemática daquele art. 201.º no C.P.P.T., pelo que o meio processual adequado à impugnação para impugnação de decisões de indeferimento desses pedidos é a reclamação prevista nos arts. 103.º, n.º 2, da L.G.T. e 276.º do C.P.P.T., que abrange impugnação de decisões da administração tributária proferidas por órgãos distintos do órgão da execução fiscal.

IV – O processo de suspensão de eficácia previsto na L.P.T.A. apenas é aplicável como meio acessório de processo de recurso contencioso regulado por essa lei.

V – No entanto, por força do disposto nos arts. 268.º, n.º 4, da C.R.P. e 147.º, n.º 6, do C.P.P.T., pode ser pedida a suspensão de eficácia de acto objecto de reclamação do tipo previsto naquele art. 276.º, pois são permitidas todas as medidas cautelares adequadas para assegurar a tutela judicial efectiva dos direitos dos obrigados tributários.

VI – São requisitos das providências referidas no art. 147.º, n.º 6, do C.P.P.T., o »fundado receio de uma lesão irreparável do requerente a causar pela actuação da administração tributária» e a indicação pelo interessado da providência que pretende ver adoptada, que terá de ser adequada a afastar a lesão invocada.

VII – Dependendo a autorização da dação em pagamento de uma decisão positiva da administração tributária nesse sentido, a suspensão de eficácia de acto que a indefere ou revoga decisão que a autorizara condicionalmente não tem idoneidade para afastar a possível lesão que resulte dessa não autorização, pois a suspensão de eficácia, não produz, por sua natureza, um efeito positivo e, por isso, ela não pode ser considerada uma medida cautelar adequada, na situação em causa".
(Ac. do S.T.A. P.º n.º 0799/04 de 01/09/2004, in Bases Jurídico Documentais http://www.dgsi.pt..).

Se tiver sido deduzida Oposição à execução fiscal da dívida objecto de anulação, ocorrerá por um lado a extinção da execução mas consequentemente, será também extinta a Oposição por inutilidade superveniente da lide.

4.6. A prescrição da dívida tributária

Quando se fala de prescrição, também está em causa um prazo, o qual todavia não poderá confundir-se com o de caducidade, pois enquanto que este se reporta ao prazo para a liquidação, a prescrição refere-se ao prazo de cobrança.

Esta é uma das garantias dos contribuintes, na perspectiva de que o exercício do direito de cobrança das dívidas tributárias não poderá ser exercido pela administração em qualquer tempo para além de um determinado prazo – o prazo de prescrição.[129]

---

[129] O prazo de prescrição tem vindo a sofrer uma progressiva diminuição do número de anos que comporta e, de acordo com o art. 5.º do Dec.-Lei n.º 398/98 de 17 de Dezembro, "*1 – Ao novo prazo de prescrição aplica-se o disposto no artigo 297.º do Código Civil, sem prejuízo do disposto no número seguinte.*

2 – Aos impostos já abolidos à data da entrada em vigor da lei geral tributária aplicam-se os novos prazos de prescrição, contando-se para o efeito todo o tempo decorrido, independentemente de suspensões ou interrupções de prazo."

Daí que teremos sempre de, por um lado ter em atenção a data em que ocorreu o facto gerador do imposto relativamente ao qual se pretende aferir a eventual prescrição, porque terá de ser aplicada a lei vigente àquela data e o correspondente prazo, assim:
- Para os factos ocorridos entre 01.07.1963 até 30.06.1991, estava em vigor o CPCI, o prazo de prescrição nos termos daquele diploma era de 20 anos;
- Para os factos ocorridos entre 01.07.1991 até 31.12.1998, estava em vigor o CPT, o prazo de prescrição nos termos daquele diploma era de 10 anos;
- Para os factos ocorridos a partir de 01.01.1999, data a partir da qual entrou em vigor a LGT, o prazo de prescrição nos termos deste diploma é de 8 anos.

Mas, também haverá de atender ao facto de na vigência quer do CPCI, quer do CPT, o prazo se contar a partir do ano seguinte àquele em que tiver ocorrido o facto tributário, independentemente de se tratar de imposto de obrigação periódica ou obrigação única.

E, de acordo com o disposto no artigo 48.º/1 da LGT, caso a administração tributária não exerça o seu direito de cobrança das dívidas tributárias, "...*estas prescrevem, salvo o disposto em lei espe-*

Para ilustrar a evolução de prazos, atente-se na seguinte situação, "(...) *a liquidação em causa reporta-se a IVA e juros compensatórios relativo ao ano de 1990.*

Na altura, estava em vigor o CPCI, pelo que o prazo de prescrição começou a correr em 1/1/91, atento o disposto no seu art. 27.º.

Ainda nos termos desse normativo esse prazo era de 20 anos, de onde resultava que, mesmo sem haver suspensões ou interrupções, o seu termo só se verificava em 2011.

Entretanto, em 1/7/91, entrou em vigor o CPT, cujo art. 34.º, n.º 1 reduziu esse prazo prescricional para 10 anos.

Dispõe, porém, o art. 297.º, n.º 1 do CC que «a lei que estabelecer, para qualquer efeito, um prazo mais curto do que o fixado na lei anterior é também aplicável aos prazos que já estiverem em curso, mas o prazo só se conta a partir da entrada em vigor da nova lei, a não ser que, segundo a lei antiga, falte menos tempo para o prazo se completar».

Sendo assim e fazendo aplicação do estabelecido neste preceito legal ao caso em apreço, à data da entrada em vigor do CPT estavam decorridos seis meses do prazo prescricional, faltando dezanove anos e meio para o seu termo, se se aplicasse o CPCI e nove anos e meio se se aplicasse o CPT.

Pelo que e de acordo com o prédito art. 297.º, há-de ser aqui aplicável o regime fixado no CPT, contando-se esse prazo desde 1/7/91, terminando, portanto, em 1/7/01.

Contudo, no passado dia 1/1/99, entrou em vigor a Lei Geral Tributária, que fixou em 8 anos o prazo de prescrição e conta-se, nos impostos de obrigação única, como é o IVA, a partir da ocorrência do respectivo facto tributário.

Como nessa data estavam já decorridos sete anos e meio do prazo, conforme o regime do CPT, faltando, assim, dois anos e meio para se completar e ao contrário do que alega a recorrente, não tem aqui aplicação a LGT, de harmonia com o estabelecido no citado art. 297.º do CC, mandado aplicar pelo art. 5.º do Decreto-lei n.º 398/98 de 17/12, que aprovou a LGT.

Do que fica exposto, ressalta à evidência que o regime aplicável é o fixado no CPT e que esse prazo terminaria em 1/7/01, se não sofresse interrupções.

Estabelece o citado art. 34.º, n.º 3 que «a reclamação, o recurso hierárquico, a impugnação e a instauração da execução interrompem a prescrição, cessando, porém, esse efeito se o processo estiver parado por facto não imputável ao contribuinte durante mais de um ano, somando-se, neste caso, o tempo que decorrer após este período ao que tiver decorrido até à data da autuação».

No caso dos autos, é certo que ocorreu uma interrupção com a instauração da presente impugnação judicial, autuada em 27/5/96. Todavia, este processo esteve

cial, no prazo de oito anos contados, nos impostos periódicos, a partir do termo do ano em que se verificou o facto tributário e, nos impostos de obrigação única, a partir da data em que o facto tributário ocorreu."

Tem-se assim que, devidamente equacionado em função do imposto a que respeite, o momento determinante para a contagem do prazo de prescrição é aquele em que se considera verificado o facto tributário.[130]

---

parado desde 20/6/96 até 20/8/98, por facto não imputável à recorrente, já que ficou a aguardar a decisão da reclamação hierárquica apensa (...).

Sendo assim e fazendo aplicação destas regras ao caso dos autos e o cômputo dos referidos prazos, resulta que, até este momento, vão já decorridos 11 anos, 2 meses e 24 dias, pelo que há muito que se encontra esgotado aquele prazo de prescrição, o que determina a extinção da instância por inutilidade superveniente da lide, uma vez que e como escreve o Conselheiro Jorge Sousa, in CPPT, anotado, 4ª ed., pág. 494, tendo a impugnação subjacente o interesse do impugnante em não ser obrigado a pagar a quantia a que o acto tributário se refere, acto este que tem força executiva, se transcorreu o prazo de prescrição da obrigação tributária cuja liquidação se impugnou, «o contribuinte não poderá ser obrigado a pagar coercivamente aquela obrigação», pelo que «decorrido o prazo de prescrição, em casos deste tipo, o impugnante deixa de ter qualquer interesse na anulação ou declaração de nulidade ou inexistência do acto impugnado, pois, mesmo sem esta anulação ou declaração, não poderá ser obrigado a pagar coercivamente a quantia que é objecto do acto impugnado». (Ac. do S.T.A. P.º n.º 01848/02 de 01/10/2003, in Bases Jurídico Documentais http://www.dgsi.pt..).

[130] Sobre o método de contagem do prazo prescricional e da sucessão de regimes jurídicos, atente-se no excerto do acórdão a seguir transcrito: *"I – O prazo da prescrição conta-se em função da ocorrência do facto tributário (cfr. art. 27.º, proémio, do CPCI, art. 34.º, n.º 2, do CPT, e art. 48 º, n.º 1, da LGT) e não em função de qualquer outro facto, designadamente da liquidação da obrigação tributária, da revogação do benefício fiscal que obstara à pratica desse acto de liquidação ou da notificação desta revogação ao contribuinte.*

II – De acordo com o princípio geral da aplicação da lei no tempo – de que a lei só dispõe para o futuro (princípio que é postulado pelo princípio do Estado de Direito vertido no art. 2 º da CRP, na sua vertente de protecção da confiança dos cidadão e da segurança jurídica, e de que o art. 12.º do CC é uma concretização) – a lei reguladora do regime de prescrição das obrigações tributárias é a que vigorar à data da em que tiver ocorrido o facto tributário.

(...)

IV – A lei que altere o regime de prescrição, designadamente fixando-lhe um prazo mais curto (como sucedeu, relativamente ao art. 27.º do CPCI, com o art. 34 º do CPT e, relativamente a este, com o art. 48 º da LGT, disposições pelas quais o

Todavia, para além da regra geral estabelecida no artigo 48.º da LGT, devem ser atendidas as situações de interrupção ou de suspensão do decurso do prazo[131], previstas no artigo 49.º da LGT, que nos diz que:

1 – A citação, a reclamação, o recurso hierárquico, a impugnação e o pedido de revisão oficiosa da liquidação do tributo interrompem a prescrição.

2 – (revogado pela Lei n.º 53-A/2006 de 29 de Dezembro)[132].

3 – Sem prejuízo do disposto no número seguinte, a interrupção tem lugar uma única vez, com o facto que se verificar em primeiro lugar.

---

prazo de prescrição das obrigações tributárias foi fixado, respectivamente, em dez anos e oito anos), deverá ser atendida sempre que da aplicação imediata dessa lei nova resulte a consumação do novo prazo de prescrição antes do termo do prazo a que inicialmente estava sujeita, devendo ter-se em conta que o novo prazo só pode contar-se a partir do momento da entrada em vigor da lei nova, pois esta é de aplicação imediata, mas não tem eficácia retroactiva." (Ac. do T.C.A. P.º n.º 01242/03 de 09/03/2004, in Bases Jurídico Documentais http://www.dgsi.pt..).

[131] Tendo presente o que sobre esta matéria se encontra definido pela LGT, duas situações se podem colocar, assim estejamos ou não perante impostos em vigor ou entretanto já abolidos, porque, "(...) *Enquanto se consagrou como regra geral que à contagem do novo prazo prescricional – agora, de oito anos – se aplica o artigo 297º do Código Civil, no tocante à prescrição dos impostos abolidos excepcionou-se: o novo prazo é, sem consideração da aplicação do que vigora em matéria de aplicação das leis no tempo, desde logo aplicável, «contando-se para o efeito todo o tempo decorrido, independentemente de suspensões ou interrupções de prazos».*

Quanto a este último ponto – suspensão e interrupção do prazo – , cabe notar que, mesmo no regime geral, ao contrário do que acontece no que concerne ao prazo de caducidade do direito à liquidação, que se suspende por força da concessão de benefícios fiscais susceptíveis de caducar , ao mesmo facto não confere a lei relevância quanto ao decurso do prazo de prescrição – vd. os artigos 46º nº 2 alíneas b) e c) e 49º n.ºs 1 e 3 da LGT, bem como os revogados artigos 27º do Código de Processo das Contribuições e Impostos e 34º do Código de Processo Tributário. (...)" (Ac. do S.T.A. P.º n.º 00426/03 de 28/05/2003, in Bases Jurídico Documentais http://www.dgsi.pt.).

[132] Quando foi revogada era a seguinte a redacção desta norma: "*A paragem do processo por período superior a um ano por facto não imputável ao sujeito passivo faz cessar o efeito previsto no número anterior, somando-se, neste caso, o tempo que decorrer após esse período ao que tiver decorrido até à data da autuação.*"

4 – O prazo de prescrição legal suspende-se em virtude de pagamento de prestações legalmente autorizadas, ou enquanto não houver decisão definitiva ou passada em julgado, que puser termo ao processo, nos casos de reclamação, impugnação, recurso ou oposição, quando determinem a suspensão da cobrança da dívida.

Por outro lado, no plano dos efeitos, importa ainda ter em consideração que, "*as causas de suspensão ou interrupção da prescrição aproveitam igualmente ao devedor principal e aos responsáveis solidários ou subsidiários.*" (cfr. art. 48.º/2 da LGT).

Sendo certo que, "*a interrupção da prescrição relativamente ao devedor principal não produz efeitos quanto ao responsável subsidiário se a citação deste, em processo de execução fiscal, for efectuada após o 5.º ano posterior ao da liquidação.*" (cfr. art. 48.º/3 da LGT). [133]

A prescrição, como excepção peremptória que é, importa a extinção do efeito jurídico decorrente da constituição da obrigação tributária e consequentemente pode ser entendido como um dos meios de extinção da relação jurídica tributária.[134]

---

[133] Para efeitos de contagem do prazo prescricional há que atender a que, "... *a Lei Geral Tributária, (...) encurtou para oito anos o prazo de prescrição, contados, nos impostos periódicos, como é o IRC, a partir do termo do ano em que se verificou o facto tributário e, nos impostos de obrigação única, como é o IVA, a partir da data em que o facto tributário ocorreu (art. 48.º, n.º 1).*

E o seu n.º 3 determina que «a interrupção da prescrição relativamente ao devedor principal não produz efeitos quanto ao responsável subsidiário se a citação deste, em processo de execução fiscal, for efectuada após o 5.º ano posterior ao da liquidação».

Deste preceito resulta, assim, que, com a citação do responsável subsidiário, passou a ter efeitos no regime de prescrição, levando a que a interrupção ocorrida relativamente ao devedor principal não produza efeitos quanto àquele quando a sua citação, em processo de execução fiscal, for efectuada após o 5.º ano posterior ao da liquidação." (Ac. do S.T.A. P.º n.º 01766/03 de 8/06/2004, in Bases Jurídico Documentais http://www.dgsi.pt.).

[134] Como é sabido, "*I – A prescrição da obrigação tributária não é de conhecimento oficioso no processo de impugnação judicial do acto de liquidação, por não consubstanciar vício invalidante desse acto, cuja verificação possa conduzir à procedência da respectiva impugnação.*

Tal como se verifica em relação à caducidade, também o prazo de prescrição tem sido objecto de progressiva diminuição, sendo certo que ao contrário da caducidade o prazo de prescrição é de aplicação uniforme às dívidas geradas pelos vários impostos actualmente em vigor[135].

4.7. Os privilégios creditórios

A administração beneficia de um conjunto de garantias relativamente ao crédito tributário, em termos gerais o património do devedor (art. 50.º/1 da LGT), tal como acontece no plano dos negócios jurídicos privados, (art. 601.º CC). Para além desta garantia geral a Administração Tributária dispõe ainda de garantias especiais tais como[136]:

a) *Dos privilégios creditórios previstos no Código Civil ou nas leis tributárias;*
b) *Do direito de constituição, nos termos da lei, de penhor ou hipoteca legal, quando essas garantias se revelem necessárias à cobrança efectiva da dívida ou quando o imposto incida sobre a propriedade dos bens*[137]*;*
c) *Do direito de retenção de quaisquer mercadorias sujeitas à acção fiscal de que o sujeito passivo seja proprietário, nos termos que a lei fixar.*

II – *Não obstante, a jurisprudência vem admitindo que o juiz tome conhecimento da prescrição, na impugnação judicial da liquidação, para retirar dela, não a procedência da impugnação e a anulação da liquidação, mas a declaração de extinção da instância, por inutilidade superveniente da lide."* (Ac. do S.T.A. P.º n.º 0939/04 de 09/02/2005, in Bases Jurídico Documentais http://www.dgsi.pt.).

[135] Por exemplo em relação ao IMT e IS (mesmo na parte referente às transmissões gratuitas) o prazo de prescrição é de oito anos, nos termos dos art.s 48.º e 49.º da LGT, *ex vi*, art. 40.º/1 e 48.º/1 do CIMT e do CIS respectivamente.

[136] Estas são as garantias ou privilégios especiais enunciados no art. 50.º/2 da LGT.

[137] A eficácia dos direitos aqui referidos depende do registo (art. 50.º/3 da LGT).

Na possibilidade da falta de pagamento voluntário, o procedimento acaba inevitavelmente na cobrança coerciva, esta passa, primeiro, pela emissão de um título executivo – Certidão de Dívida, depois pela instauração do respectivo processo executivo, na sequência de cuja tramitação, caso venham a ser penhorados bens, para efeitos de graduação de créditos, se coloca a questão pertinente da verificação dos privilégios creditórios antes referidos.

Os privilégios creditórios podem ser mobiliários ou imobiliários, terminologia que decorre da respectiva natureza dos bens abrangidos pelo privilégio,[138] assumindo esta diferenciação especial importância, quanto à garantia que em si mesmos representam.

Nos termos do artigo 157.º do CPPT, apenas os privilégios especiais, mobiliários ou imobiliários prevalecem sobre os direitos de terceiros, o que está de acordo com o previsto no art. 751.º do CC, quando estipula que, *"os privilégios imobiliários são oponíveis a terceiros que adquiram o prédio ou um direito real sobre ele, (...) ainda que estas garantias sejam anteriores"*.

Pois enquanto o privilégio especial, se baseia sempre numa relação entre o crédito garantido e a coisa que o garante, sendo este constituído no momento da formação do crédito, o privilégio geral[139]

---

[138] As duas espécies de privilégios encontram-se definidas no CC, cujo art. 735.º nos diz que, 2. *"os privilégios mobiliários são gerais, se abrangem o valor de todos os bens móveis existentes no património do devedor à data da penhora ou de acto equivalente; são especiais, quando compreendem só o valor de determinados bens móveis.*
3. Os privilégios imobiliários são sempre especiais.".

Relativamente aos créditos do Estado e das Autarquias Locais, têm privilégio creditório geral, importando desde logo ter presente qual a natureza dos impostos de resulta o crédito, isto porque, relativamente aos impostos indirectos, o privilégio não sofre limitação quanto aos anos a respeita, mas em relação aos directos, só podem beneficiar os inscritos para cobrança no ano corrente na data da penhora, ou acto equivalente, e nos dois anos anteriores (art. 736.º/1 CC).

Deste privilégio mobiliário geral não beneficiam os créditos relativos aos impostos sobre as transmissões: IMT e IS (antes I. de Sisa e I. Sucessório), nos termos do art. 736.º/2 CC).

[139] Sobre a conflitualidade entre privilégios creditórios e garantias reais, atente-se que, *"Para o nosso Código Civil, há privilégios creditórios mobiliários ou imobiliários; mas, enquanto que os primeiros tanto podem ser gerais com especiais,*

não está dependente da existência de qualquer relação entre o crédito e o bem que o garante, sendo constituído em momento posterior e nomeadamente com a penhora ou instauração da execução.

---

já os segundos são, necessariamente, especiais – vd. o artigo 735.º do referido diploma.

Porém, os privilégios imobiliários gerais existem na nossa ordem jurídica, aonde foram introduzidos pelo decreto-lei n.º 512/76 de 3 de Julho, secundado pelo decreto-lei n.º 103/80, de 9 de Maio, e depois seguido pelos Códigos do Imposto sobre o Rendimento das Pessoas Singulares e Colectivas. O que vem suscitando a questão de saber como tratá-los, uma vez que o Código Civil, que os não conhece, não estabelece, especificamente, um regime para eles. Num entendimento, raro na jurisprudência deste Tribunal, o privilégio da Segurança Social é especial, porque geral é coisa que não existe; e, assim, e por força do disposto nos artigos 751.º e 735.º do Código Civil, prevalece sobre a hipoteca, mesmo anterior. No outro entendimento, que é o maioritário, o privilégio, sendo geral, deve ser tratado como tal, por isso que se lhe não aplica a previsão daquele artigo 751.º, que só se refere aos privilégios imobiliários especiais, únicos que o Código reconhece.

Interpretado no sentido de consagrar a preferência do crédito com privilégio imobiliário geral sobre o crédito hipotecário, nos termos do apontado artigo 751.º do Código Civil, o artigo 11.º do decreto-lei n.º 103/80 é inconstitucional, por violar o princípio da confiança ínsito no Estado de Direito democrático, consagrado no artigo 2.º da Constituição, em conjugação com o artigo 18.º n.º 2 do mesmo diploma fundamental, pois a tutela dos interesses de terceiro adquirente do imóvel impede que venha a ser confrontado, inesperada e imprevisivelmente, com a existência de um privilégio oculto (porque dispensado de registo), assim dotado de direito de sequela sobre todos os imóveis do devedor à data da instauração da execução, não tendo o adquirente, por obra do sigilo fiscal, a possibilidade de se informar sobre as dívidas do alienante.

Esta afirmação foi feita pelo Tribunal Constitucional em repetidos arestos, culminando com a declaração de inconstitucionalidade, com força obrigatória geral, do aludido preceito, daquela maneira interpretado – cfr. o acórdão n.º 362/2002, de 17 de Setembro (D. R., I – A de 16 de Outubro de 2002).

(...)

o artigo 240.º n.º 1 do CPPT deve ser interpretado amplamente, de modo a terem-se por abrangidos na sua estatuição, não apenas os credores que gozam de garantia real, stricto sensu, mas também aqueles a quem a lei substantiva atribui causas legítimas de preferência, designadamente, privilégios creditórios." (Ac. do S.T.A., Proc.º n.º 02078/03 de 04.02.2004, in Bases Jurídico Documentais http://www.dgsi.pt.).

4.8. As providências cautelares

Indissociável da problemática da extinção da relação jurídica tributária, surge-nos a necessidade em que incorre a Administração Tributária de, para acautelar os seus créditos junto dos contribuintes, utilizar as providências legais que lhe permitam evitar que o património do devedor da prestação tributária se dissipe e desse modo se frustrem as suas legítimas expectativas enquanto credor (cfr. art. 51.º/1 da LGT).[140]

---

[140] Sobre estes procedimentos cautelares, é de salientar que, "*I -Ainda antes de instaurada execução, a Fazenda Pública pode requerer o arresto de bens do devedor de tributos ou do responsável solidário ou subsidiário verificadas que estejam, cumulativamente, as seguintes circunstâncias: a) haver fundado receio da diminuição de garantia de cobrança de créditos tributáveis; b) o tributo estar liquidado ou em fase de liquidação (cfr. art. 136.º, n.º 1, do CPPT).*

II – Depois de instaurada a execução, havendo justo receio de insolvência ou de ocultação ou alienação de bens, quer por parte do executado, quer por parte de responsável subsidiário, solidário ou sucessor) pode a Fazenda Pública requerer o arresto em bens suficientes para garantir a dívida exequenda e o acrescido (cfr. art. 214.º, n.º 1, do CPPT).

III – O arresto é decretado sem audiência da parte contrária, sendo que o contraditório só se abre depois de o requerido ser notificado da decisão (cfr. art. 408.º, n.º 1, do CPC, aplicável ex vi do art. 139.º do CPPT).

IV – Abrem-se então ao requerido, nos termos do disposto no art. 388.º do CPC (aplicável ao arresto por força do art. 392.º, n.º 1, do mesmo código e aplicável ao arresto em processo tributário ex vi do art. 139.º do CPPT), duas possibilidades de defesa contra aquela providência cautelar, a usar em alternativa:

  – *o recurso da decisão que decretou o arresto, a usar «quando entenda que, face aos elementos apurados, ela não devia ter sido deferida»;*

  – *a oposição, a usar «quando pretenda alegar factos ou produzir meios de prova não tidos em conta pelo tribunal e que possam afastar os fundamentos da providência ou determinar a sua redução».*

V – Optando o requerido pela oposição, não pode pôr em causa a matéria de facto anteriormente consignada nos autos nem a aplicação do direito a esses factos feita pela decisão que decretou o arresto (o que poderia fazer em sede de recurso dessa decisão); pode apenas alegar novos factos, apresentar meios de prova ainda não tidos em conta e requerer a realização de outras diligências probatórias, para além das já efectuadas, com vista a demonstrar que não se verificam os fundamentos da providência ou que esta deve ser reduzida.

Sendo contudo de atender ao comedimento ínsito na própria formulação legal quando se dispõe que "as *providências cautelares devem ser proporcionais ao dano a evitar e não causar dano de impossível ou difícil reparação* (cfr. art. 51.º/2 da LGT). O que patenteia a preocupação do legislador em evitar males maiores que adviessem duma utilização indiscriminada e desproporcionada destas medidas por parte da administração.[141]

VI – Nos casos de arresto requerido após ser instaurada a execução, os únicos factos relevantes a alegar em sede de oposição serão,
   – os que permitam a conclusão, diversa da constante da decisão que decretou a providência, de que não se justifica o receio de insolvência ou ocultação ou alienação de bens relativamente à dívida exequenda e ao acrescido (assim levando à revogação da decisão que ordenou o arresto);
   – os que permitam concluir que os bens apreendidos excedem as necessidades de garantia (o que determinará a redução de bens apreendidos).
   VII – Assim, tendo sido decretado o arresto de bens de responsável subsidiário, não há que considerar em sede de oposição a argumentação aduzida por este no sentido de demonstrar o erro de julgamento de direito da decisão que decretou o arresto, importando apenas considerar, de toda a factualidade alegada pelo oponente, a que vai no sentido de demonstrar que nunca foi gerente de facto da sociedade originária devedora.
   VIII – Não fazendo o requerido prova dessa factualidade, mas antes indiciando a prova produzida que ele foi gerente de facto da sociedade originária devedora, inexiste motivo para o tribunal alterar a decisão anterior, que decretou o arresto." (Ac. do T.C.A. P.º n.º 00342/04 de 16/12/04, in Bases Jurídico Documentais http://www.dgsi.pt..)

[141] Uma das questões que se pode aqui inserir em termos de apreciação, tem a ver com o carácter de que se revestem os processos atinentes a estas medidas, porquanto, " (...) *3- Todos os processos comuns à jurisdição administrativa e fiscal seguem a tramitação prevista nas normas sobre o processo nos tribunais administrativos e fiscais (art.s 82.º a 85.º da LPTA) e são urgentes, correndo em férias judiciais porque abrangidos pelo regime da LPTA que lhes atribui essa natureza nos artigos 6.º, n.ºˢ 1 e 3 e 115.*
4 – Os recursos em tais processos obedecem ao disposto nos art.s 113.º, n.º 1, e 115.º da LPTA, que são normas especiais, também por força do n.º 2 do art. 279.º do CPPT que determina que os recursos dos actos jurisdicionais sobre meios processuais acessórios comuns à jurisdição administrativa e tributária são regulados pelas normas sobre processo nos tribunais administrativos.

Encontramos no n.º 3 da norma que vimos citando a definição daquilo que deve ser entendido como providências cautelares, as quais, "... *consistem na apreensão de bens, direitos ou documentos ou na retenção, até à satisfação dos créditos tributários, de prestações tributárias a que o contribuinte tenha direito*".

Consideramos contudo que se juntou no mesmo saco providências bem distintas, nomeadamente quanto à sua jurisdicionalidade, porque, ao contrário do arrolamento e do arresto, a retenção dos créditos tributários tem vindo a ser efectuada recorrentemente à margem de qualquer decisão judicial, porquanto administrativamente através das aplicações informáticas é possível bloquear reembolsos em face da existência de dívidas.

É porém evidente a relevância dada ao arresto[142] e ao arrolamento[143], providências que podem ser utilizadas em antecipação ao

---

5. – *Os processos urgentes previstos no CPPT, são os de impugnação de actos de apreensão (art. 143.º n.º 2), de impugnação das providências cautelares adoptadas pela administração tributária (art. 144.º, n.º 3), de arresto e arrolamento (art. 382.º, n.º 1, do CPC, aplicável por força do preceituado no n.º 1 do art. 392.º do mesmo diploma e nos art.s 139 e 142.º do CPPT) e as reclamações referidas no n.º 3 do art. 278.º (n.º 5 deste mesmo preceito).*

6. – *A reclamação das decisões do órgão da execução fiscal p. nos art.s 276.º a 278.º do CPPT tem carácter urgente;*

e, uma vez em tribunal, a reclamação «segue as regras dos processos urgentes» (n.º 5) qualquer que seja o seu fundamento.

Logo, a presente reclamação e os respectivos recursos correm termos durante as férias judiciais e a sua apreciação tem prioridade sobre quaisquer processos não urgentes (vide o artigo 144.º, n.º l, "in fine" do Código de Processo Civil, aplicável "ex vi" do artigo 20.º, n.º 2 do Código de Procedimento e de Processo Tributário)." (Ac. do T.C.A. P.º n.º 00178/04 de 29/06/04, in Bases Jurídico Documentais http://www.dgsi.pt..)

[142] Nos termos do art. 406.º/2 do CPC, "*o arresto consiste numa apreensão judicial de bens, à qual são aplicáveis as disposições relativas à penhora, ...*".

[143] O arrolamento tem em vista evitar *o extravio, ocultação ou dissipação de bens, móveis ou imóveis, ou de documentos* (cfr. art. 421.º/1 do CPC).

processo executivo[144], permitindo que a dilação temporal entre ambos seja suficiente para ultimar a instrução e preservar os bens que poderão vir a ser penhorados nesse mesmo processo executivo.

Também encontramos previstos alguns procedimentos (cautelares) que não visam directamente garantir os créditos tributários. Referimo-nos concretamente aos actos praticados pelos serviços de inspecção tributária, diz-nos o art. 30.º do RCPIT que:

1. *No âmbito do procedimento de inspecção podem ser tomadas as medidas cautelares adequadas previstas na lei.*
2. *No caso de apreensão de originais de documentos, nos termos da alínea d) do n.º 1 do artigo 34.º do Decreto-Lei n.º 363/78, de 28 de Novembro, é lavrado o respectivo termo e são autenticadas as fotocópias ou duplicados.*
3. *No caso de selagem prevista na alínea e) do n.º 1 do artigo 34.º do Decreto-Lei n.º 363/78, de 28 de Novembro, as instalações não deverão conter bens, documentos ou registos que sejam indispensáveis para o exercício da actividade normal da entidade, nomeadamente bens comercializáveis perecíveis no período em que presumivelmente a selagem se mantiver.*
4. *Sempre que possível, os elementos a selar são devidamente autonomizados em local que não perturbe a actividade empresarial ou profissional, em divisão fixa ou em contentor e fechados com dispositivo inviolável, designadamente através de fio ou fita envolvente lacrada nas extremidades com o selo do serviço que proceda à inspecção.*

---

[144] Atente-se no facto do arresto ser uma providência cautelar especificada (cfr. art.s 381.º e 406.º do CPC). E assim sendo, nos termos do art. 383.º daquele código, "*O procedimento cautelar é sempre dependência da causa que tenha por fundamento o direito acautelado e pode ser instaurado como preliminar ou como incidente de acção declarativa ou executiva*".

Interessa igualmente salientar que o legislador introduziu no RCPIT uma referência expressa à possibilidade de se constatar no decurso das acções inspectivas ... *justo receio de frustração dos créditos fiscais, de extravio ou deterioração de documentos conexos com obrigações tributárias, a administração deve propor as providências cautelares de arresto ou arrolamento previstas no Código de Processo Tributário.* (cfr. art. 31.º/1 do RCPIT).

Nas situações em que os SPIT no decurso da actividade inspectiva tenham a percepção da necessidade de propor as aludidas medidas cautelares, devem prestar essa informação, a qual, de acordo com o determinado no n.º 2 do citado art. 31.º do RCPIT, deve conter:

a) A descrição dos factos demonstrativos do tributo ou da sua provável existência;
b) A fundamentação do fundado receio de diminuição das garantias de cobrança do tributo;
c) A relação de bens suficientes para garantir a cobrança da dívida e acrescido, com a indicação do valor, localização e identificação de registo predial ou outras menções que permitam concretizar a descrição.

Se porém estivermos perante a necessidade de proceder ao arrolamento de bens ou documentos cuja essencialidade se refute determinante, face a uma previsível perda ou extravio, destruição ou dissipação, a informação a prestar (cfr. art. 31.º/3 do RCPIT) deve conter:

a) Prova sumária do direito relativo aos bens ou documentos que se pretendem arrolar;
b) Factos que fundamentem o receio de extravio ou destruição.

Todos estes procedimentos se revêem no âmbito das prorrogativas que se encontram legalmente reconhecidas aos SPIT e se encontram previstas no art. 63.º da LGT conjugado com os art.s 28.º e 29.º do RCPIT.[145]

---

[145] Com vista a uma melhor percepção do que aqui referimos, transcreve-se de seguida estas duas normas:

ARTIGO 28.º
Garantias da administração

No âmbito do procedimento de inspecção e para efectivo exercício da função inspectiva, a administração faz uso das prerrogativas previstas no artigo 63.º da Lei Geral Tributária, nos artigos 33.º e 34.º do Decreto-Lei n.º 363/78, de 28 de Novembro e no artigo 15.º do Decreto-Lei n.º 249/98, de 11 de Agosto, sem prejuízo do respeito pelo dever de sigilo e pelos direitos, liberdades e garantias constitucionalmente previstos.

ARTIGO 29.º
Actos materiais

No procedimento de inspecção tributária é admitida a prática dos actos expressamente previstos nos Códigos e leis tributárias, nomeadamente no artigo 63.º da Lei Geral Tributária, nos artigos 124.º, 125.º e 126.º do Código do IRS, no artigo 108.º do Código do IRC, nos artigos 177.º, 178.º e 179.º do Código do IVA, no Decreto-Lei n.º 45/89, de 11 de Fevereiro, e no Decreto-Lei n.º 363/78, de 28 de Novembro.

Parte II

OS PRINCÍPIOS AS GARANTIAS
E OS MEIOS DE DEFESA

CAPÍTULO I

OS PRINCÍPIOS ESTRUTURANTES DA ACTIVIDADE TRIBUTÁRIA

> *"O princípio da legalidade da administração, sobre o qual insistiu sempre a teoria do Estado de direito e a doutrina da separação de poderes e que acabou por ser considerado mesmo como o seu «cerne essencial», postulava, por sua vez, dois princípios fundamentais: o princípio da supremacia ou prevalência da lei (Vorrang des Gesetzes) e o princípio da reserva de lei (Vorbehalt dês Gesetzes)."*
>
> Gomes Canotilho, *Direito Constitucional*, Almedina, Coimbra, 1993, pág. 375.

5. GARANTIAS E DIREITOS UMA RELAÇÃO DE EQUILÍBRIO

Tal como a actividade administrativa em geral, também a actividade administrativa tributária se apresenta dotada de um quadro legal que é conformado por um conjunto de princípios estruturantes. Eles estão via de regra devidamente consagrados na lei fundamental, podendo mesmo ser mais adequadamente considerados como sub princípios através dos quais se dá concretização ao princípio do Estado de direito. [146]

No domínio da protecção jurídica constitucional "*...as clássicas garantias são também direitos, embora muitas vezes se salientasse nelas o carácter instrumental da protecção dos direitos. As garantias traduziam-se quer no direito dos cidadãos a exigir dos poderes públicos a protecção dos seus direitos, quer no reconhecimento de meios processuais adequados a essa finalidade*"[147].

5.1. Os princípios que regem a actividade tributária

A consagração constitucional não impediu que o legislador fiscal lhe desse acolhimento nomeadamente na LGT e no CPPT, razão mais do que suficiente para que, ainda que de forma sucinta, enunciando-os lhe reconheçamos a importância de que se revestem não só na regulação da actividade desenvolvida pela administração tributária, mas sobretudo porque, eles nos reconduzem, na perspectiva dos obrigados tributários, à exigência de cumprimento da legalidade tributária, enquanto garantias, ou no exercício dos direitos que lhes são legalmente reconhecidos.

---

[146] Estamos perante princípios fundamentais, os quais reflectem a importância que o legislador constitucional atribuiu à organização administrativa do Estado, "(...) *São cinco as preocupações que transparecem no regime constitucional da administração pública.*

Em primeiro lugar, afirma-se de forma enfática a vinculação da administração aos princípios da constitucionalidade e da legalidade, e submete-se a actividade da administração aos princípios da igualdade, da proporcionalidade, da justiça e da imparcialidade (art. 266.º)." (J.J. Gomes Canotilho e Vital Moreira, "Fundamentos da Constituição", Coimbra Editora, 1991, pág. 228).

[147] Gomes Canotilho, in "Direito Constitucional", Almedina, 1993, pág. 532.

5.1.1. *O princípio da prossecução do interesse público*

No artigo 266.º/1, do texto constitucional estabelece-se o princípio, segundo o qual "*a Administração Pública visa a prossecução do interesse público, no respeito pelos direitos e interesses legalmente protegidos dos cidadãos*", no plano tributário ele veio a ser acolhido no artigo 55.º da L.G.T. o qual dispõe que, "*a Administração Tributária exerce as suas atribuições na prossecução do interesse público,* (...)".[148]

A submissão à lei da actuação da administração tributária persegue um objectivo social, em que cada cidadão deverá rever-se como destinatário, ao ser também ele um beneficiário do interesse colectivo da respectiva comunidade. É em nome desse interesse que se desenvolve a actividade administrativa e, desta forma se concretiza o Estado de Direito. Este princípio afirma-se como uma verdadeira garantia para os contribuintes enquanto alvos dos actos tributários que resultam da aplicação da lei pela administração.

5.1.2. *O princípio da legalidade*

Um dos mais importantes princípios, senão mesmo o mais importante, de entre aqueles que condicionam a actividade da administração, é o princípio da legalidade. Aliás, ele apresenta-se como um princípio estruturante não apenas da actividade administrativa em geral (art. 266.º/2 da C.R.P.), como particularmente da administração tributária, (art. 8.º da L.G.T.), concorrendo dessa forma para a concretização do *Estado de Direito*, numa clara vinculação do poder administrativo à Constituição e à lei, sendo um exemplo claro de uma garantia para os cidadãos contribuintes.

---

[148] Na lição do Professor Freitas do Amaral, o poder discricionário consiste "*...na liberdade de decisão que a lei confere à Administração, a fim de que esta, dentro dos limites legalmente estabelecidos, escolha, de entre várias soluções possíveis, aquela que lhe parecer mais adequada ao interesse público*", tutelado pela norma." (Direito Administrativo, II, pág. 142).

No plano tributário, verifica-se uma reserva de lei formal, nos termos da qual é da exclusiva competência da Assembleia da República, legislar sobre a *criação de impostos e sistema fiscal*, excepto nas situações de concessão de autorização ao Governo nesse sentido[149]. (cfr. art. 168.º – i) da C.R.P.).

Saliente-se ainda que, dando corpo ao chamado princípio da *precedência da lei*, toda a actividade administrativa se apoia num quadro

---

[149] No âmbito da reserva de lei deverá ter-se em atenção que, "*I – As leis de autorização legislativas, tal como as configura a nossa Constituição, constituem actos – parâmetro, no sentido de que elas estabelecem os limites a que está vinculado o órgão delegado no exercício dos poderes legislativos a que vai aceder por via de autorização. Neste contexto, as leis de autorização compreendem quer uma vertente interna, no sentido de que contem regulação sobre o procedimento legislativo a que vai proceder o Governo e a qual o Governo se encontra adstrito, quer uma vertente externa, pois que por imperativo constitucional a lei de autorização deve, ela própria, conter a extensão, sentido e alcance da legislação delegada. Nesta ultima vertente, a lei de autorização contem, portanto, os elementos essenciais das alterações do ordenamento jurídico a que o Governo vira a proceder quando (e se) usar os poderes nele assim delegados.*

II – Desta natureza não meramente formal das leis de autorização resulta, desde logo, que as mesmas, enquanto tais e independentemente do concreto uso dos poderes que conferem, são susceptíveis de fiscalização da constitucionalidade, de que decorre a confrontação directa dos seus preceitos com a Constituição.

III – No nosso sistema constitucional, o uso dos poderes delegados não constitui uma obrigação para o Governo, mas antes uma mera faculdade: o Governo pode ou não usar a autorização legislativa que o Parlamento lhe conferiu, mas, se decidir no sentido da sua utilização, então o diploma delegado devera mostrar-se conforme com a lei de autorização, como decorre expressamente do n. 2 do artigo 115 da Constituição, funcionando esta ultima também como parâmetro de aferição da validade constitucional do decreto-lei autorizado.

IV – Mas a aferição desta relação de subordinação do diploma autorizado a lei de delegação não esgota o juízo de conformidade constitucional do decreto-lei delegado: com efeito, este constitui sempre um diploma autónomo, dotado de força normativa própria e que, ele sim, opera directamente a concreta alteração material do ordenamento pre-existente, pelo que, mesmo quando se mostre de todo em todo conforme com o diploma habilitante (a lei de autorização), pode sempre ser objecto de controlo em termos de conformidade directa com a Lei Fundamental." (Ac. do T.C. n.º 93-806 de 30/11/93, in Bases Jurídico Documentais http://www.dgsi.pt..)

legal pré-existente, em razão do qual, é ilegal todo o acto administrativo praticado sem o suporte de uma lei material.[150]

De referir um aspecto particular relativo às normas tributárias que, dentro deste princípio da legalidade, tem a ver com a interpretação das

---

[150] Refutamos de todo o interesse a análise jurisprudencial do STA sobre a eficácia das Circulares enquanto normas internas do aparelho administrativo, "(...) *Vem o Tribunal Constitucional entendendo uniformemente que normas em sentido funcional são todas aquelas que contêm regras de conduta ou comportamento para os cidadãos e Administração ou critérios de decisão para as autoridades públicas (acórdãos 26/85, 80/86, 150/86, 168/88, 255/92, 152/93).*

As circulares, em geral, são regulamentos internos que apenas vinculam os funcionários de certa hierarquia, acarretando responsabilidade disciplinar para os funcionários que as violarem. Deste modo, são regras de comportamento para os funcionários, providas de coerção, e são critérios de decisão para o superior hierárquico que aplica as sanções disciplinares.

No sentido de que as circulares são regulamentos internos, pode ver-se a opinião do Prof. AFONSO QUEIRÓ, in Teoria dos Regulamentos, Revista de Direito e de Assuntos Sociais Ano XXVII, pág. 5.

No sentido de que as circulares, em geral, têm a qualidade de normas jurídicas por conterem comandos que se dirigem a uma generalidade de pessoas e que lhes impõem uma determinada conduta, pode ver-se o parecer n° 62/96, da Procuradoria--Geral da República, publicado na 2ª Série do Diário da República, de 24.10.98, a pág. 14964.

No sentido de que as circulares são diplomas de carácter genérico que se dirigem a toda uma classe de funcionários e que reclamam deles a sua aplicação, sendo susceptíveis de recurso contencioso pelos particulares depois de ter havido urna lesão efectiva dos seus direitos, pode ver-se o artigo do Dr. LUIZ COSTA DA CUNHA VALENTE *A Ordem de Serviço, publicado no Boletim da Faculdade de Direito (Suplemento), 1940, pags. 142 e 143.*

Vem-se entendendo que as circulares têm apenas eficácia interna, não interferindo na esfera jurídica dos particulares nem vinculando os tribunais, mas a Procuradoria-Geral da República, no parecer aludido, admite que as circulares interpretativas podem acabar por produzir indirectamente efeitos jurídicos externos sobre os particulares através da actuação dos seus destinatários hierarquicamente vinculados a aplicá-las (cfr. pág. 14965 do DR, 2ª Série, de 24.10.98).

Também o Prof. AFONSO QUEIRÓ *alude à existência dentro dos regulamentos internos de verdadeiros "regulamentos jurídicos", contendo preceitos jurídicos dirigidos aos cidadãos, criando "normas jurídicas" e não meras normas administrativas, como é o caso das normas de processo administrativo (cfr. ob. cit. págs. 6, 7 e 8).*

(...)

mesmas, as regras de interpretação estão consagradas no art. 11.º da LGT, nos termos do qual:

1 – Na determinação do sentido das normas fiscais e na qualificação dos factos a que as mesmas se aplicam são observadas as regras e princípios gerais de interpretação e aplicação das leis.

2 – Sempre que, nas normas fiscais, se empreguem termos próprios de outros ramos de direito, devem os mesmos ser interpretados no mesmo sentido daquele que aí têm, salvo se outro decorrer directamente da lei.

Mas ainda que assim não fosse para as circulares em geral, sempre é certo que as circulares em matéria fiscal têm um regime jurídico que as torna, inquestionavelmente, verdadeiras normas jurídicas, com eficácia externa para os contribuintes.

De facto, nos termos do art. 59°, na 3, al. b), da Lei Geral Tributária, a colaboração da administração tributária com os contribuintes compreende a publicação, no prazo de seis meses, das orientações genéricas seguidas sobre a interpretação das normas tributárias, o que só pode significar que dessa colaboração resulta uma vinculação das pessoas que colaboram, Fisco por um lado e contribuintes por outro. Só assim faz sentido a publicação dessas orientações.

Por outro lado, de acordo com o disposto no art. 68°, n° 4, al. b), da Lei Geral Tributária, a administração tributária está vinculada às orientações genéricas constantes de circulares, regulamentos ou instruções de idêntica natureza emitidas sobre a interpretação das normas tributárias que estiverem em vigor no momento do facto tributário. Este preceito só pode ter o sentido de dotar a vinculatividade às circulares de natureza fiscal de uma particular força, semelhante à da vinculação à lei, o que faz com que as circulares tenham, aos olhos da LGT, a força de verdadeiras normas jurídicas.

Finalmente, nos termos do art. 68°, na 5, da LGT, não são invocáveis retroactivamente perante os contribuintes que tenham agido com base numa interpretação plausível e de boa fé da lei os actos administrativos decorrentes de orientações genéricas emitidas pela administração tributária. Isto só quer dizer que podem ser invocados perante os contribuintes os actos administrativos decorrentes de circulares, o que significa que estas têm eficácia externa a ponto de poderem prejudicar os contribuintes. Ainda de acordo com o art. 43.º, n° 2, da LGT, o contribuinte, se seguir as orientações genéricas da administração tributária, devidamente publicadas, pode invocar essas orientações em seu favor (mesmo em juízo). (Ac. do S.T.A. P.º n.º 00100/02 de 25/09/2002, in Bases Jurídico Documentais http://www.dgsi.pt.).

3 – Persistindo a dúvida sobre o sentido das normas de incidência a aplicar, deve atender-se à substância económica dos factos tributários.

4 – As lacunas resultantes de normas tributárias abrangidas na reserva de lei da Assembleia da República não são susceptíveis de integração analógica.

Destas disposições ressalta a do número 3 que, tendo um carácter meramente residual, será de duvidosa e perigosa aplicação, é que, ou os factos se subsumem às normas de incidência e se constituem como factos tributários e como tal objecto de tributação, ou se assim não for dando utilização a esta norma abre-se um campo para a discricionariedade na qualificação dos factos.

5.1.3. *O princípio da não retroactividade das normas fiscais*

Este princípio geral do direito tributário, também conhecido como da "certeza e segurança jurídica", encontra a sua superior consagração no texto constitucional, através do art. 103.º/3, nos termos do qual, se determina a proibição da criação de impostos de aplicação retroactiva ou inclusivamente da modificação do seu domínio de aplicação[151].

É pois em face deste princípio que quaisquer normas jurídicas de carácter substantivo, constantes dos vários diplomas legais que regem a actividade tributária, só têm aplicação para o futuro, ou seja, apenas

---

[151] Neste sentido, *"Vem o Tribunal Constitucional entendendo uniformemente que esta reserva de lei abrange a determinação da incidência, da taxa, dos benefícios fiscais e das garantias dos contribuintes, a que se refere o art. 103°, n° 2, da CRP, bem como as regras sobre liquidação e cobrança, a que se refere o n° 3 do mesmo preceito constitucional.*

Daí que exista reserva de lei sobre tudo o que diz respeito aos benefícios fiscais, às garantias dos contribuintes e à liquidação de impostos.

Incluem-se nas garantias dos contribuintes as "garantias gerais relativas ao procedimento e acto tributário" (cfr. Prof. CASALTA NABAIS, O Dever Fundamental de Pagar Impostos, pág. 367)." (Ac. do S.T.A. P.º n.º 026302 de 19/06/2002, in Bases Jurídico Documentais "http://www.dgsi.pt").

podem ser aplicadas aos factos tributários gerados após a sua entrada em vigor (cfr. art. 12.º/1 da LGT). O mesmo se verificando relativamente aos factos tributários de formação sucessiva, em que de acordo com o n.º 2 da norma citada, *a lei nova só se aplica ao período decorrido após a sua entrada em vigor*.

Trata-se de um princípio de alguma forma transversal a todo o direito tributário, no sentido em que decorre de um conjunto de disposições que configuram a certeza e segurança jurídica nas relações jurídicas tributárias, nomeadamente ao nível da caducidade (cfr. art. 45.º da LGT), da prescrição (cfr. art. 48.º da LGT), da não retroactividade da aplicação da lei (cfr. art. 12.º da LGT).

Excepcionam-se e portanto não se encontram abrangidas por este princípio, as normas sobre procedimento e processo, pelo que, todas as normas de natureza adjectiva *são de aplicação imediata, sem prejuízo das garantias, direitos e interesses legítimos anteriormente constituídos dos contribuintes* (cfr. art. 12.º/3 da LGT).

5.1.4. *O princípio da igualdade*

Inerente a qualquer sociedade que se pretenda justa, será pois a observância do princípio da igualdade, cabendo ao Estado promover a igualdade real entre os cidadãos. Para tanto e no que toca à actuação da administração, este princípio leva a que todos os cidadãos sejam tratados de modo igual perante a lei[152], pelo que necessariamente não

---

[152] Este é sem dúvida um dos princípios básicos em que assenta "...*O Estado de direito democrático na Constituição e, de entre o mais, estruturado pelo principio da igualdade dos cidadãos perante a lei, postulante do não privilegio, benefício, prejuízo, privação de qualquer direito ou isenção de qualquer dever em razão de ascendência, sexo, raça, língua, território de origem, religião, convicções politicas ou ideológicas, instrução e situação económica ou condição social*.

II – Inculca um tal principio que seja conferido um tratamento igual a situações de facto iguais e, reversamente, que sejam objecto de tratamento diferenciado situações de facto desiguais.

III – Mas, se o princípio da igualdade assim deve ser entendido, não decorre do mesmo que, face a sua dimensão material vinculante em primeira linha do

se poderão verificar actos em que se manifeste qualquer arbitrariedade ou prepotência.

No plano tributário, a notoriedade deste princípio é manifesta em duas vertentes, por um lado, através do imposto sobre o rendimento pessoal (IRS) com base no qual se visa a diminuição das desigualdades sociais (cfr. art. 107.º/1 da C.R.P.).[153] Por outro lado, a liquidação de um imposto pela administração tributária, é uma operação vinculada ao cumprimento das normas de direito fiscal, as quais são objectivamente aplicadas aos factos tributários. Assim, a relação jurídica estabelecida entre o obrigado tributário e a administração, terá como resultado, tão só e apenas, aquele que for ditado pela aplicação das normas tributárias àqueles factos.[154]

---

legislador ordinário, este esteja, de todo em todo, impedido de, atenta a sua liberdade de conformação, estabelecer regulação de situações cujas circunstâncias e factores que as rodeiem justifiquem diferenciações de tratamento.

IV – Mister e que não seja violado o limite objectivo da discricionariedade legislativa e, deste modo, que as diferenciações de tratamento se não portem como discriminatórias, infundadas, irrazoáveis, ou seja para usar um só conceito arbitrarias.

V – A teoria da proibição do arbítrio e um critério definidor do conteúdo do principio da igualdade, antes expressando e limitando a competência de controlo judicial, pois que se trata de um critério de controlabilidade judicial do princípio da igualdade que não põe em causa a liberdade de conformação do legislador ou a discricionariedade legislativa. A proibição do arbítrio constitui, pois um critério essencialmente negativo, com base no qual são censurados apenas os casos de flagrante e intolerável desigualdade." (Ac. do T.C. n.º 96-0063 de 29/04/97, in Bases Jurídico Documentais http://www.dgsi.pt..).

[153] Isto porque, "*...- No âmbito dos impostos fiscais a sua repartição deve obedecer ao princípio da igualdade tributaria, fiscal ou contributiva que se concretiza na generalidade e uniformidade dos impostos, sendo que a generalidade do dever de pagar impostos significa o seu carácter universal (não discriminatório), e a uniformidade (igualdade) significa que a repartição dos impostos pelos cidadãos há-de obedecer a um critério idêntico para todos, que e o da capacidade contributiva.*" (Ac. do T.C. n.º 96-0063 de 29/04/97, in Bases Jurídico Documentais http://www.dgsi.pt..).

[154] Contudo, "*...da Constituição e nomeadamente do seu artigo 107.º, número 2, não pode retirar-se a conclusão de ser vedada entre nós a tributação de rendimentos presumidos, ou a utilização de presunções na determinação da base tributável.*". Ac. do T.C. n.º 96-0063 de 29/04/97, in Bases Jurídico Documentais http://www.dgsi.pt..

5.1.5. *O princípio da proporcionalidade*

Em face deste princípio, aos órgãos e agentes da administração pública e nomeadamente da administração fiscal exige-se que, no exercício dos poderes de que se encontram investidos, procedam dentro de uma perspectiva de equilíbrio entre os fins propostos e os sacrifícios que serão repercutidos na esfera dos administrados.[155]

No plano tributário, qualquer actuação violadora deste princípio será havida como uma arbitrariedade e um reflexo de excesso de poder, o que constituirá não só uma ilegalidade como uma inconstitucionalidade, uma vez que este princípio se encontra vertido no texto constitucional (art. 18.º/2 da C.R.P.) e acolhido no direito tributário pelo art. 55.º da L.G.T. e art. 7.º do R.C.P.I.T.. No caso concreto da inspecção tributária, a sua actuação deve ser ponderada e adequada à consecução dos fins que a determinam. Por isso, com toda a propriedade se concebe este princípio na perspectiva da sua decomposição nos sub--princípios da adequação e da exigibilidade.[156]

5.1.6. *O princípio da justiça*

A justiça constituirá por certo o resultado mediato que sempre estará no horizonte de actuação da administração como reflexo inevi-

---

[155] Também chamado de princípio da proibição do excesso. *"O princípio da proporcionalidade realiza-se tributando mais pesadamente os rendimentos relativamente elevados, e mais levemente os relativamente baixos pelo que é de reconhecer que o n.º 5 do artigo 53.º do CIRS em lugar de contrariar a progressividade pretende atingi-la. (...)"*. (Ac. do S.T.A. P.º n.º 02060/03 de 16/06/2004, in Bases Jurídico Documentais http://www.dgsi.pt.).

Ou ainda noutra perspectiva, *"O princípio constitucional da proporcionalidade impede que os poderes conferidos à Administração Fiscal para suprir deficiências de escrita dos contribuintes de que resultem efeitos negativos para a Fazenda Pública sejam utilizados para permitir a cobrança de impostos em quantidades superiores às que presumivelmente resultariam da aplicação das normas de incidência e determinação da matéria colectável.."* (Ac. do S.T.A. P.º n.º 023102/02 de 17/03/1999, in Bases Jurídico Documentais http://www.dgsi.pt.).

[156] Doutrina expendida por, J.J. Gomes Canotilho e Vital Moreira, Constituição da República Portuguesa Anotada, 3ª ed. (Coimbra, 1993).

tável da aplicação da lei e dos princípios que lhe conferem coerência e transmitem não só segurança mas sobretudo confiança, aos administrados a quem é aplicada.

Se tivermos presente que a tributação terá por medida a capacidade contributiva, então este princípio constituirá uma limitação a qualquer actuação discricionária por parte da administração tributária (cfr. art. 4.º/1 da L.G.T.).

Por isso, sem qualquer dificuldade se percebe porque é que, além da consagração constitucional, este princípio está presente no elenco do art. 55.º da L.G.T., para que a administração tributária possa objectivamente " ...*harmonizar o interesse público específico que lhe cabe prosseguir com os direitos e interesses legítimos dos particulares eventualmente afectados.*"[157]

5.1.7. O princípio de acesso à justiça

Algo bem diferente da prossecução da justiça a que antes nos referimos, é o acesso à justiça, o qual se constitui como um dos direitos fundamentais consagrado no art. 20.º da constituição na clássica formulação de "*acesso ao direito e aos tribunais*". Este princípio foi devidamente acolhido no art. 9.º da LGT, a partir do qual tem aplicação em todos os quadrantes do direito tributário.

É à luz deste princípio que é conferida aos obrigados tributários a possibilidade de impugnarem os actos em matéria tributária que, por alguma forma, lesem os seus direitos ou interesses legalmente protegidos.[158]

---

[157] Diogo Freitas do Amaral, in obra cit. pág. 200.

[158] O que teremos de reconhecer como sendo decorrente da própria juridicidade dos actos da administração praticados sob o manto do poder e força de autoridade que lhe são próprios, assim, "*O direito de recurso contencioso de actos de liquidação de impostos constitui garantia fundamental de natureza análoga à dos direitos, liberdades e garantias consagrados no título II da parte I da CRP, por isso sujeita ao regime previsto no seu art. 18, que impõe limites às restrições ao seu exercício que se fundamentem em presunções de renúncia ou de desistência.*" (Ac. do S.T.A. P.º n.º 21.083 de 21/05/1997, in Bases Jurídico Documentais http://www.dgsi.pt).

5.1.8. *O princípio da imparcialidade*

Na actividade administrativa e com especial incidência no âmbito da tributação, só se podem conceber situações particulares de tratamento privilegiado e consequentemente discriminatório relativamente às restantes, que porventura se perfilem num mesmo plano, se estiverem devidamente apoiadas numa base legal através da qual se imponham no ordenamento jurídico tributário. Daí que, muito embora tais situações se apresentem atentatórias deste princípio da imparcialidade, de facto, o tratamento diferenciado tem como reverso um benefício cuja quantificação escapa a uma visão superficial sobre as mesmas.

Em todo o caso a actuação da administração é pautada por este princípio, com base no qual, genericamente ninguém pode ser discriminado em função da respectiva condição social, económica, política ou religiosa.

É também com base neste princípio e em prol da isenção que deve presidir à actuação da administração pública em geral e tributária em particular que se estabeleceram limitações, através da definição das incompatibilidades a que estão sujeitos os seus órgãos e agentes quando sejam interessados em decisões que devam ser tomadas pelos organismos por eles integrados.[159]

---

[159] Genericamente nas várias alíneas do art. 44.º/1 do C.P.A., estão previstas as situações em que se considera haver lugar ao impedimento dos titulares de órgãos ou agentes da Administração Pública para intervirem no procedimento administrativo.

No direito tributário são vários os exemplos de normas que pugnam nesse sentido, a título de exemplo atente-se no seguinte:

- *"Não é permitido ao chefe de finanças promover a liquidação do imposto quando nela for interessado, por si, por si, por seu cônjuge ou pessoa que represente, (...)"* (cfr. art. 37.º do C.I.S.);
- *"Nenhum perito avaliador (...) pode intervir na avaliação de prédios próprios ou em que seja interessada, a qualquer título, entidade de que seja administrador ou colaborador, nem de prédios em que sejam interessados seus ascendentes, descendentes ou parentes e afins até ao 4.º grau da linha colateral."* (cfr. art. 69.º/1 do C.I.M.I.);
- Sob pena de exclusão das listas distritais o perito independente não pode intervir em procedimentos de revisão da matéria tributável (art. 91.º da

5.1.9. *O princípio da confidencialidade*

Trata-se de um princípio cujo grau de importância decorre da intrínseca necessidade de defesa do direito de reserva da vida privada dos cidadãos (art. 26.º da CRP). Também no plano tributário se propugna esse princípio no art. 64.º da LGT, uma vez que as relações jurídicas tributárias se caracterizam também pelo facto de, na sua sequência, a administração tributária, enquanto sujeito activo dessa relação e personificada nos seus agentes, órgãos e dirigentes, ficar de posse de elementos que muitas vezes vão para além da estrita esfera das respectivas situações tributárias, as quais como facilmente se percebe, apenas dizem exclusivamente respeito aos sujeitos passivos, ou seja, fazem parte de um núcleo cujo conhecimento se deve restringir aos sujeitos activo e passivo dessa relação, mantendo e sedimentando uma base de confiança o recato que lhes é exigível.[160]

L.G.T.) quando desempenhem ou tenham tenham desempenhado qualquer função ou cargo na Administração Financeira do Estado e sus organismos autónomos, Regiões Autónomas e autarquias locais, bem como nos respeitantes a contribuintes a quem tenham prestado serviços a qualquer título há menos de três anos. (art. 93.º/2 e 3 da L.G.T.).

Relativamente ao procedimento de inspecção encontram-se reforçadas as garantias de isenção e imparcialidade, uma vez que, *"Os funcionários da Inspecção Tributária, além das incompatibilidades aplicáveis aos funcionários da Direcção--Geral dos Impostos em geral estão sujeitos às..."* incompatibilidades específicas constante das alíneas a) a f) do art. 20.º/1 do R.C.P.I.T., nas quais se procede à enumeração das situações conotáveis com interesses pessoais directos ou indirectos, as quais são impeditivas do exercício da actividade inspectiva por parte dos funcionários a ela adstritos, de forma a evitar que se coloquem dúvidas sobre a sua independência e isenção.

[160] O dever de sigilo, relativamente à situação tributária dos contribuintes, prevalece de acordo com o art. 64.º/1 da L.G.T., excepto nas situações em que legalmente se considera cessado esse dever, (n.º2 daquela norma). A violação do dever de confidencialidade é punível, nos termos do R.G.I.T., a título de contra--ordenação (art. 115.º) caso decorra de conduta negligente ou a título de crime (art. 91.º) se realizada por conduta dolosa.

De referir ainda a transmissibilidade deste dever aos que, não sendo já funcionários activos, de forma indirecta tenham conhecimento por qualquer via dos dados a coberto do sigilo fiscal.

Necessariamente, o sujeito passivo da relação jurídica dá como certo o respeito por este princípio, aliás o art. 59.º da LGT, reportando-se ao princípio da colaboração, estabelece na alínea g) do n.º 3, como limite àquele princípio, a restrição do acesso aos processos individuais, àqueles que o façam a título pessoal, ou de acordo com os termos da lei àqueles que tenham interesse directo pessoal e legítimo.

Tudo isto porque, associada à privacidade das pessoas está não apenas a sua situação perante a administração fiscal, mas também associada a medida da sua capacidade patrimonial e tributária.

A confidencialidade não pode, contudo, ser encarada em termos absolutos, sofre mesmo algumas restrições, nomeadamente uma que se prende com as situações de incumprimento no pagamento das prestações tributárias, é nesse sentido que aponta o n.º 5 do art. 64º da LGT, *na redacção dada* pelo n.º 1 do artigo 57º da *Lei n.º 60-A/2005*, de 30 de Dezembro ao dispor que:

"*5 – Não contende com o dever de confidencialidade:*

a) *A divulgação de listas de contribuintes cuja situação tributária não se encontre regularizada, designadamente listas hierarquizadas em função do montante em dívida, desde que já tenha decorrido qualquer dos prazos legalmente previstos para a prestação de garantia ou tenha sido decidida a sua dispensa;*"

Esta transigência face ao princípio da confidencialidade visa essencialmente atingir os devedores cujas dívidas se encontrem já em execução fiscal e que, tendo sido citados, não tenham pago nem deduzido oposição dentro do respectivo prazo legal.

5.1.10. *O princípio da decisão*

Este princípio é determinante para a actuação da administração, no sentido em que nele se revê o dever de a administração tributária, através dos seus órgãos e dentro das respectivas competências, se pronunciar "...*sobre todos os assuntos da sua competência que lhe sejam apresentados por meio de reclamações, recursos, representações, exposições, queixas ou quaisquer outros meios previstos na lei, pelos sujeitos passivos ou quem tiver interesse legítimo.*", (cfr. art. 56.º/1 da LGT).[161]

Este é sem dúvida um princípio que ainda hoje é muitas vezes ignorado na prática corrente dos serviços, dizemos isto porque, não poucas vezes, se recusam requerimentos e petições, quando o que deveria acontecer seria a sua aceitação para, depois de devidamente apreciados, serem objecto de despacho decisório mesmo que de indeferimento liminar.

Ainda de acordo com este princípio, mas já noutro plano, poder-se-á dizer que, quando a administração, encontrando-se vinculada à obrigatoriedade de decisão dos pedidos formulados pelos obrigados tributários, dentro de determinados prazos legalmente estipulados, se não pronuncie, ou o faça fora dos prazos legais, será confrontada com a possibilidade de formação de acto tácito de indeferimento, permitindo dessa forma a interposição de recurso hierárquico ou contencioso ou mesmo de impugnação judicial.[162]

5.1.11. *O princípio da celeridade*

Este princípio encontra-se subjacente ao antes mencionado princípio da decisão. A sua aplicação efectiva permitirá não só demonstrar

---

[161] Esta regra geral de pronúncia, nos termos do n.º 2 do art. 56.º da LGT, é afastada em duas situações:

    a) *A administração tributária se tiver pronunciado há menos de dois anos sobre pedido do mesmo autor com idênticos objecto e fundamentos*;

    b) *Tiver sido ultrapassado o prazo legal de revisão do acto tributário.*

[162] Deste modo se salvaguardam as legitimas expectativas dos administrados, sendo nesse sentido que se pode entender o n.º 5 do art. 57.º da LGT, quando determina que:

"*Sem prejuízo do princípio da celeridade e diligência, o incumprimento do prazo referido no n.º 1, contado a partir da entrada da petição do contribuinte no serviço competente da administração tributária, faz presumir o seu indeferimento para efeitos de recurso hierárquico, recurso contencioso ou impugnação judicial.*"

eficiência, mas sobretudo, conferir efeito útil à actuação da administração, afastando o sempre presente e traumático pesadelo da ineficiência, que tem na sua génese a burocracia com que se debatem os serviços.

Na tentativa de dar corpo a este princípio, o legislador estabeleceu um conjunto de prazos de aplicação genérica no art. 57.º da L.G.T.,[163] os quais, sem colocarem em causa os restantes de aplicação restrita, constantes das mais variadas normas dos códigos tributários, permitem colmatar qualquer lacuna que a esse nível se pudesse verificar.

Como tivemos oportunidade de referir, relativamente ao princípio da decisão, o incumprimento dos prazos de actuação e decisão, implicam a presunção de indeferimento com as respectivas consequências no plano contencioso.

5.1.12. *O princípio do inquisitório*

Este princípio encontra-se consagrado no artigo 58.º da LGT, que impõe à administração que esta "...*deve no procedimento, realizar todas as diligências necessárias à satisfação do interesse público e à descoberta da verdade material, não estando subordinada à iniciativa do autor do pedido.*"[164].

Uma administração, actuando de acordo com este princípio, afirmar-se-á pela aferição objectiva da verdade e não da sua verdade, pelo que a decisão que venha a ser proferida pode transcender a natural delimitação que se encontra no pedido formulado.

---

[163] Estabelece o n.º 1 que, *o procedimento tributário deve ser concluído no prazo de seis meses, devendo a administração tributária e os contribuintes abster-se de praticar actos inúteis e dilatórios*. E, por seu turno, no que pode ser visto como um prazo supletivo, o n.º 2 daquela mesma norma define que, os actos do procedimento tributário devem ser praticados no prazo de 10 dias, salvo disposição legal em sentido contrário.

[164] Tal como outros também este princípio já se encontrava consagrado no art. 56.º do CPA, nos termos do qual, "...*mesmo que o procedimento seja instaurado por iniciativa dos interessados*, (...) *os órgãos administrativos podem proceder às diligências que considerem convenientes para a instrução, ainda que não mencionadas nos requerimentos ou nas respostas dos interessados e decidir sobre coisa diferente ou mais ampla do que a pedida*, (...)".

A aplicação deste princípio tem especial acuidade em sede do processo judicial tributário e encontra-se devidamente consagrado no art. 99.º/1 da LGT nos termos de cuja norma "*o tribunal deve realizar ou ordenar oficiosamente todas as diligências que se afigurem úteis para conhecer a verdade relativamente aos factos alegados ou de que oficiosamente pode conhecer.*"[165].

5.1.13. O princípio da boa-fé

A relação estabelecida entre os contribuintes e a administração tributária, assenta na presunção de boa-fé (cfr. art. 59.º/2 da LGT), abrangendo os dois protagonistas e uma valoração ética de reciprocidade no tratamento.

Resulta deste princípio uma necessidade de valoração de comportamentos dos sujeitos da relação jurídica que permita que os juízos emitidos retratem os respectivos protagonistas como *pessoas de bem*.[166]

---

[165] Assim o entende desde à muito a doutrina e a jurisprudência, quando se pronuncia no sentido de que, "(...) *no nosso processo civil, subsidiariamente aplicável em matéria de recursos jurisdicionais no contencioso tributário (por força do preceituado no art. 102.º da L.P.T.A. e 167.º e 357.º do C.P.T.) (Normas aplicáveis ao tempo em que foi proferida a decisão recorrida.), à semelhança do que sucede em geral no contencioso tributário, o princípio do dispositivo não vale plenamente, pois é complementado pelo princípio do inquisitório no que respeita à **prova** dos factos alegados.* (ANTUNES VARELA, J. MIGUEL BEZERRA, e SAMPAIO E NORA, Manual de Processo Civil, 1.ª edição, página 433.)

Por isso, além dos factos alegados, há factos de que os tribunais podem conhecer oficiosamente, como se prevê nos arts. 264.º, n.º 2, 514.º e 665.º do C.P.C. e se admite expressamente, no contencioso tributário, na parte final do n.º 1 do art. 99.º da L.G.T.." (Ac. do S.T.A. P.º n.º 026361 de 05/08/2002, in Bases Jurídico Documentais http://www.dgsi.pt.).

[166] Exemplo da aplicação deste princípio é o dos contratos fiscais, porque, "*Caso os benefícios fiscais sejam constituídos por contrato fiscal, a tributação depende da sua caducidade ou resolução nos termos previstos na lei.*" (cfr. art. 37.º/1 da LGT)

5.1.14. O princípio da colaboração

Tal como preconiza o art. n.º 59.º/1 da LGT, *os órgãos da administração tributária e os contribuintes estão sujeitos a um dever de colaboração recíproco*.[167] Afigura-se contudo algo redutora a formulação adoptada, uma vez que esta reciprocidade de colaboração se aplica igualmente, por um lado aos restantes agentes da administração tributária, actuando como tal na prossecução das atribuições que àquela estão acometidas, por outro aos demais obrigados tributários.[168]

---

[167] Nesta perspectiva de colaboração insere-se "*I – A informação vinculativa a que se referem os artigos 68.º da Lei Geral Tributária e 57.º do Código de Procedimento e de Processo Tributário concretiza o princípio da colaboração da Administração Tributária com os contribuintes, e realiza o direito destes à informação.*

II – A Administração está obrigada a prestar a informação vinculativa solicitada pelos contribuintes, quer relativamente a situações de facto já ocorridas, quer relativamente a situações de facto que ainda se não deram, mas que o contribuinte configure como concretizáveis.

III – Não assim quando tais situações ocorreram, a Administração tomou delas conhecimento, e reagiu, praticando o acto tributário de liquidação que entendeu devido.

IV – Neste caso, já não é possível à Administração colaborar com o contribuinte, e o seu direito à informação está satisfeito." (Ac. do S.T.A. P.º n.º 0908/04 de 12/07/2004, in Bases Jurídico Documentais http://www.dgsi.pt.).

[168] O art. 63.º/1 da LGT, diz-nos que: "1 – *Os órgãos competentes podem, nos termos da lei, desenvolver todas as diligências necessárias ao apuramento da situação tributária dos contribuintes, nomeadamente:*

    a) Aceder livremente às instalações ou locais onde possam existir elementos relacionados com a sua actividade ou com a dos demais obrigados fiscais;

    b) Examinar e visar os seus livros e registos da contabilidade ou escrituração, bem como todos os elementos susceptíveis de esclarecer a sua situação tributária;

    c) Aceder, consultar e testar o seu sistema informático, incluindo a documentação sobre a sua análise, programação e execução;

    d) Solicitar a colaboração de quaisquer entidades públicas necessária ao apuramento da sua situação tributária ou de terceiros com quem mantenham relações económicas;

    e) Requisitar documentos dos notários, conservadores e outras entidades oficiais;

    f) Utilizar as suas instalações quando a utilização for necessária ao exercício da acção inspectiva."

É de salientar que à aplicação deste princípio está subjacente a adequação e proporcionalidade inerente aos objectivos a prosseguir, nomeadamente em sede de acções de inspecção (cfr. art. 63.º/3 da LGT), sendo certo que os inspeccionados nas situações previstas no n.º 4 daquela norma podem legitimamente escusar-se ao cumprimento do dever de colaboração[169].

5.1.15. O princípio da participação

Estamos perante um princípio que, além de genericamente consagrado no texto constitucional, pela importância de que se reveste, foi regulado no C.P.A. (art. 100.º), para aplicação em toda a actividade administrativa. Este princípio visa, em termos genéricos, a participação pelos interessados, na instrução dos procedimentos administrativos e em cujas conclusões se integram obrigatoriamente os pontos de vista por eles defendidos no exercício do direito de participação que lhes seja conferido.

---

[169] Eventualmente, *"4 – A falta de cooperação na realização das diligências previstas no n.º 1 só será legítima quando as mesmas impliquem:*
  a) *O acesso à habitação do contribuinte;*
  b) *A consulta de elementos abrangidos pelo segredo profissional, bancário ou qualquer outro dever de sigilo legalmente regulado, salvos os casos de consentimento do titular ou de derrogação do dever de sigilo bancário pela administração tributária legalmente admitidos;*
  c) *O acesso a factos da vida íntima dos cidadãos;*
  d) *A violação dos direitos de personalidade e outros direitos, liberdades e garantias dos cidadãos, nos termos e limites previstos na Constituição e na lei.* (cfr. art. 63.º/4 da LGT).

[170] Neste sentido se pronuncia a jurisprudência ao referir que: *"O art. 60.º da LGT mais não é do que a transposição do princípio da participação dos cidadãos na formação das decisões e deliberações que lhe dizem respeito e que encontra consagração expressa no art. 267.º, n.º 5 da CRP.*

II – Desde que ocorra qualquer das hipóteses previstas no prédito preceito legal é obrigatória a audição do contribuinte, sob pena de ter sido preterida formalidade essencial do procedimento tributário, que afecta a decisão que nele for tomada (cfr. art.s 135.º e 136.º, n.º 2 do CPA)." (Ac. do S.T.A. P.º n.º 0317/03 de 14/05/2003, in Bases Jurídico Documentais http://www.dgsi.pt).

Para efeitos tributários ele foi acolhido no art. 60.º da LGT,[170] tendo vindo a ser sucessivamente aperfeiçoado,[171] no sentido de evitar a exploração que dele foi feita ao longo do tempo baseada numa interpretação literal do texto. Essa interpretação traduziu-se na exigência de repetidas notificações com conteúdos idênticos, as quais se consubstanciavam em muitos casos em actos meramente dilatórios.

5.2. O exercício de direitos face aos princípios constitucionais

Os princípios a que nos viemos a referir têm subjacente a necessidade de delimitar não só o quadro normativo, mas sobretudo a própria actuação da administração, concorrendo para tal perspectiva o disposto no art. 8.º da LGT, o qual, epigrafado de princípio da legalidade tributária,[172] contém um inultrapassável conjunto de vinculações. Porém, afigura-se evidente que este princípio legitimador da tributação permite: por um lado a existência *de agravamentos ou benefícios excepcionais determinados por finalidades económicas, sociais, ambientais ou outras* (cfr. art. 7.º/3 da LGT); por outro, que se perspective um direito primordial, o do acesso à justiça, perfeitamente integrado atra-

---

[171] A título de exemplo, o n.º 3 veio clarificar em parte a situação ao passar a dispor que "*tendo o contribuinte sido anteriormente ouvido em qualquer das fases do procedimento a que se referem as anteriores alíneas b) a e), é dispensada a sua audição antes da liquidação, salvo em caso de invocação de factos novos sobre os quais ainda não se tenha pronunciado.*" (cfr. art. 13.º/1 da Lei n.º 16-A/2002, de 31 de Maio).

[172] Assim o tem entendido a jurisprudência do STA, ao propugnar que, "(...) «*Os actos que ofendam o conteúdo essencial de um direito fundamental*».

Que, na nossa óptica, são aqueles que contendem com os direitos, liberdades e garantias dos cidadãos.

Mas já não aqueles que contendam com o principio da legalidade tributária.

Tais actos, violadores do dito princípio da legalidade tributária, são anuláveis, mas não são nulos. Assim, não podem eles ser impugnados a todo o tempo, mas só nos prazos previstos nas leis ordinárias adequadas." (Ac. do STA, Proc.º n.º 01709/03 de 28/01/2004, in Bases Jurídico Documentais http://www.dgsi.pt).

vés do artigo 9.º da LGT, nos termos de cujo n.º 2 se prevê que, *todos os actos em matéria tributária que lesem direitos e interesses legalmente protegidos são impugnáveis ou recorríveis nos termos da lei.*[173]

---

[173] Sobre esta matéria atente-se no entendimento jurisprudencial de que, " (...) *Fazendo eco destes comandos constitucionais, dispõe o artigo 9°, 1, da Lei Geral Tributária (LGT) que é garantido o acesso à justiça tributária para a tutela plena e efectiva de todos os direitos ou interesses legalmente protegidos.*

Mas, se a todos é assegurado o acesso ao direito e aos tribunais para defesa dos seus direitos e interesses legalmente protegidos, naturalmente que, para o efeito, há mecanismos processuais previstos na lei ordinária de que o cidadão se tem de socorrer para tal efeito.

Na verdade, como refere Vieira de Andrade, a pp. 226-229 de Os Direitos Fundamentais na Constituição Portuguesa de 1976, «O exercício dos direitos fundamentais no espaço, no tempo e no modo, só será muitas vezes (inteiramente) eficaz se houver medidas concretas que desenvolvendo a norma constitucional, disciplinem o uso, previnam o conflito ou proíbam o abuso e a violação de direitos. Essa necessidade prática (que não se deve confundir com uma necessidade jurídica) é particularmente notória quando se trata de efectivar direitos em que predomina o aspecto institucional, mas pode ser referida à generalidade dos direitos fundamentais.

Nestes casos, as leis são leis regula(menta)doras (leis de organização), que organizam e disciplinam a 'boa execução' dos preceitos constitucionais e que, com essa finalidade, poderão, quando muito, estabelecer condicionamentos ao exercício dos direitos. A sua intenção não é restringir, mas, pelo contrário, assegurar praticamente e fortalecer o direito fundamental constitucionalmente declarado". (Ac. do STA, Proc.º n.º 01911/03 de 03/10/2004, in Bases Jurídico Documentais http://www.dgsi.pt.).

Capítulo II

AS GARANTIAS E OS MEIOS DE DEFESA

> *"É garantido aos administrados tutela jurisdicional efectiva dos seus direitos ou interesses legalmente protegidos, incluindo, nomeadamente, o reconhecimento desses direitos ou interesses, a impugnação de quaisquer actos administrativos que os lesem, independentemente da sua forma, a determinação da prática de actos administrativos legalmente devidos e a adopção de medidas cautelares adequadas".*
>
> (Art. 268.º/4 da CRP)

6. AS GARANTIAS, OS DIREITOS E OS MEIOS DE DEFESA

A partir do conjunto de princípios subjacentes ao quadro legal, com base no qual se desenvolve a actividade administrativa tributária e aos quais antes demos o devido destaque, verifica-se que, quanto à sua repercussão, eles se podem afirmar quer como direitos quer como garantias. Pode mesmo afirmar-se que é demasiado ténue a fronteira que os delimita, circunstância que permite uma mais do que aparente confusão entre esses dois institutos jurídicos.

Do nosso ponto de vista, deverá falar-se de garantias sempre que, na prossecução da actividade administrativa, a administração respeite aqueles princípios básicos e comummente aceites como emanação do estado de direito democrático. Tais princípios têm como reflexo, uma perspectiva apriorística de defesa dos interesses legítimos dos administrados, à qual não é alheia a noção de vinculação à legalidade por parte da administração.

Quanto aos direitos, eles desenvolvem-se em duas vertentes, uma que chamaríamos de passiva, na perspectiva de que de alguma forma eles acabam por se confundir com as garantias, isto porque numa visão simplificadora, não representam uma efectiva utilização de meios contenciosos, mas antes constituindo fundamento para tal e, numa outra vertente, encontram-se consagrados paralelamente direitos activos, os quais não são reflexo de nenhuma garantia propriamente dita, mas antes, da legítima capacidade dos interessados de atacarem a existência e validade dos actos praticados pela administração, em violação dos quadros normativos próprios do ordenamento jurídico tributário em que deveriam rever-se.

6.1. As garantias dos contribuintes

De acordo com o que acabamos de expressar, consideramos que os contribuintes usufruem portanto de um conjunto de garantias não impugnatórias, corporizadas no que se encontra denominado no direito tributário como "direitos". De entre todos, são os da: informação (cfr. art.s 67.º, 68.º e 70.º da LGT); audição (cfr. art. 60.º da LGT); fundamentação (cfr. art. 77.º da LGT); notificação (cfr. art. 35.º e seguintes do CPPT); revisão (oficiosa) dos actos tributários (cfr. art. 78.º da LGT); caducidade (cfr. art. 45.º da LGT) e prescrição (cfr. art. 48.º da LGT), aqueles que sem dúvida assumem um carácter proeminente no âmbito das relações jurídicas tributárias.

6.2. Os meios de defesa

No direito tributário têm uma especial relevância os chamados meios graciosos legalmente consagrados, constituindo-se como meios de defesa puramente administrativos, referimo-nos mais concretamente: à revisão dos actos tributários (cfr. art. 54.º/1-c) da LGT) e às reclamações e recursos hierárquicos (cfr. art. 54.º/1-f) da LGT). Evidenciam-se como um filtro administrativo, revelando um cariz inibidor do recurso aos meios judiciais, no dirimir dos litígios entre os administrados e a administração tributária.

Os direitos tributários podem ser contenciosamente accionados através dos meios judiciais de defesa, os quais *mutatis mutandis*, encontramos também presentes no processo civil sendo que os mais comuns: a impugnação e a oposição, mas que para além destes ainda se podem realçar os embargos de terceiro e a acção administrativa especial (recurso contencioso). No que se refere à impugnação, que é a forma de processo mais importante no contencioso tributário, situações há em que, contudo, ela tem de obrigatoriamente ser precedida de reclamação, que são aquelas em que se verifica a inimpugnabilidade contenciosa autónoma.[174]

Independentemente dos meios contenciosos utilizados, eles têm subjacente a pretensão de obter a anulação total ou parcial dos actos tributários ou em matéria tributária, cuja legalidade é posta em causa por aqueles que vêem a sua esfera jurídica lesada pela administração tributária. Impugnando por qualquer meio esses actos procurar-se-á a reconstituição da situação jurídica que hipoteticamente existiria se o acto impugnado não tivesse sido praticado.[175]

---

[174] É disso exemplo a impugnação de liquidações de IRS, IRC ou IVA com recurso a métodos indirectos, bem como a impugnação de actos de fixação de valores patrimoniais (art. 86.º/3 a 5 da LGT e art. 134.º do CPPT), situações a que daremos o devido realce quando tratarmos da caracterização do processo de impugnação judicial.

[175] Teremos de aqui salientar como decorrência do resultado da utilização de qualquer destes institutos de sindicabilidade contenciosa, no caso de acontecer a procedência total ou parcial do pedido, a imposição à administração da referida reconstituição (formal) da situação jurídica, mas também a consequente prática dos actos materiais conducentes à restituição de qualquer quantia indevidamente paga pelo

6.2.1. As condições de recorribilidade dos actos

Para podermos falar de reposição de uma qualquer situação jurídica conjecturada na fase anterior à prática do acto administrativo que, considerado lesivo, se pretenda impugnar, torna-se necessário perspectivar desde logo quais os actos e os meios adequados através dos quais deles se pode recorrer.

A administração apresenta-se dotada da força de autoridade que corporiza no *jus imperium* com que os seus actos se manifestam na esfera jurídica dos sujeitos passivos. O que levanta questões tais como a competência e a executoriedade dos actos, uma vez que um acto administrativo para ser sindicado, tem necessariamente de poder ser considerado uma resolução tomada pela autoridade competente no uso de poderes jurídico-administrativos, visando a produção de consequências jurídicas externas sobre determinado caso concreto.

Trata-se de uma concepção comum a todos os actos administrativos abrangendo inevitavelmente os actos tributários. O que permitiria pressupor que o acto tributário objecto de reclamação por ser definitivo e executório é directamente sindicável, logo a decisão do recurso hierárquico seria meramente confirmativa daquele. Contudo, teremos de atender à excepção que se encontra consagrada no art. 76.º/2 do C.P.P.T., norma que prevê que, "*a decisão sobre o recurso hierárquico é passível de recurso contencioso, salvo se tiver sido deduzida impugnação judicial com o mesmo objecto.*".

Mas, para a formação dos actos administrativos propriamente ditos que emergem do procedimento, concorrem actos internos e actos preparatórios daqueles, os quais por terem apenas repercussão dentro

---

contribuinte, que nesse caso terá eventualmente direito a juros indemnizatórios nos termos dos art.s n.ºs 43.º e 100.º da LGT.

Assim, "*I – São devidos juros indemnizatórios ao contribuinte que reclamou graciosamente da liquidação e viu atendida essa reclamação, se na liquidação houve erro imputável aos serviços do qual resultou o pagamento de imposto em montante superior ao devido.*

II – A obrigação de pagamento dos juros indemnizatórios não depende da dedução do respectivo pedido aquando da dita reclamação graciosa.". (Ac. do S.T.A. P.º n.º 01052/04 de 30/11/2004, in Bases Jurídico Documentais http://www.dgsi.pt).

da entidade administrativa em que são gerados, são insusceptíveis de serem impugnados[176].

Ficará igualmente afastada a impugnabilidade dos chamados *actos não executórios* (cfr. art. 150.º do C.P.A.), de que são exemplo, os opinativos e os actos confirmativos: os primeiros porque se traduzem em meros juízos de valor, sem reflectirem a produção de quaisquer efeitos; os segundos porque, se limitam a confirmar um acto que previamente os precedeu, esse sim definidor de uma situação jurídica, não detendo por isso autonomia e eficácia próprias.[177] Pelo que um

---

[176] Os actos administrativos internos são "...*aqueles cujos efeitos jurídicos se produzem no interior de pessoa colectiva cujo órgão os praticou. Pelo contrário, são actos externos aqueles cujos efeitos jurídicos se projectam na esfera jurídica de outros sujeitos de direito diferentes daquele que praticou o acto*". Daí que "...*só os actos externos serem susceptível de afectar os direitos ou interesses legítimos dos particulares*". Freitas do Amaral, Direito Administrativo – Volume III – Lisboa, 1989, pág. 152 e 153.

Deste modo, "*o despacho do Secretário de Estado dos Assuntos Fiscais que, concordando com proposta dos Serviços da Direcção Geral das Contribuições e Impostos, se limita a sancionar procedimento a adoptar relativamente a pedido de reembolso de IVA integra o conceito doutrinal de "acto interno"*.

Saliente-se que o acto último e definitivo não pode ser confundido com um acto preparatório daquele, pois este não contém uma declaração de vontade nem estabelece uma situação jurídica definitiva, não tendo, por isso, relevância para efeitos contenciosos. Mas, se por si só o acto preparatório é insusceptível de ser impugnado, nada obsta a que acabe por ser sindicada a sua legalidade no decurso da impugnação do acto definitivo para o qual aquele concorreu.

Por seu turno, "(...) *constitui acto preparatório não comprometedor do sentido da decisão final do procedimento – como tal não lesivo dos direitos e interesses legalmente protegidos dos contribuintes e contenciosamente irrecorrível – o despacho do Director Distrital de Finanças que ordena aos funcionários da DDF a apresentação de novo atestado de incapacidade, sem o qual deixariam de beneficiar de retenção na fonte desagravada nos termos do art. 4 do DL 42/91.*" (Ac. do S.T.A. P.º n.º 025302 de 27/05/1998, in Bases Jurídico Documentais http://www.dgsi.pt/).

[177] Por acto confirmativo podemos entender, "(..) *aquele cujo objecto – ao contrário do que acontece com o acto administrativo de execução – é igual ao de acto definitivo (melhor, ao de acto contenciosamente impugnável) anteriormente praticado e do qual resultara já definida a situação jurídica da Administração e do administrado (ou melhor, do efeito jurídico a que o particular ficava juridicamente vinculado)*" Mário Esteves de Oliveira, in "Direito Administrativo", Almedina, 1984, págs. 410/411.

acto da Administração que se cinja à confirmação de um outro, ao qual nada acrescenta ou retira, integrando os mesmos pressupostos de facto e de direito e sem que dele decorra a necessidade de recurso hierárquico necessário, porque não é por si produtor de efeitos na esfera jurídica do administrado, terá de se considerar insusceptível de recurso contencioso.

O que permite concluir que, para um acto ser recorrível é necessário que ele permita definir uma situação jurídica, causando uma lesão efectiva de direitos ou interesses legalmente protegidos, pois só assim o lesado ficará investido no direito de o impugnar contenciosamente, com fundamento em ilegalidade. O que de todo não se verificará se aquele acto for insusceptível de produzir efeitos externos.

No caso concreto dos actos praticados pela administração tributária, para efeitos de impugnação teremos igualmente de aferir da sua definitividade, em face do princípio da impugnação unitária (art. 54.º do C.P.P.T.), ainda que, tratando-se de actos interlocutórios do procedimento, eles possam ser imediatamente lesivos e, nessa medida, poderem ser directamente impugnáveis.

Um dos aspectos mais relevantes relativamente aos actos administrativos é o que se prende com a sua eficácia externa, esta advém do conhecimento que imperativamente deles tem de ser dado aos interessados através da notificação.[178]

6.3. Os meios administrativos de defesa

Como já antes tivemos oportunidade de referir, os meios administrativos de reacção contenciosa por parte dos contribuintes interessados são essencialmente:

---

[178] A obrigatoriedade, constitucionalmente consagrada (cfr. art. 268.º/3 da CRP) de notificação dos actos administrativos integra o elenco dos direitos fundamentais "...*vulgarmente chamados direitos fundamentais formalmente constitucionais mas fora do catálogo...*" (Parte I da C.R.P.), na categoria dos direitos de natureza análoga aos direitos, liberdades e garantias prevista no art. 17.º CRP, os quais "...*beneficiam de um regime jurídico-constitucional semelhante ao destes*". Gomes Canotilho in "Direito Constitucional", Almedina, 1993, pág. 529/ss.

- as reclamações (cfr. art. 54.º/1-f) da LGT);
- os recursos hierárquicos (cfr. art. 54.º/1-f) da LGT), e
- a revisão dos actos tributários (cfr. art. 54.º/1-c) e 78.º da LGT).

Como adiante iremos ter oportunidade de desenvolver, cada um destes meios processuais encontra no CPPT o necessário e indispensável regime de tramitação, por outras palavras, iremos encontrar naquele diploma, o conjunto de normas de direito adjectivo que hão-de servir para regular todo o procedimento desde a instauração até à respectiva decisão, podendo desde já referir-se que em algumas situações se verificará a *sui generis* aplicação de normas próprias do processo judicial.

6.3.1. *O procedimento de Reclamação Graciosa*

O procedimento de reclamação graciosa é por definição um instituto legal que se apresenta como um meio gracioso de impugnar a legalidade de um acto praticado pela administração, tendo por escopo a sua reapreciação pelo órgão decisor competente. No plano tributário, este procedimento *visa a anulação total ou parcial dos actos tributários*. Quanto à sua tramitação, segue o regime vertido nas disposições do art. 68.º e seguintes do C.P.P.T..

6.3.1.1. As regras e os requisitos

Trata-se de um meio de defesa com características próprias, encontrando-se definido nas várias alíneas do art. 69.º do CPPT um conjunto de requisitos fundamentais pelas quais este procedimento se rege:

a) *Simplicidade de termos e brevidade das resoluções;*
b) *Dispensa de formalidades essenciais;*
c) *Inexistência do caso decidido ou resolvido;*
d) *Isenção de custas;*

e) *Limitação dos meios probatórios à forma documental e aos elementos oficiais de que os serviços disponham, sem prejuízo do direito de o órgão instrutor ordenar outras diligências complementares manifestamente indispensáveis à descoberta da verdade material;*

f) *Inexistência do efeito suspensivo, salvo quando for prestada garantia adequada nos termos do presente Código, a requerimento do contribuinte a apresentar com a petição, no prazo de 10 dias após a notificação para o efeito pelo órgão periférico local competente.*

Para além dos referidos requisitos, teremos ainda de atender a regras inerentes à interposição do procedimento de reclamação graciosa, de que nos permitimos salientar:

- decorre exclusivamente da iniciativa dos *contribuintes* bem como *substitutos e responsáveis* interessados (cfr. art. 68.°/1 do CPPT);
- quanto ao objecto, compreende todos os actos tributários finais ou intermédios que se repercutem negativamente na esfera jurídica dos sujeitos passivos ou dos obrigados tributários;
- pode ser deduzida com os mesmos fundamentos previstos para a impugnação judicial, a saber: errónea qualificação e quantificação dos rendimentos, lucros, valores patrimoniais e outros factos tributários; incompetência; ausência ou vício da fundamentação legalmente exigida ou ainda, preterição de outras formalidades legais, (cfr. art. 70.°/1 conjugado com o art. 99.° do CPPT).

6.3.1.2. A quem é dirigida e onde é apresentada

A reclamação é deduzida mediante petição e, salvo em situações excepcionais legalmente estabelecidas, é dirigida ao órgão periférico regional da administração tributária *v.g.* Director de Finanças (cfr. art. 73.°/1 do CPPT), a quem cabe geralmente a sua decisão (cfr.

art. 75.º/1 do C.P.P.T.). A referida petição deve ser apresentada por escrito no serviço periférico local da área do domicílio ou sede do contribuinte, da situação dos bens ou da liquidação, podendo sê-lo oralmente mediante redução a termo em caso de manifesta simplicidade, onde deve ser instaurado o competente processo[179].

Poderá contudo dar entrada em qualquer serviço local de finanças que, por sua vez, fica responsável pelo envio ao serviço competente,

---

[179] O art. 73.º/1 do CPPT determina que *"Salvo quando a lei estabeleça em sentido diferente, a reclamação graciosa é dirigida ao órgão periférico regional da administração tributária e instruída, quando necessário, pelo serviço periférico local da área do domicílio ou sede do contribuinte, da situação dos bens ou da liquidação."*
E, via de regra, a competência em sede de instauração, instrução e de eventual decisão, pertence aos serviços locais de finanças da área do domicilio ou sede, salvo nas situações relativas a liquidações de impostos sobre o património imobiliário, em que a competência pertence ao serviço local de finanças da área de localização desses mesmos imóveis.
Mas, o que dissemos não afasta a necessidade de ter em atenção as normas relativas à territorialidade em sede de cada um dos impostos, assim e a título meramente exemplificativo:
No IRS (art. 142.º do CIRS) *1 – Para efeitos deste imposto, os actos tributários, qualquer que seja a sua natureza, consideram-se praticados no serviço de finanças da área do domicílio fiscal do sujeito passivo ou do seu representante.*
2 – Tratando-se de não residentes que não tenham nomeado representante, os actos tributários a que se refere o número anterior consideram-se praticados no Serviço de Finanças de Lisboa 3.
No IMI, (art. 136.º/1 do CIMI) *Os actos tributários consideram-se praticados nos serviços de finanças da área da situação dos prédios.* Contudo, estabelece o n.º 2 desta norma que, *a obrigação de entrega da declaração referida nos artigos 13.º e 37.º, bem como dos elementos referidos nos n.ºˢ 2 e 3 do artigo 37.º, nos casos da alínea d) do n.º 4.º da Portaria n.º 1282/2003, de 13 de Novembro, pode ser cumprida em qualquer serviço de finanças.*
No IMT (art. 21.º do CIMT) *1 – O IMT é liquidado pelos serviços centrais da Direcção-Geral dos Impostos, com base na declaração do sujeito passivo ou oficiosamente, considerando-se, para todos os efeitos legais, o acto tributário praticado no serviço de finanças da área da situação dos bens.*
2 – Para efeitos de liquidação do IMT, pode a declaração referida no n.º 1 do artigo 19.º ser apresentada em qualquer serviço de finanças.
3 – Nas alienações de herança ou de quinhão hereditário, bem como no caso de transmissões por partilha judicial ou extrajudicial, a liquidação do IMT é sempre promovida pelo serviço de finanças competente para a liquidação do imposto do selo.

nos termos do art. 61.º/2 da LGT, sendo relevante, para efeitos de aferição da tempestividade, a data do primeiro registo do processo.

6.3.1.3. Em que prazos

No que se refere ao prazo durante o qual pode ser deduzida a reclamação este encontra-se previsto no art. 70.º/1 do CPPT nos termos de cuja norma a sua dedução pode ter lugar, tempestivamente, no prazo de 120 dias[180] contados a partir da verificação de qualquer dos factos enumerados nas alíneas a) a f) do art. 102.º/1 do C.P.P.T.:

a) *Termo do prazo para pagamento voluntário das prestações tributárias legalmente notificadas ao contribuinte;*
b) *Notificação dos restantes actos tributários, mesmo quando não dêem origem a qualquer liquidação;*
c) *Citação dos responsáveis subsidiários em processo de execução fiscal;*
d) *Formação da presunção de indeferimento tácito;*

---

4 – Nos casos previstos no numero anterior, se não houver lugar a liquidação de imposto do selo, a liquidação do IMT é promovida pelo serviço de finanças onde estiverem situados os bens, e se estes ficarem situados na área de mais de um serviço de finanças, por aquele a que pertencerem os de maior valor patrimonial tributário.

[180] Este prazo foi estabelecido pela Lei n.º 60-A/2005, de 30 de Dezembro, sendo aplicado à contagem de prazos que se iniciem a partir da entrada em vigor dessa lei conforme determina o seu art. 58.º.

Antes da entrada em vigor da Lei n.º 60-A/2005, que alterou a redacção do art. 70.º/1 do CPPT e revogou o disposto nos números 2 e 3 daquela norma, o prazo para a dedução da reclamação graciosa era coincidente com aquele que se encontrava definido para a impugnação judicial. Na sua redacção anterior estabelecia o art. 70.º/1 do CPPT, que ela devia ser apresentada, dentro dos prazos previstos no art. 102.º/1 daquele mesmo diploma. Por isso, salvo nas situações de reclamação cujo fundamento fosse a preterição de formalidades essenciais ou de inexistência total ou parcial do facto tributário, em que o prazo de reclamação era de um ano (cfr. art. 70.º/2 do CPPT), via de regra, o prazo para a sua apresentação era de 90 dias (cfr. art. 70.º/1 do C.P.P.T.).

e) Notificação dos restantes actos que possam ser objecto de impugnação autónoma nos termos deste Código;
f) Conhecimento dos actos lesivos dos interesses legalmente protegidos não abrangidos nas alíneas anteriores.

Aos factos referidos acresce uma outra circunstância que, a acontecer, pode ser determinante para o inicio da contagem do prazo para a dedução da reclamação, referimo-nos à possibilidade prevista no número 4 do artigo 70.º do CPPT, nos termos do qual, *em caso de documento ou sentença superveniente, bem como de qualquer outro facto que não tivesse sido possível invocar no prazo previsto no n.º 1, este conta-se a partir da data em que se tornou possível ao reclamante obter o documento ou conhecer o facto.*

Para além do prazo para a apresentação da petição a que nos referimos, outros existem que importa aqui dar o necessário relevo, referimo-nos aos prazos legais que a administração deve respeitar ao longo do procedimento:

- 90 dias para instaurar e instruir (inclui-se aqui a elaboração da proposta de decisão) a reclamação graciosa (cfr. art. 73.º/2 do CPPT);
- 6 meses para a conclusão do procedimento, contados da data da entrada da petição do contribuinte no SLF (cfr. art. 57.º/1 e 5 da LGT).

Refira-se ainda que não pode ser deduzida reclamação graciosa quando tiver sido apresentada impugnação judicial com o mesmo fundamento, o que se afigura plenamente justificado na medida em que, se fosse legalmente admitida, a sua decisão poderia não ser coincidente com a que em sede jurisdicional fosse proferida o que seria de todo inadmissível.

6.3.1.4. Tramitação

Apresentada que seja a petição inicial no serviço periférico local, *v.g.* Repartição de Finanças, deverá este proceder à instauração e instrução do procedimento, dentro do já referido prazo de 90 dias. Nesta fase os serviços locais de finanças competentes devem:

- verificar a veracidade e conformidade de todos os documentos reputados essenciais para a apreciação da causa, quer eles estejam em poder do contribuinte, quer estejam na posse dos Serviços, juntando-os ao processo.
- questionar a existência de impugnação judicial e proceder de conformidade.
- apreciar a legitimidade do(s) recorrente(s) e a
- tempestividade do recurso administrativo.
- mencionar sempre esses aspectos na proposta de decisão.
- concluir a instrução com os elementos disponíveis nos SLF elaborando proposta de decisão.

É portanto nesta fase que, o serviço local de finanças deverá proceder à recolha e junção ao processo de todos os elementos que se considerem essenciais à decisão, incluindo os que estão em poder do contribuinte, o qual tem o dever de colaborar com a Administração Fiscal (cfr. art. 48.º/2 do CPPT) e ao qual será, se necessário, fixado um prazo para o efeito dentro do previsto no art. 23.º/1 do C.P.P.T.[181], para que ele disponibilize os documentos necessários.

De salientar também que a Administração Tributária não está vinculada à iniciativa do reclamante, pois, por força do principio do inquisitório, constante do art. 58.º da LGT[182], tem o dever de realizar todas as diligências necessárias à descoberta da verdade material, tal como também se encontra previsto, de uma forma particular, na alínea e) do art. 69.º do CPPT[183].

---

[181] De acordo com essa norma *"Quando, nos termos da lei, o prazo do acto deva ser fixado pela administração tributária ou pelo juiz, este não pode ser inferior a 10 nem superior a 30 dias."*

[182] Por força do estipulado nesta norma, de aplicação a todo o procedimento tributário *"A administração tributária deve, no procedimento, realizar todas as diligências necessárias à satisfação do interesse público e à descoberta da verdade material, não estando subordinada à iniciativa do autor do pedido."*

[183] É que de acordo com aquela disposição, embora se determine a *limitação dos meios probatórios à forma documental e aos elementos oficiais de que os serviços*

Na sequência da instrução e por força da análise dos elementos probatórios carreados para o procedimento, há que emitir um projecto de decisão, do qual deve ser conferido o direito de audição por força do princípio da participação que vem regulado no art. 60.º da LGT[184]. Da aplicação desta norma, resulta que, *a participação dos contribuintes na formação das decisões que lhes digam respeito pode efectuar-se, sempre que a lei não prescrever em sentido diverso,* por qualquer das seguintes formas ali previstas, sendo que, nos termos da alínea b) do número 1 se dispõe expressamente que o *Direito de audição antes do indeferimento total ou parcial dos pedidos, reclamações, recursos ou petições*, aqui se enquadrando precisamente a audição na fase conclusiva da instrução do procedimento de reclamação graciosa, concretizando-se a quando da comunicação do respectivo projecto de decisão.

---

disponham, isso não impede que, na observância do referido princípio do inquisitório, também se afirme *o direito de o órgão instrutor ordenar outras diligências complementares manifestamente indispensáveis à descoberta da verdade material*. Sendo portanto esta perspectiva que se deverá equacionar a hipótese de intervenção dos SPIT, os quais actuam nestas situações dando cumprimento às solicitações que lhes são formuladas através de pedidos de informação especifica ou genérica, sempre com vista a melhor instruir o procedimento e assim dotar o órgão competente da administração dos elementos indispensáveis para proferir a decisão.

[184] Trata-se de uma matéria que não suscita controvérsia, mas que mesmo assim ainda continua a verificar-se por força de procedimentos feridos de interpretações menos correctas por parte dos serviços, o que determina que venham a ser dirimidos já em sede de impugnação judicial, isto porque, "*I – O indeferimento de reclamação graciosa deduzida contra o acto tributário de liquidação pode constituir objecto de impugnação judicial.*

II – E, uma vez que consubstancia a manutenção de tal acto, integra também o objecto desta.

III – Nos termos do art. 60º da LGT, o contribuinte tem o direito de audição antes do indeferimento total ou parcial da reclamação graciosa.

IV – A dispensa de audição referida no n.º 2 do mesmo normativo apenas tem lugar quando a liquidação for efectuada em sintonia com a declaração do contribuinte, nos aspectos tanto factual como jurídico.

V – A falta de audição constitui vício do procedimento tributário na reclamação graciosa, conduzindo à anulação da respectiva decisão de indeferimento." (Ac. do S.T.A., P.º n.º 01877/03, de 16/06/2004, in Bases Jurídico Documentais http://www.dgsi.pt).

Assim sendo, é no âmbito e para os efeitos do direito de audição que, do projecto de decisão de indeferimento total ou parcial da reclamação graciosa, a Administração notifica o contribuinte por carta registada, contendo cópia do projecto de decisão (cfr. art. 60.º/4 da LGT), fixando um prazo entre 8 e 15 dias, para que aquele se expresse, oralmente ou por escrito, relativamente ao conteúdo da proposta.[185]

6.3.1.5. Competência para a decisão

Nos termos do disposto no art. 75.º do CPPT,[186] o órgão competente para a decisão do procedimento de reclamação graciosa é, em regra, o Director de Finanças, enquanto dirigente máximo do serviço periférico regional.

---

[185] Sobre a elaboração do projecto de decisão, não podemos deixar de levantar uma questão, a qual decorre do facto da lei (art. 73.º/2 do CPPT) falar da elaboração de *proposta fundamentada de decisão*, que do nosso ponto de vista não se confunde com o projecto de decisão a elaborar e do qual será dado o direito de audição ao reclamante. Isto porque, se entendessemos que se tratava da mesma peça processual, se cairia por vezes na situação de conflitualidade entre o entendimento veiculado na proposta que como projecto de decisão seria dado a conhecer e a ser auditado pelo reclamante e aquele que o órgão decisor viesse a entender ser de proferir, o que originaria novo projecto de decisão, novo direito de audição e consequentemente um sem número de contradições.

[186] Com a publicação da actual Lei Orgânica da DGCI, (Dec.-Lei n.º 81/2007 de 29 de Março) diploma que revogou em parte o Dec.-Lei n.º 366/99 de 18 de Setembro, nomeadamente o seu artigo 27.º, desapareceu do ordenamento jurídico a norma que atribuía aos Chefes dos Serviços Locais de Finanças competência própria para:

a) *Decidir sobre as reclamações graciosas quando o valor do processo não ultrapasse o valor de € 4.987,98*;

(...)

f) *Decidir das reclamações graciosas respeitantes aos impostos de veículos, circulação, camionagem, municipal de sisa e sobre sucessões e doações, quando o processo não ultrapasse o montante de € 498,80*;

Embora esta competência própria estivesse em regra ultrapassada por força da competência delegada em valor superior, o que é facto é que, se encontrava definida e como tal tinha de ser observada.

É claro que para além da própria previsão normativa no sentido da possível existência de situações de excepção, há ainda que ter em atenção que a competência própria atribuída àquele órgão pode ser por ele delegada, o que, diga-se, acontece normalmente[187].

Uma excepção é a que se encontra consagrada no art. 73º/4 do CPPT e referenciada no art. 75.º/1, em razão da qual, a competência para a decisão está atribuída ao órgão periférico local, encontra-se todavia condicionada[188] ao valor do processo o qual não pode exceder o quíntuplo da alçada do tribunal tributário de 1.ª instância[189].

6.3.1.5.1. O "Valor do Processo"

Pelo facto de se encontrarem definidas competências de decisão do procedimento, em função do valor do pedido, suscita-se a questão da determinação do "valor de processo". É que, não se encontrando

---

[187] Antes da entrada em vigor da Lei n.º 53-A/2006 de 29 de Dezembro, que alterou a redacção do n.º 4 e revogou o n.º 6 do art. 73.º do CPPT, encontrava-se estabelecida uma outra condicionante: a de a questão a resolver ter de ser de *"manifesta simplicidade"*, sendo certo que a verificação desta segunda condição, estava dependente do entendimento que fosse transmitido pelo dirigente máximo do Serviço, relativamente ao que se deveria entender como susceptível de ser considerado de manifesta simplicidade como se encontrava estabelecido no art. 73.º/6 do CPPT.

[188] Nos termos do art. 6.º/2 da Lei n.º 13/2002 de 19/02, republicada pela Lei n.º 107-D/2003 de 31/12, a alçada dos tribunais administrativos e fiscais corresponde a $1/4$ da estabelecida para os tribunais judiciais de 1ª instância, donde, sendo esta de € 5.000,00, a alçada dos tribunais administrativos e fiscais é de € 1.250,00, pelo que o seu quíntuplo será de € 6.250,00.

[189] Prescreve assim esta norma: *"1 – Salvo quando a lei estabeleça em sentido diferente, a entidade competente para a decisão da reclamação graciosa é, sem prejuízo do disposto nos n.ºs 4 e 6 do artigo 73.º, o dirigente do órgão periférico regional da área do domicílio ou sede do contribuinte, da situação dos bens ou da liquidação ou, não havendo órgão periférico regional, o dirigente máximo do serviço.*

2 – A competência referida no número anterior poderá ser delegada pelo dirigente máximo do serviço ou pelo dirigente do órgão periférico regional em outros funcionários qualificados ou nos dirigentes dos órgãos periféricos locais, cabendo neste último caso ao imediato inferior hierárquico destes a proposta de decisão."

previsto nas normas de procedimento a necessidade de menção obrigatória do valor contestado, esse valor, mesmo que não esteja mencionado, está normalmente implícito no objecto da reclamação pela indicação do acto tributário cuja anulação total ou parcial se quer controvertida.

Mas, sem perder de vista que o que está em causa é um benefício, o valor a que se terá de atender será o da quantia (certa) em dinheiro quando pedida ou aquela a que equivale o pedido (cfr. art. 305.º e 306.º do CPC).

Logo, tal como no processo civil, em que se encontra prevista a *atribuição de valor à causa*, o que releva é *a utilidade económica* do pedido. Nesta última circunstância se enquadram as situações em que o acto tributário reclamado não produziu qualquer liquidação e também os actos de fixação de matéria tributável.

6.3.1.6. Decisão

É após o decurso do prazo concedido para o exercício deste direito pelo reclamante que, tendo ele sido exercido ou não, será elaborada a decisão final (cfr. art. 77.º da LGT). No que respeita à sua fundamentação, no caso de não ter sido exercido o direito de audição e não havendo novos fundamentos a ter em conta, ela pode simplesmente consubstanciar-se numa mera declaração de concordância com os fundamentos de pareceres anteriores, bem como informações ou propostas (cfr. art. 77.º n.º 1 da LGT). Todavia, se tiver sido exercido o direito de audição, *os elementos novos suscitados na audição dos contribuintes são tidos obrigatoriamente em conta na fundamentação da decisão*, (cfr. art. 60.º n.º 7 da LGT).

A decisão proferida terá necessariamente de ser notificada ao reclamante pelo órgão decisor, pois que, "*A eficácia da decisão depende da notificação.*" (cfr. art.s 77.º/6 da LGT e 36.º/1 do CPPT).[190]

---

[190] Cabe aqui referir que o regime das notificações está contido nos artigos 35.º e segs. do CPPT.

Assim, a notificação terá que conter todos os elementos previstos no n.º 2 do art. 36.º do CPPT:

a) decisão e seus fundamentos;
b) entidade que a tomou;
c) o uso de delegação de competências, (sendo caso disso) e,
d) os meios para reagir e respectivos prazos.

6.3.1.7. Efeitos

No que respeita aos efeitos decorrentes da decisão, que impendeu sobre o pedido formulado na petição que deu origem ao procedimento de reclamação graciosa, damo-nos conta das seguintes hipóteses:

- Deferimento;
- Deferimento parcial;
- Indeferimento.

Relativamente à primeira que se consubstancia num resultado positivo para o reclamante, a repercussão será a anulação, pela administração tributária, do acto tributário objecto da reclamação, cessando dessa forma os efeitos negativos que deram origem à reclamação por parte do contribuinte.

Quanto ao deferimento parcial, como facilmente se depreende, são aquelas situações em que a administração tributária, embora reconhecendo erros no acto que deu origem à reclamação, não reconhece a existência de uma situação de anulação total desse acto tributário, o que implica que os serviços procedem apenas a uma anulação parcial do acto objecto da reclamação[191].

---

[191] Note-se contudo que, quando perante situações de deferimento parcial do procedimento de reclamação graciosa, que anule parte do imposto inicialmente determinado e objecto dessa mesma reclamação, a liquidação através da qual se execute o despacho de deferimento parcial, não se consubstancia como uma liquidação correctiva, mas antes como uma reformulação da liquidação reclamada.

E sendo assim, não sendo uma liquidação "nova", o facto determinante para a contagem do prazo para impugnação é o da notificação do despacho de que foi

Na hipótese de indeferimento, é obvio que aí se enquadram as situações em que o pedido formulado na petição não obteve qualquer censura na reavaliação de que foi alvo através do procedimento de reclamação, o que a acontecer decorre normalmente de serem considerados inverosímeis os fundamentos em que se sustentava.

Na sequência quer do deferimento parcial quer do indeferimento da reclamação, pode o reclamante recorrer dessa decisão, pelas vias legais de que dispõe e cujo conhecimento lhe tem de ser transmitido quando notificado da decisão.

Quando estamos em presença de situações de indeferimento, uma questão pode ser colocada, embora nem sempre seja tida em linha de conta pelos reclamantes, referimo-nos à susceptibilidade de, desde que a administração, através do órgão competente para a decisão do procedimento, considere *não existirem motivos que razoavelmente a fundamentem*, possa aplicar *um agravamento graduado até 5% da colecta objecto do pedido, o qual será liquidado adicionalmente, a título de custas, pelo órgão periférico local do domicílio ou sede do reclamante, da situação dos bens ou da liquidação* (cfr. art. 77.º/1 do CPPT).[192]

---

objecto a reclamação e não o da notificação da liquidação que executou esse despacho.

[192] Esta disposição não é inovatória no direito tributário, uma vez que, já no Código de Processo das Contribuições e Impostos se encontrava previsto do § único do seu art. 81.º que, *se a reclamação for destituída de fundamento razoável, poderá o chefe da repartição de finanças aplicar à colecta reclamada um agravamento até 5%*

O mesmo acontecia em sede de Imposto Profissional, em que se previa um agravamento da colecta nos termos do § 2 do art. 17.º do respectivo código, fixado embora a título de custas, pela Comissão Distrital de fixação dos rendimentos, a qual era judicialmente impugnável por força do disposto no art. 81.º e parágrafo único do C.P.C. Impostos.

E, já na vigência do CPT (cfr. art. 101.º), se previa que, quando a reclamação não fosse condição da impugnação judicial e aquela fosse destituída de fundamento a entidade competente para a decisão aplicaria um agravamento até 5% da colecta objecto do pedido.

Contudo, este agravamento não pode ser aplicado indiscriminadamente, uma vez que nas situações *em que a reclamação constitua condição de impugnação judicial, o agravamento só é exigível caso tenha sido julgada improcedente a impugnação judicial deduzida pelo reclamante* (cfr. art. 77.º/2 do CPPT).[193]

Caso seja aplicado, *o agravamento pode ser objecto de impugnação autónoma com fundamento na injustiça da decisão condenatória.* (cfr. art. 77.º/3 do CPPT). Garantindo-se desta forma o direito à recorribilidade dos actos administrativos na sequência da garantia constitucional de tutela jurisdicional (cfr. art. 268.º/4 da CRP).

Este agravamento encontra-se igualmente previsto noutras normas de direito tributário[194], sendo o exemplo mais corrente aquele que decorre da aplicação da determinação da matéria tributável através de métodos indirectos e previsto no art. 91.º/9 da LGT.

Em qualquer das situações em que legalmente é aplicável, as quais se situam no plano da gratuitidade dos respectivos procedimentos contenciosos, este agravamento enquanto meio sancionatorio que é, permite ressarcir a administração pelos gastos administrativos no

---

[193] Nesta circunstância, a questão do agravamento deve ser analisada sob duas vertentes: a da decisão propriamente dita e a da sua exigibilidade.

Quanto à decisão ela deve ser proferida com a decisão do procedimento, até porque ela acaba por ser uma decorrência da análise da pertinência do procedimento que lhe dá origem.

No que respeita à exigibilidade, ela pode levantar alguma controvérsia, entendemos contudo que depende da verificação de uma das seguintes condições:
• De ser deduzida e julgada improcedente a impugnação;
• De tendo sido deduzida a impugnação, a respectiva decisão não apreciar a irrazoabilidade dos fundamentos em que se sustentava.

[194] Prescreve o n.º 9 do art. 91.º da LGT que: "*Poderá ser aplicado ao sujeito passivo um agravamento até 5% da colecta reclamada quando se verificarem cumulativamente as seguintes circunstâncias:*

a) Provar-se que lhe é imputável a aplicação de métodos indirectos;

b) A reclamação ser destituída de qualquer fundamento;

c) Tendo sido deduzida impugnação judicial, esta ser considerada improcedente."

Caso assim seja entendido, diz-nos o n.º 10 da mesma norma que: "*– O agravamento referido no número anterior será aplicado pelo órgão da administração tributária referido no n.º 1 e exigido adicionalmente ao tributo a título de custas.*"

tratamento de tais reclamações, revê-se naquilo que em processo civil encontramos nas condenações por litigância de má fé (cfr. art. 456.º do CPC).[195]

Ao introduzir este dispositivo legal no direito tributário, o legislador conferiu à administração um meio de dissuasão para aqueles que, à margem de qualquer fundamentação plausível, fossem levados a apresentar reclamações cujo único intuito se poderia perceber como uma forma de *atormentar* os serviços por questões destituídas de sentido ou coerência. Com um agravamento imputado de acordo com o montante da colecta permite-se ainda uma graduação com um razoável grau de equidade na perspectiva de que quanto maior for a colecta menor será a susceptibilidade de se admitir uma reclamação sem uma fundamentação razoável.

---

[195] Neste particular, registe-se que, "(...) *Diz-se litigante de **má-fé** quem, com dolo ou negligência grave:*
   «*a) tiver deduzido pretensão ou oposição cuja falta de fundamento não deveria ignorar ;*
   b)...c)... d) Tiver feito do processo ou dos meios processuais um uso manifestamente reprovável, com o fim de conseguir um objectivo ilegal, impedir a descoberta da verdade, entorpecer a acção da justiça ou protelar , sem fundamento sério, o trânsito em julgado da decisão.» – *cfr. art. 456.º do CPC.*
   Na base da má-fé encontra-se o seguinte vector essencial: consciência de não ter razão. É necessário que as circunstâncias do caso induzam o Tribunal a concluir que o litigante deduziu pretensão ou oposição conscientemente infundada (cfr. ac. STA -1a Secção, Pleno, 5/ 6/ 2000, Rec. 24971, Acs. Dout., nº 466, pág. 1302 e segs.).
   No caso, a recorrente defendeu a tese de que não estava legalmente obrigada a registar as perdas produtivas e viu-se que laborava em erro, arcando com as consequências, maxime, a aplicação dos métodos indiciários que sempre contestou, nas vertentes qualitativa e quantitativa, sem êxito.
   Nesse conspecto, não resulta, desde logo, que exista litigância de má fé. Esta, nos termos do disposto do disposto no art. 456.º do CPC, na redacção actual, só existe quando o agente tiver agido com dolo ou negligência grave, o que no caso não se vislumbra ter ocorrido, tendo a recorrente actuado no exercício de um direito, e, ainda que não tenha obtido satisfação da sua pretensão, não excedeu, manifestamente, o dever de probidade imposto às partes, tanto mais que a invocada divergência resulta, fundamentalmente, de diferente interpretação da lei. (...)" (Ac. do T.C.A., P.º n.º 00459/03, de 15/06/2004, in Bases Jurídico Documentais http://www.dgsi.pt).

6.3.1.8. Meios de reacção

No que respeita aos meios e respectivos prazos de reacção, desde logo ganham evidência as duas hipóteses mais comuns, que são o recurso hierárquico, caso em que continuarão a ser utilizados os meios puramente administrativos e a impugnação judicial, que como o próprio nome indica se situa já no domínio de intervenção dos tribunais administrativos e fiscais.

Sendo diferentes os meios de reacção, são igualmente diversos os prazos de interposição de cada um deles na sequência do indeferimento total ou parcial da reclamação graciosa de que decorram, assim:

- caso seja deduzido recurso hierárquico, o prazo será de 30 dias a contar da notificação do acto respectivo e perante o autor do acto recorrido (cfr. art. 66.º/2, *ex vi* art. 76.º/1 ambos do CPPT).
- se o reclamante optar pela impugnação judicial, o prazo para a sua interposição será de 15 dias após a notificação do indeferimento da reclamação graciosa (cfr. art. 102.º/2 do CPPT). Porém, se após a apresentação da petição da reclamação graciosa, tiver decorrido o prazo previsto no art. 57.º/1 da LGT (6 meses), forma-se a presunção de indeferimento tácito do procedimento, levando a que, a partir dessa data e no prazo de 90 dias, possa ser deduzida a impugnação judicial (cfr. art. 102.º/1-d) do CPPT).[196]

---

[196] Verifica-se assim que, "(...), *se não tivesse havido tal reclamação, a impugnação judicial, fundada em vício gerador de anulabilidade do acto, estaria fora de tempo, porque decorridos estavam, em 6 de Abril de 2001, bem mais do que 90 dias, contados a partir de 30 de Novembro de 2000 – cfr. a alínea a) do n.º 1 do artigo 102.º do Código de Procedimento e de Processo Tributário (CPPT).*

Porém, e como deduzira reclamação graciosa, a contribuinte passou a dispor de um prazo para impugnar mais alargado, pois, neste caso, o seu termo inicial delonga-se (na falta de deferimento expresso da reclamação, que, aqui, não houve) para o dia seguinte àquele em que se forme a presunção de indeferimento tácito, tudo por força do disposto nos artigos 102.º n.º 1 alínea d) e 106.º do CPPT e 57.º n.º 5 da Lei Geral Tributária.

Ou seja, deixa de importar a data limite do pagamento voluntário, e passa a relevar a data do indeferimento tácito.

No caso, como a reclamação fora apresentada em 16 de Fevereiro de 2001, ao tempo em que foi judicialmente impugnada a liquidação, a Administração estava, ainda, em tempo para se pronunciar, pois dispunha, para tanto, de seis meses, o que vale por dizer que não havia indeferimento presumido.

Assim, e como se nota na sentença impugnada, "o único termo inicial de que pode lançar-se mão, neste caso, é o de 30.11.00, único verificado aquando da reacção da impugnante".

Aceita-se que, como defende a recorrente, "nada impede que o acto judicial seja praticado antes do prazo fixado por lei".

Mas o que, no caso, aconteceu, não foi a dedução da impugnação antes do termo do prazo. Tendo a contribuinte escolhido sujeitar a questão à apreciação da Administração Fiscal, em vez de impugnar judicialmente, como podia fazer, deixou decorrer o prazo de que dispunha para essa impugnação, independentemente de reclamação, e ele passou a contar-se, não já com referência ao tempo em que podia pagar voluntariamente, mas em função da data da decisão administrativa, expressa ou não, que a Administração viesse a tomar.

Impunha-se, pois, à agora recorrente, para não esvaziar de sentido a reclamação graciosa por que optou, aguardar essa decisão. De outro modo, estaria a conseguir, reclamando, para, de seguida, se alhear do resultado do procedimento que ela mesma despoletara, um alargamento do prazo para impugnar judicialmente; quando a dilatação do prazo, como se viu, só é atribuída àqueles que preferem, antes de discutir em juízo a legalidade da liquidação, sujeitar a sua análise à própria Administração, sendo que a razão do aumento do prazo daí resultante é possibilitar a pronúncia da Administração, antes de submeter a questão aos tribunais, quiçá, desnecessariamente.

Como assim, é de sufragar o entendimento da sentença recorrida, quando considerou a impugnação intempestiva: por um lado, já se consumira o prazo para impugnar a liquidação, se não tivesse havido reclamação, contado a partir do termo da data para pagamento do imposto liquidado; por outro lado, a Administração ainda não se pronunciara, nem terminara o tempo em que devia fazê-lo, e só essa pronúncia, quando negativa, abriria novo prazo impugnatório.

Não é, pois, caso de prematuridade da impugnação, como quer a recorrente, mas de intempestividade: a recorrente já não estava em tempo para impugnar.

Poderia acontecer que novo prazo se lhe abrisse, mas isso não sucedera ainda, nem pode agoirar-se se viria, ou não, a ocorrer..." (Ac. do S.T.A., P.º n.º 0893/03, de 01/10/2003, in Bases Jurídico Documentais http://www.dgsi.pt").

6.3.1.8.1. *O procedimento de Reclamação Graciosa e o Processo de Impugnação*

Para além dos aspectos já referidos relativamente ao facto de na sequência da apresentação e decisão da reclamação graciosa poder ser deduzida impugnação judicial, um outro aspecto queremos aqui deixar devidamente referenciado e que consideramos dever merecer toda a atenção que é o da relação entre o procedimento de reclamação graciosa e o processo de impugnação. Porque, como resulta do disposto nos art.s 70.º e 102.º/1 do CPPT, os fundamentos do Procedimento de Reclamação Graciosa e do Processo de Impugnação Judicial são os mesmos, o que permite que coexistam simultaneamente, na esfera jurídica dos interessados, estas duas formas de atacar os actos tributários.

É por isso que, há situações em que, tendo sido apresentada reclamação graciosa, é posteriormente deduzida impugnação judicial, cujo objecto (acto tributário) é comum, obrigando à apensação do procedimento de reclamação graciosa ao processo de impugnação, no estado em que se encontrar (cfr. art. 111.º/3 do CPPT).

Esta apensação faz parte do conjunto de actos tendentes a organizar o processo administrativo relativo ao acto tributário impugnado, processo esse que é normalmente solicitado pelo representante da Fazenda Pública, mas que pode ser igualmente solicitado pelo próprio juiz do tribunal administrativo e fiscal por onde corre termos o processo de impugnação, se o representante não apresentar contestação.

A elaboração do referido processo administrativo tem um cariz eminentemente instrutório, servindo para agregar toda a informação de que os serviços dispõem relativamente ao acto tributário impugnado (cfr. art. 111.º/2 do CPPT), abrindo-se através dele a possibilidade de:

- revogação total ou parcial do acto impugnado pelo dirigente do órgão periférico local, quando *o valor do processo não exceda o quíntuplo da alçada do tribunal tributário de 1.ª instância, se a questão a resolver for de manifesta simplicidade e dispuser dos elementos para o efeito necessários*, no prazo de 30 dias a contar do pedido que lhe tenha sido formulado pelo representante da Fazenda Pública. (cfr. art. 111.º e 112.º/1 do CPPT);

- caso o valor do processo exceda *o quíntuplo da alçada do tribunal tributário de 1.ª instância, o dirigente do órgão periférico local, uma vez completa a instrução, remete-o ao dirigente do órgão periférico regional, no prazo previsto no n.º 1 do artigo anterior, podendo este, caso se verifiquem os demais pressupostos referidos no n.º 1, revogar o acto impugnado, nos mesmos termos e prazo* (cfr. art. 111.º e 112.º/2 do CPPT);
- com base nele, o representante da Fazenda Pública poder contestar o pedido deduzido na impugnação.

De referir ainda que, embora se encontre estabelecida a proibição de dedução de "*...reclamação graciosa quando tiver sido apresentada impugnação judicial com o mesmo fundamento.*" (cfr. art. 68.º/2 do CPPT), podem surgir situações em que seja violado o estatuído naquela norma.

De facto, nada obsta a que se possa verificar a utilização dos dois mecanismos de defesa por parte dos interessados, ou seja, a proibição pode ser "incumprida", bastando para tanto que a reclamação graciosa se apoie em fundamento diferente, assim o previu o legislador na redacção n.º 4 do art. 111.º do CPPT. Ou seja, a proibição pressupõe a identidade, não apenas do acto que se põe em crise, como também do(s) fundamento(s) invocado(s).

Resulta assim que, se não houver identidade de fundamentos, é perfeitamente legal a apresentação da reclamação graciosa posteriormente à dedução da impugnação judicial de um mesmo acto tributário, mas por força do citado n.º 4 do art.111.º, o que é evidente é que, o legislador deu implicitamente a prevalência à sindicabilidade do acto tributário pelos tribunais em detrimento da análise administrativa, ao determinar também nestes casos a apensação ao processo de impugnação.[197]

---

[197] Tem sido neste sentido que a jurisprudência do STA se tem pronunciado, alinhando aliás com a doutrina propugnada por Jorge Lopes de Sousa em anotações ao Código do Procedimento e Processo Tributário, defendendo-se na análise ao quadro legal aplicável que, o legislador "... *deu antes inequívoca guarida ao regime legal que se deixa enunciado, tal como aliás dele deu também adiante, agora no artigo 111.º do mesmo diploma adjectivo tributário, o CPPT, na redacção*

De qualquer das situações analisadas sobressai por um lado, a preferência pelo processo judicial na hierarquia decisória dos litígios entre contribuintes e administração tributária, por outro a necessidade de

introduzida pela Lei n.º 15/2001, de 5 de Junho, sendo que o seu n.º 5 lhe foi aditado mais tarde pela Lei n.º 32-B/2002, de 30 de Dezembro, que aprovou o Orçamento do Estado para 2003, que corresponde ao art. 110.º da redacção inicial e ao art. 129.º do CPT e que, na redacção inicial, correspondia ao art. 130.º do CPT.

Dele deu adiante, dizíamos, conveniente e bem esclarecedora nota ao consagrar, nos números 3 a 5 do indicado preceito, preferência absoluta pelo meio judicial de impugnação sobre os meios administrativos, impedindo-se que seja apreciada por via administrativa a legalidade de um acto tributário que seja objecto de impugnação judicial.

Quando dispõe, estatuindo, àcerca dos procedimentos a adoptar nos casos em que porventura tenha sido interposta impugnação judicial e reclamação graciosa ou recurso hierárquico sindicando a mesma liquidação, por um lado, e quanto à competência para, nestes casos, emitir pronúncia decisória.

E porque se deu preferência absoluta ao meio judicial, o que aliás bem se compreende, não surpreende que consequente e congruentemente se estabeleça, impondo, " ... a apensação ao processo de impugnação judicial das reclamações graciosas ou recursos hierárquicos relativos ao acto tributário impugnado, independentemente de terem sido antes ou depois da recepção da petição de impugnação...no estado em que se encontrar...(em)".

Para, deste jeito, permitir que seja " ... o tribunal e não a administração tributária que fará a apreciação das questões suscitadas na reclamação graciosa ou no recurso hierárquico ... ", tudo como explicita Jorge Lopes de Sousa na obra citada, agora a fls. 495, sendo apenas nossos os sublinhados.

Assim, não só não era já caso e tempo de proferir a decisão administrativa expressa sobre a antes apresentada reclamação graciosa, pese embora o dever legal de decidir que sobre a administração, abstracta e legalmente, recai – cfr. art. 9.º do CPA –, como nunca, face ao específico regime legal estabelecido pelo legislador tributário nos apontados preceitos, poderia aquela decisão viabilizar, sustentando, sem mais, a impugnada decisão judicial.

No caso e no ponto, tal como emerge dos indicados preceitos legais, a referida jurisprudência desta Secção viabiliza e o indicado autor também parece sufragar, a competência para a apreciação da eventual intempestividade da reclamação graciosa que serve de suporte legal à impugnação judicial, entretanto e com base na apresentação e não decisão em tempo oportuno e útil daquela, como que se transfere, por clara opção do legislador, para o juiz tributário de 1ª instância a quem cumpre decidir a impugnação judicial e a quem igualmente cumpre verificar, prévia e procedimentalmente, da verificação/ocorrência das necessárias condições de procedibili-

impedir a pendência em simultâneo de procedimentos contenciosos diversos em relação a um acto tributário, face à inadmissível possibilidade de sobrevir através do procedimento administrativo, uma decisão não coincidente com a que em sede judicial fosse proferida, pondo desse modo em causa a própria jurisdicionalidade das questões levadas a tribunal e por constituir um atropelo à situação de caso decidido[198].

---

dade, onde se há-de incluir também a questão da tempestividade da reclamação graciosa que lhe serve de fundamento legal. (Ac. do S.T.A., P.º n.º 016/03, de 07/02/2003, in Bases Jurídico Documentais http://www.dgsi.pt").

[198] Relativamente às questões decididas em tribunal, emerge a importância de se firmar caso julgado, assim, "*I – Como resulta dos art.s 672 e 671 do CPCivil, a decisão que recaia sobre a relação processual tem força obrigatória apenas dentro do processo – caso julgado formal – e só a que incida sobre a relação material controvertida a tem "dentro e fora" – caso julgado material -, ainda que nos limites fixados pelos art.s 497.º e segts. do mesmo diploma legal.*

II – A decisão que reconheceu a inimpugnabilidade judicial da liquidação, perante a existência de uma questão prévia que impedia o conhecimento do mérito (...) apenas tem força de caso julgado formal, isto é, dentro do respectivo processo, que já não fora dele.

III – Todavia, tal não obsta, no caso, à existência de caso decidido ou resolvido: a liquidação então impugnada firma-se, como tal, na ordem jurídica, caducando definitivamente a possibilidade da sua impugnação.

IV – Pelo que não pode a liquidação ser de novo impugnada, sem necessidade de reclamação graciosa, face ao art. 30.º da lei 42/98 que a não prevê.

V – Tese contrária constituiria clara afronta ao dito caso decidido ou resolvido, com inteira subversão dos princípios da estabilidade e segurança das relações jurídicas administrativas e tributárias, a que justamente aquele procura obviar." (Ac. do S.T.A., P.º n.º 01356/03, de 17/12/2003, in Bases Jurídico Documentais http://www.dgsi.pt").

Do mesmo modo "*I – Ofende o caso julgado a decisão do juiz que, depois de transitada em julgado uma sentença condenatória, declara nula a acusação deduzida e todo o processo posterior que dela dependia para se considerar que a acusação deduzida enfermava de nulidade.*

II – A eventual nulidade que afectava a acusação ja não podia, naquele momento, ser apreciada por a sentença condenatoria, ja transitada em julgado, ter coberto a acusação julgando-a procedente e provada." (Ac. do S.T.A., P.º n.º 007108, de 12/04/1989, in Bases Jurídico Documentais http://www.dgsi.pt").

6.3.2. O procedimento de Recurso Hierárquico

De entre os meios impugnatórios existentes no contencioso administrativo tributário encontramos o recurso hierárquico[199], que permite aos contribuintes (em segunda instância) atacar as decisões proferidas pelos órgãos da administração, nomeadamente aquelas que:

- decorrem de actos praticados na sequência da actividade administrativa tributária, ou
- resultem de actos de indeferimento total ou parcial de reclamações graciosas.[200]

O procedimento de recurso hierárquico como o próprio nome indica pressupõe que, sem prejuízo do duplo grau de decisão (cfr. art. 47.º/1 e art. 66.º/1 do CPPT), o acto decisório contestado seja objecto de análise e revisão por parte de um órgão hierarquicamente superior àquele que praticou o acto recorrido (cfr. art. 80.º da LGT).[201] Estabelece-se assim uma relação triangular em que intervêm três sujeitos: o administrado recorrente, o órgão recorrido e o superior hierárquico deste, o órgão de recurso.

---

[199] O recurso hierárquico *"consiste em solicitar do superior hierárquico ou da autoridade que exerce o poder de superintendência sobre o autor do acto impugnado a revogação ou substituição deste"* cfr. Marcelo Caetano, *Manual de Direito Administrativo*, 1980, Almedina, pág. 1264 e ss..

[200] Esta dupla vertente na aplicação deste meio contencioso justifica a inserção na sistematização do CPPT no capítulo (V) anterior ao do procedimento de reclamação graciosa. O que se compreende na medida em que este procedimento não visa apenas atacar as decisões proferidas em sede de procedimento de reclamação graciosa, caso em que faria todo o sentido que fosse tratado depois daquele.

[201] Daqui se infere que *"no caso de a decisão ser proferida por membro do Governo não haverá possibilidade de recurso hierárquico, pois, desde o Decreto-Lei n.º 3/80, de 7 de Fevereiro, as várias leis orgânicas do Governo deixaram de estabelecer qualquer relação de hierarquia entre Ministros, Secretários de Estado e Subsecretários de Estado.*

Consequentemente, todos os actos praticados pelos Secretários e Subsecretários de Estado são verticalmente definitivos." Diogo Leite de Campos e outros, LGT anotada, 3ª Edição, Vislis Editores, Lisboa, 2003, pág. 415.

6.3.2.1. O regime legal e as características do procedimento

O regime legal definido para a tramitação deste procedimento encontra-se definido pelos artigos 66.º e 67.º do C.P.P.T.,[202] donde extraímos as seguintes características essenciais:

- tem por objecto as decisões proferidas pelos órgãos da administração tributária;
- é dirigido ao mais elevado superior hierárquico do autor do acto recorrido (cfr. art. 66.º/2 do CPPT);[203]
- o prazo para a sua apresentação é de 30 dias a contar da data da notificação do acto de que se recorre (cfr. art. 66.º/2 do CPPT);
- é formulado em petição perante o autor do acto recorrido (cfr. art. 66.º/2 do CPPT);[204]
- salvo disposição legal em sentido contrário, tem carácter facultativo e efeito devolutivo (cfr. art. 80.º da LGT e art. 67.º do CPPT);[205]
- sem formalidades essenciais, com isenção de custas e com a limitação dos meios de prova admitidos à forma documental;

---

[202] O regime para os recursos hierárquicos no procedimento administrativo encontra-se vertido no art. 166.º e seguintes do CPA, normas que são de aplicação subsidiária ao direito tributário nos termos do art. 2.º-d) do CPPT.

[203] Contudo, "*I – Se o autor do acto recorrido for erradamente identificado, por erro manifestamente desculpável, deve o recorrente ser convidado a corrigir a petição de recurso.*

II – Tal é o caso se, na respectiva notificação, não for identificado o autor do acto e a petição de recurso referir como autor do acto a autoridade a quem o recurso hierárquico fora dirigido." (Ac. do S.T.A., P.º n.º 01446/02, de 04/12/2002, in Bases Jurídico Documentais http://www.dgsi.pt").

[204] Os requerimentos em procedimento administrativo devem nos termos do art. 74.º do CPA, e salvo menção em contrário, ser formulados por escrito e conter a designação do órgão a que se dirige, a identificação do requerente (nome estado civil, profissão e residência), o pedido, a exposição dos factos em que ele se baseia e respectivos fundamentos, a data e assinatura do requerente.

[205] Estas características advêm da definitividade que subjaz aos actos tributários praticados por autoridade fiscal competente em razão da matéria quanto á fixação dos direitos dos contribuintes (cfr. art. 60.º do CPPT), donde resulta a possibilidade destes serem directamente impugnáveis contenciosamente.

- o prazo para subida do recurso é de 15 dias a contar da sua apresentação (cfr. art. 66.º/3 do CPPT).

Nos casos em que a interposição de recurso hierárquico surge na sequência do indeferimento de reclamação graciosa, o procedimento de reclamação acompanha-o em apenso. Contudo, se ainda na sequência da decisão de indeferimento da reclamação graciosa o interessado deduzir impugnação judicial, o processo administrativo relativo ao acto impugnado a remeter ao representante da Fazenda Pública (cfr. art. 111.º/2 do CPPT) deve ser integrado na impugnação. Pois não deve merecer qualquer decisão administrativa sob pena de eventual colisão com aquela que vier a ser proferida em sede judicial.

Poder-se-á dizer que a integração do procedimento de recurso hierárquico sempre ocorreria por força da sua apensação ao da reclamação graciosa, face ao determinado no art. 111.º/5 do CPPT, uma vez que, atentos os prazos fixados, nada obsta a que o recurso hierárquico tanto possa surgir em momento anterior como posterior ao da dedução da impugnação judicial.[206]

6.3.2.2. Efeitos

Após a interposição do recurso perante o autor do acto de que se recorre e, na sequência das diligências procedimentais a que esse órgão

---

[206] Citando a jurisprudência, "*I – Nos termos do disposto no art. 111.º, n.ᵒˢ 4 e 5 do CPPT, tendo sido interposto recurso hierárquico posterior da decisão do indeferimento da reclamação graciosa e com o mesmo fundamento, deve ser apensado ao processo de impugnação judicial entretanto interposto, independentemente de estar ou não decidido, uma vez que cabe ao tribunal e não à administração tributária a apreciação das questões suscitadas no referido recurso hierárquico.*

II – Há, pois, uma preferência absoluta do meio judicial de impugnação sobre os meios administrativos, impedindo-se que seja apreciada por via administrativa a legalidade de um acto tributário que seja objecto de impugnação judicial." (Ac. do S.T.A., P.º n.º 01651/03, de 17/03/2004, in Bases Jurídico Documentais http://www.dgsi.pt).

da administração está vinculado, face ao disposto no art. 66.º/3 e 4 do CPPT, podem acontecer três situações:

- A revogação total do acto recorrido (cfr. art. 66.º/4 do CPPT);
- A revogação parcial do acto recorrido (cfr. art. 66.º/4 do CPPT), ou
- A manutenção integral do acto recorrido (cfr. art. 66.º/4 do CPPT).

Portanto, se na primeira hipótese o procedimento terminará por inutilidade superveniente da lide, nas duas últimas hipóteses, o recurso deverá subir, no prazo de 15 dias a contar da sua apresentação, para o mais elevado superior hierárquico. Ao subir deve ser instruído com informação (sucinta) do órgão recorrido e acompanhado do processo a que respeite[207].

Recebido que seja o procedimento de recurso hierárquico deverá ser objecto de análise pelo órgão de recurso, a quem competirá proferir decisão no prazo de 60 dias, contados da data de em que o processo lhe tenha sido remetido (cfr. art. 66.º/5 do CPPT conjugado com o art. 175.º do CPA).

Aqui encontramos um quadro normativo com diferenças substanciais relativamente ao que se encontra estabelecido em termos gerais para os recursos hierárquicos no CPA. Por um lado, o prazo para a decisão de 60 dias especialmente previsto para o contencioso tributário afasta o prazo geral de 30 dias. Por outro lado, o legislador ao fixar um prazo mais longo afastou a possibilidade de dilação que o art. 175.º/2 do CPA prevê ao admitir que o prazo inicial seja elevado em 90 dias.

Coincidente é porém o efeito que emerge do decurso dos prazos previstos quer no CPPT, quer no CPA, que é o da formação da presun-

---

[207] Consideramos que deverá continuar a ser elaborada por parte do órgão de que se recorre uma informação sucinta sobre a posição adoptada face ao recurso, tal como constava do art. 66.º/3 na redacção anterior à que lhe foi dada pela Lei 32-B/2002 de 30 de Dez.. Nessa informação deverá o órgão recorrido expressar a motivação por força da qual não revogou total ou parcialmente o acto. Porquanto, sobretudo nas situações em que ocorra a revogação parcial, ela terá de ser fundamentada, pois nessa circunstância mantêm-se a obrigatoriedade de subida do recurso.

ção de indeferimento tácito, quer se aplique especificamente o disposto no art. 57.º da LGT, quer o art. 175.º do CPA.

6.3.2.3. Meios de reacção

Desde logo deveremos ter presente que, por força da natureza facultativa e do efeito meramente devolutivo atribuído ao recurso hierárquico previsto no art. 67.º/1 do CPPT, este não se destina a abrir a via contenciosa.[208]

Mas, proferida que seja a decisão e, caso esta confirme o acto recorrido negando consequentemente o provimento ao recurso hierárquico, pode o recorrente reagir, deduzindo acção administrativa especial v.g. recurso contencioso (cfr. art. 46.º do CPTA), salvo se já tiver sido deduzida impugnação judicial com o mesmo objecto (cfr. art. 76.º/2 do CPPT).

De facto, só é passível de ser impugnável contenciosamente a decisão sobre o recurso hierárquico interposto em razão do indeferimento total ou parcial da reclamação graciosa e, ainda assim, com a ressalva expressa no n.º 2 do art. 76.º do CPPT.[209]

---

[208] É este o entendimento que vem sendo seguido pela jurisprudência quando se pronuncia no sentido de que, "*I – Atenta a natureza facultativa e o efeito meramente devolutivo do recurso hierárquico previsto no art. 67.º, n.º 1 do CPPT, este não se destina a abrir a via contenciosa.*

II – Só é impugnável contenciosamente a decisão sobre o recurso hierárquico interposto do indeferimento total ou parcial da reclamação graciosa e, ainda assim, com a ressalva do n.º 2 do art. 76.º do CPPT.

III – Não tendo havido reclamação graciosa prévia, nem, em consequência, recurso hierárquico da decisão desta, não é viável a convolação da impugnação judicial em recurso contencioso de anulação do despacho do Sr. Ministro das Finanças, proferido em sede de recurso hierárquico, que indeferiu o pedido de restituição do imposto de sisa, uma vez que este acto não é recorrível." (Ac. do S.T.A., P.º n.º 0304/03, de 05/11/2003, in Bases Jurídico Documentais http://www.dgsi.pt).

[209] É neste sentido que se pronuncia a doutrina, ao considerar que, "*Apesar da referência a «recurso contencioso» feita no n.º 2 deste art. 76.º, a impugnação contenciosa dos actos administrativos proferidos em recurso hierárquico interposto de indeferimento de reclamação graciosa, comportando a apreciação da legalidade de actos de liquidação, deve ser feita através do processo de impugnação judicial e*

6.4. Os meios judiciais de defesa

A garantia de impugnação ou recurso com fundamento em lesividade dos actos que se repercutam na esfera jurídica do lesado, incluindo dos actos praticados na execução fiscal, encontra-se consagrada no art. 95.º n.ᵒˢ 1 e 2 da LGT[210]. Tal direito deverá ser exercido

---

não através do processo de recurso contencioso, que é reservado para a impugnação de actos que não comportem a apreciação de actos de liquidação (arts. 101.º alíneas a) e j), da LGT e 97.º, n° 1, alíneas d) e p), deste Código

Aliás, a aplicabilidade do processo de impugnação judicial para impugnar contenciosamente a decisão de indeferimento do recurso hierárquico interposto de decisão de reclamação graciosa impõe-se por considerações de razoabilidade e por exigência de coerência valorativa postulada pelo princípio da unidade do sistema jurídico, que se sobrepõe à letra da lei (art. 9.º, n.º 1 do Código Civil, pois que, tratando-se de impugnar, mediatamente, um acto de liquidação, não se poderia justificar que não fossem concedidas ao interessado as mesmas possibilidades processuais que são concedidas nos caos de impugnação directa daquele acto ou da decisão de indeferimento da própria reclamação graciosa (expressamente indicado no n.º 2 do art. 102.º deste Código). Designadamente a restrição de meios de prova à forma documental e pericial, que resulta, para o recurso contencioso, do preceituado nos art.s 12.º, n.º 1, e 24.º, alínea b) da LPTA..". Cfr. Jorge Lopes de Sousa, in Código de Procedimento e Processo Tributário, anotado, 4ª edição, 2003, pag. 361.

[210] *Como se encontra firmado na doutrina e na jurisprudência, "(...) É tradicional entre nós a nomenclatura «impugnação judicial» para designar o meio processual próprio para atacar contenciosamente os actos tributários de liquidação. Por outro lado, é, também, tradicional denominar «recurso contencioso» o processo mediante o qual se reage contra os actos administrativos, em geral (sejam eles em matéria tributária ou noutra).*

Etimologicamente, os dois termos equivalem-se, tanto valendo dizer que se recorre de um acto, como que se impugna esse acto. Porém, processualmente, a cada um deles corresponde uma forma que não tem inteira coincidência.

O artigo 95.º da Lei Geral Tributária (LGT) reconhece «o direito de impugnar ou recorrer de todo o acto lesivo (...) segundo as formas de processo prescritas na lei». O CPPT, por seu turno, como já se viu, esclarece que são impugnáveis «os actos administrativos em matéria tributária que comportem a apreciação da legalidade do acto de liquidação», e recorríveis os «os actos administrativos em matéria tributária, que não comportem a apreciação da legalidade do acto de liquidação».

Ainda aqui se respeitou a tradição.

Se o acto administrativo em matéria tributária comporta a apreciação do de liquidação, a legalidade deste último, não obstante não ser ele o objecto imediato do

segundo as formas de processo prescritas na lei tendo em vista sindicar a violação da lei.

O que não vale por dizer que a ilegalidade, embora sendo a mais importante, seja a única fonte invalidante do acto administrativo pois, como refere *Freitas do Amaral, Direito Administrativo, Vol. III, pág. 285/286,* são também fontes de invalidade do acto *a sua ilicitude* e os *vícios da vontade*.[211]

A abordagem que faremos de seguida resumir-se-á aos aspectos essenciais dos meios impugnatórios a que nos referimos anteriormente, mas com especial incidência na impugnação judicial, isto porque, o presente trabalho visa essencialmente os meios graciosos de defesa e muito em especial da revisão dos actos tributários.

---

recurso, é nele indirectamente apreciada pelo tribunal, justificando-se, por este motivo, a adopção do processo judicial de impugnação.

Já se o acto administrativo não comporta a apreciação do de liquidação, não há razão para seguir a forma do processo de impugnação judicial, melhor cabendo a do recurso contencioso.

Assim, e em regra, o acto que indefere o pedido de revisão de um acto tributário de liquidação deve atacar-se através da impugnação judicial, pois esse acto aprecia a legalidade da liquidação, não a reconhecendo, e esta questão vai ser submetida ao tribunal, no processo de impugnação.

Mas se o mesmo acto não aprecia a legalidade da liquidação, recusando fazê--lo, então, o tribunal só vai ver se a autoridade administrativa, ao decidir desse modo, o fez, ou não, conforme a lei. E como esta tarefa do tribunal deixa intocada a liquidação, a forma processual é o recurso contencioso. Só se o juiz concluir que houve ilegalidade é que a mesma autoridade vai, então, e em princípio, ter de apreciar a legalidade da liquidação. Desta vez, se indeferir o pedido de revisão, não reconhecendo ilegalidade no acto de liquidação, e o requerente se não conformar, então o tribunal chamado a apreciar o acto de indeferimento, porque vai pronunciar-se sobre a legalidade da liquidação, deve seguir o processo de impugnação judicial.

Diga-se, por último, que não expressa entendimento incompatível com o que acaba de se expor o autor a que se arrima a recorrente – Jorge Lopes de Sousa, *em nota 2 ao art. 99.º do CÓDIGO DE PROCEDIMENTO E DE PROCESSO TRIBUTÁRIO ANOTADO, 4ª edição, pág. 440/441."* (Ac. do S.T.A. P.º n.º 0305/03 de 20/05/2003, in Bases Jurídico Documentais http://www.dgsi.pt.).

[211] Este autor enumera cinco vícios de que pode padecer o acto administrativo: Usurpação de poder; Incompetência; Vício de forma; Violação da lei e Desvio de poder (Ob. cit. pág. 288).

6.4.1. *A Impugnação Judicial*

A impugnação judicial é um meio de defesa que normalmente visa atacar um acto tributário, ou uma qualquer ilegalidade que, por qualquer meio, lesou a esfera jurídica do contribuinte ao ofender os seus direitos ou interesses legalmente protegidos. Com ela, o interessado vai procurar obter através duma decisão judicial, a declaração de inexistência, de nulidade ou a anulação decorrente do reconhecimento do(s) vício(s) do acto impugnado, (cfr. art.s 99.º e 124.º/1 do C.P.P.T.).[212]

O processo de impugnação judicial não visa exclusivamente o acto de liquidação propriamente dito, uma vez que pode ser usado em relação aos cada vez mais comuns actos de autoliquidação ou de retenção na fonte. Amiúde surgem situações em que é questionado o âmbito de aplicação do processo de impugnação em relação ao recurso contencioso, isto porque nem sempre é clara a definição do conteúdo dos actos administrativos em matéria tributária.

Todavia, consideramos que o processo de impugnação deverá sempre ser utilizado apenas e só em relação às situações em que o pedido e a causa de pedir é um acto de liquidação, quer quanto ao seu valor quer quanto à sua legalidade. Daí que, a impugnação dos restantes actos, que não os actos tributários *tout court*, tenha de ser deduzida através do recurso contencioso, agora chamado de acção administrativa especial (art. 46.º do CPTA).

---

[212] Nesse sentido se manifesta Alberto Xavier quando refere que, "*o processo de impugnação reveste a natureza de um processo no qual se exerce um recurso de anulação, isto é, de um processo constitutivo tendente a obter ou autorizar uma mudança na ordem jurídica existente, que se traduz na anulação do acto tributário inquinado por um vício que afecta a sua legalidade. Deste modo, objecto necessário do processo já não é a relação jurídica de imposto ou um direito subjectivo que se reputa lesado, mas um acto jurídico – o acto tributário – de que se requer a declaração da sua ilegalidade, ou melhor, a declaração de um vício expressamente alegado, o que se traduz no reconhecimento do direito potestativo do autor (contribuinte ou outro interessado) de promover a anulação do referido acto*". (in Aspectos Fundamentais do Contencioso Tributário, CTF, n.ºs 157-158, pág. 66 a 68).

6.4.1.1. Os fundamentos

A dedução de impugnação judicial pode fundamentar-se em qualquer ilegalidade, mas no art. 99.º do C.P.P.T., encontramos a título exemplificativo algumas das mais comuns:

a) *Errónea qualificação e quantificação dos rendimentos, lucros, valores patrimoniais e outros factos tributários;*
b) *Incompetência;*
c) *Ausência ou vício da fundamentação legalmente exigida;*
d) *Preterição de outras formalidades legais.*

No essencial, estes exemplos não nos afastam da causa principal que determina a impugnação, que é a aferição da validade ou existência do acto praticado pela administração tributária, a verificação dos vícios de que eventualmente enferme esse acto, susceptíveis de implicar a sua anulação.[213]

---

[213] É que, "*No caso de impugnação judicial, subsequente a reclamação graciosa, o acto tributário de liquidação integra também o objecto da mesma impugnação.*

II – Todavia, para o efeito, mister se torna que se impugne o mesmo acto de liquidação que foi objecto da decisão da reclamação.

II – Formado acto tácito de indeferimento de reclamação graciosa e proferido posteriormente acto expresso apenas sobre a liquidação de juros compensatórios, carece de objecto a impugnação judicial que, na sequência de tal acto expresso, põe em causa igualmente a liquidação do imposto, no que a este respeita.

IV – Pelo que deve, no ponto, julgar-se extinta a instância por impossibilidade da lide – art. 287°, al. e) do CPC..

V – Nos termos do art. 287°, n.° 1 do CPT, são requisitos cumulativos da duplicação da colecta a unicidade dos factos tributários, a identidade de natureza entre a contribuição e o imposto já pago e o que de novo se exige – impostos não periódicos.

VI – Assim, a duplicação de colecta resulta da aplicação, por mais de uma vez, do mesmo preceito legal à mesma situação ou facto tributário, procurando-se consequentemente impedir a repetição da cobrança do respectivo tributo.

VII – Todavia, para que ocorra uma situação de duplicação de colecta, é necessário que a dívida esteja paga por inteiro.". (Ac. do S.T.A. P.º n.º 0949/04 de 01/12/2005, in Bases Jurídico Documentais http://www.dgsi.pt).

É certo que muitas vezes nos damos conta de que é confundida validade com eficácia do acto impugnado. Estaremos perante uma ilegalidade que consequentemente põe em causa a validade do acto, se tiver ocorrido um *vício de forma*, o qual pode decorrer da ausência de forma legal ou na preterição de uma formalidade essencial, (ex.: preterição de concessão do direito de audição). Mas, se o que estiver em causa for a falta ou insuficiência da notificação, apenas se repercute na exigibilidade do imposto liquidado uma vez que não integra a formação do acto, é-lhe posterior, constituindo apenas uma condição de eficácia, não podendo a sua omissão ou nulidade ser considerada um vício que reconduza à ilegalidade do acto tributário.

6.4.1.2. Os requisitos

A dedução da impugnação judicial, junto dos tribunais, obedece a um conjunto de requisitos, os quais se encontram enunciados no art. 108.º do CPPT, nos termos do qual:

1 – A impugnação será formulada em petição articulada, dirigida ao juiz do tribunal competente, em que se identifiquem o acto impugnado e a entidade que o praticou e se exponham os factos e as razões de direito que fundamentam o pedido.

2 – Na petição indicar-se-á o valor do processo ou a forma como se pretende a sua determinação a efectuar pelos serviços competentes da administração tributária.

3 – Com a petição, elaborada em triplicado, sendo uma cópia para arquivo e outra para o representante da Fazenda Pública, o impugnante oferecerá os documentos de que dispuser, arrolará testemunhas e requererá as demais provas que não dependam de ocorrências supervenientes.

Verifica-se portanto que, de acordo com a norma citada, o impugnante terá que expor na P.I., os factos em que se baseia o pedido e são causa de pedir[214], a sua não indicação obsta a que o tribunal, salvo em questões de conhecimento oficioso (ex.: prescrição ou duplicação de colecta – cfr. art. 175.º do C.P.P.T.), possa ir além do invocado[215].

---

[214] Refira-se que, "A contradição entre o pedido e a causa de pedir ocorre quando entre as razões invocadas pelo impugnante para fundar a sua pretensão, e esta mesma, há incompatibilidade lógica – equivalente à que, no concernente à sentença, a fere de nulidade quando a decisão contradiz os fundamentos.

Ora, o ter-se alegado a inexistência jurídica das liquidações impugnadas, concluindo-se, ainda assim, pedindo a sua anulação, não consubstancia contradição entre o pedido e a causa de pedir. Pode, desde logo, ter havido erro de qualificação jurídica, ao afirmar-se que o vício acusado é de "inexistência jurídica" do acto tributário, quando o não é; como pode haver uma deficiente formulação do pedido, por errónea qualificação da consequência daquela invocada "inexistência jurídica".

As deficiências de qualificação jurídica, designadamente, a errónea qualificação dos factos jurídicos invocados como causa de pedir, ou a deficiente qualificação do efeito jurídico consequente, não fulminam a petição de ineptidão. Pedem, antes, a correcção do erro pelo juiz, a quem não vinculam as afirmações das partes, no que concerne ao direito, de que ele mesmo conhece, por dever de ofício." (Ac. do S.T.A., P.º n.º 0629/03, de 25/06/2003, in Bases Jurídico Documentais http://www.dgsi.pt)

[215] Relativamente à petição inicial, uma das questões que se podem colocar é a da sua possível ineptidão, deverá por isso ter-se em conta que, "Os requisitos que deve revestir a petição inicial constam do artigo 467.º do Código de Processo Civil, sendo um deles a exposição dos factos e razões de direito que servem de fundamento à acção (al. c)).

Nos termos do artigo 193.º do Código de Processo Civil, a petição é inepta, gerando a nulidade de todo o processo:
 a) quando falte ou seja ininteligível a indicação do pedido ou da causa de pedir;
 b) quando o pedido esteja em contradição com a causa de pedir;
 c) quando se cumulem causas de pedir ou pedidos substancialmente incompatíveis.

No caso vertente o M.º Juiz recorrido indeferiu liminarmente a petição invocando que a ineptidão se devia a obscuridade da causa de pedir porquanto a recorrente não identifica claramente o acto tributário que visa impugnar. Reporta-se pois à ineptidão referida na al. a) do artigo 193.º do Código de Processo Civil. Manuel de Andrade (Noções Elementares de processo Civil, fls. 177), depois de especificar os casos que constavam da lei, referia: «Não se trata de qualquer deficiência da petição, mas de não se poder determinar em face do articulado qual o pedido e a causa de pedir, por falta absoluta da respectiva indicação (omissão) ou por estar ela

É verdade que pode também verificar-se a necessidade da mera correcção ou suprimento de vícios, tal como em processo civil se encontra determinado no art. 508.º/1-b), 2 e 3 do CPC, designadamente, a carência de requisitos legais, a falta de documento essencial, ou inclusivamente insuficiências ou imprecisões na exposição.[216]

6.4.1.3. Os meios de prova

Em termos genéricos, no processo de impugnação, *são admitidos os meios gerais de prova*, (cfr. art. 115.º do C.P.P.T.). Donde, embora geralmente releve sobretudo a prova testemunhal (art. 392.º/ss, do C.C.) e a documental (art. 362.º/ss, do C.C) sendo que nesta pontificam as informações oficiais, nada obsta a que sejam atendidos todos os outros meios de prova previstos em direito civil, nomeadamente a prova: por confissão, art. 352.º/ss, do C.C.; e pericial art. 388.º/389.º, do C.C.; por inspecção, art. 390.º/391.º, do C.C..

Sendo certo que, no âmbito da instrução do processo, e salvo se conhecer imediatamente do pedido, o Juiz ordena as diligências de prova necessárias à instrução do mesmo, as quais serão produzidas no

feita em termos inaproveitáveis por insanavelmente obscuros ou contraditórios (obscuridade ou contradição); de não ser possível saber por aí qual a ideia do Autor quanto a rasgos essenciais da acção».

No direito tributário a questão da ineptidão também vem consagrada. O artigo 98.º do Código de Procedimento e de Processo Tributário considera nulidade insanável em processo judicial tributário a ineptidão da petição inicial, sendo tal nulidade de conhecimento oficioso. A ineptidão, implicando a nulidade de todo o processo, não permite, ao contrário do que ocorre com outras nulidades, o aproveitamento do processo. E por isso não se prevê que em tais casos seja o impugnante notificado para aperfeiçoar a petição já que ela é desde logo nula." (Ac. do S.T.A., P.º n.º 0333/02, de 29/05/2002, in Bases Jurídico Documentais http://www.dgsi.pt)

[216] Estas situações em que são detectados vícios dos articulados, encontram-se igualmente previstas no processo judicial tributário, mas se é certo que, "(...) *o art. 110.º, n.º 2, CPPT, impõe ao juiz um dever prudencial de convidar a suprir qualquer deficiência ou irregularidade da petição inicial de impugnação judicial, a omissão desse dever prudencial não acarreta nulidade por omissão de acto legalmente devido."* (Ac. do S.T.A., P.º n.º 0281/03, de 01/10/2003, in Bases Jurídico Documentais http://www.dgsi.pt)

respectivo tribunal (art. 114.º do C.P.P.T.)[217]. Pode assim afirmar-se que no direito tributário vigora o princípio do inquisitório pleno, como resulta do disposto no art. 99.º da L.G.T. e 13.º do C.P.P.T., termos em que o tribunal deve, em razão do alegado, realizar todas as diligências consideradas úteis para o conhecimento da verdade.

Como já se disse, uma vez que com a impugnação se visa a anulação do acto tributário, aquela só poderá merecer provimento se forem devidamente provados os factos alegados. Por isso, assume extrema relevância, no contexto da impugnação judicial tributária, o juízo de valor que por princípio deve ser seguido, nas situações em que se suscitem fundadas dúvidas *sobre a existência e quantificação do facto tributário*, é que nessas circunstâncias o acto impugnado deve ser anulado (cfr. art. 110.º do CPPT). Ainda de acordo com esta norma, e sem prejuízo de vir a ser demonstrado erro ou excesso na matéria tributável quantificada, *em caso de quantificação da matéria tributável por métodos indirectos não se considera existir dúvida fundada, (...), se o fundamento da aplicação daqueles consistir na inexistência ou desconhecimento, por recusa de exibição, da contabilidade ou escrita e de mais documentos legalmente exigidos ou a sua falsificação, ocultação ou destruição, ainda que os contribuintes invoquem razões acidentais.*

6.4.1.3.1. *A repartição do ónus da prova*

Ainda dentro do âmbito da produção de prova, é incontornável a problemática de sobre quem recai o respectivo ónus. Estabelece o art. 74°/1 da L.G.T. que, "*o ónus da prova dos factos constitutivos dos*

---

[217] Não sofre contestação o princípio segundo o qual, "*... no processo judicial tributário vigora o princípio do inquisitório, o que significa que, o Juiz não só pode como também deve realizar todas as diligências que considere úteis para o apuramento da verdade.*

Deste modo, tendo sido sugerida a realização de uma diligência, o Juiz só não a deve promover se a considerar inútil ou dilatória, em despacho devidamente fundamentado.". (Ac. do S.T.A. n.º 24713 de 5.04.2000, in Bases Jurídico Documentais "http://www.dgsi.pt"

direitos da administração tributária ou dos contribuintes recai sobre quem os invoque". Esta norma não contraria portanto o princípio geral do processo civil segundo o qual "*a dúvida sobre a realidade de um facto e sobre a repartição do ónus da prova resolve-se contra a parte a quem o facto aproveita*" (art. 516.º CPC).

Ao impugnante compete assim, produzir *a prova dos factos que se traduzem em vícios do acto tributário impugnado*, de acordo com *o princípio segundo o qual nas acções de anulação é ao autor que incumbe demonstrar os factos de que resulta o seu direito à anulação*.[218]

O que nos permite concluir que a actividade probatória deve ser exercida pela parte relativamente aos factos que servem de fundamento à acção, de acordo com o princípio do dispositivo e sob pena de correr o risco de ver indeferida a pretensão que deduziu em juízo (art. 516.º C.P.C.). No caso da impugnação do acto tributário é à parte que exerce o direito de acção que compete aduzir a prova da ilegalidade atribuída ao acto. A repartição do ónus da prova assenta portanto numa partilha equitativa da responsabilidade na produção da prova entre a administração e o impugnante, regime que coexiste com o princípio do inquisitório com base no qual impende sobre o Juiz o poder-dever de promover qualquer diligência probatória que considere útil ao apuramento da verdade.

6.4.1.4. Casos de inimpugnabilidade contenciosa autónoma

Um princípio incontornável de entre os que vigoram no contencioso tributário é, sem dúvida, o da *impugnação unitária* que encontramos no art. 54.º do C.P.P.T.[219]. É este princípio que encontramos

---

[218] Neste sentido, (Alberto Xavier, *Aspectos Fundamentais do Contencioso Tributário*, CTF n.º s 157-158, págs. 74 a 76).

[219] Dispõe esta norma que, "*1 – Salvo quando forem imediatamente lesivos dos direitos do contribuinte ou disposição expressa em sentido diferente, não são susceptíveis de impugnação contenciosa autónoma os actos interlocutórios do procedimento, sem prejuízo de poder ser invocada na impugnação da decisão final qualquer ilegalidade anteriormente cometida*".

subjacente à perspectiva de que o procedimento tributário é um todo, daí que, via de regra, para efeitos de impugnação apenas se possa atacar o acto final do procedimento tributário, ou seja, aquele que define os direitos tributários[220].

[220] De notar contudo que, "*Admitindo-se o interessado a discutir, ou na impugnação judicial do acto de avaliação, ou na do acto tributário de liquidação, a legalidade do acto que permitiu a avaliação, satisfaz-se a exigência do artigo 268° da Constituição, que garante aos particulares a impugnação contenciosa dos actos lesivos. Mas não é necessário, para a garantia do indicado preceito constitucional, que se permita a imediata impugnabilidade contenciosa de um acto que, por ser interno, não é, por si, dotado dessa capacidade lesiva.*

Seguro, pois, que o acto em referência não é autonomamente sindicável e que os vícios que o afectem podem ser invocados, ou ao impugnar-se o acto final de avaliação, ou ao impugnar-se o acto tributário de liquidação.

Quando estiver em causa ilegalidade do procedimento avaliativo stricto sensu, isto é, uma ilegalidade concernente à determinação do valor da transmissão, ou, ainda de outro modo, quando a discordância do contribuinte se relacione com o quantum resultante da avaliação, o que deve ser impugnado é o acto final do procedimento, ou seja, a avaliação. É que o procedimento avaliativo é autónomo, distinto do que culmina com a liquidação; e, erigindo a lei o acto de avaliação como um acto destacável, o que vale por dizer contenciosamente impugnável, é na sua impugnação que cabe invocar todas as ilegalidades que respeitem ao valor. A sua não invocação neste momento constitui impedimento a que, na impugnação da liquidação, se discuta o quantum resultante da avaliação.

Mas os pressupostos para que possa ser autorizada a avaliação não fazem parte do acto avaliativo.

Assim, se o contribuinte não vê ilegalidade alguma no modo como foi realizada a avaliação (concordando, até, porventura, com o valor atribuído pelos peritos) e o que não aceita é que tal valor tenha servido de base ao acto tributário de liquidação, então o que ele põe em causa é, em última análise, o acto tributário de liquidação e é na sua impugnação que cabe alegar o vício.

É o que, in casu, sucede: o recorrente, na medida em que funda a impugnação na ilegalidade do acto que autorizou a avaliação, não diz que tenha havido ilegalidade na avaliação, nem que dela haja resultado um valor incorrecto, por erro de facto ou de direito em que tenha incorrido quem a ela procedeu. O que afirma é que a liquidação não podia atender ao valor resultante da avaliação, que só com atropelo da lei foi determinada, quer por não estarem reunidos os pressupostos para a ela se proceder, quer porque quem a autorizou não detinha competência para tanto. Consequentemente, na liquidação não podia atender-se ao valor da avaliação: não por vício desta, mas por falta dos respectivos pressupostos, não obstante o que a avalia-

Por força deste princípio, todo o conjunto de actos inerentes ao procedimento, quer eles sejam preparatórios ou intercalares, só serão directamente impugnáveis nos casos em que enfermem de vícios que pela sua relevância condicionem a decisão desse procedimento, os quais são designados de *actos destacáveis*.[221]

Resulta assim que, salvo no que respeita aos actos destacáveis, apenas os actos de liquidação de tributos, enquanto actos definidores de situações concretas dos contribuintes são contenciosamente recorríveis e portanto contenciosamente impugnáveis.[222]

ção foi, ilegalmente, autorizada. Vício que se transmitiu ao acto de liquidação, ao tomar como bom um valor – o da avaliação – que não podia considerar, em virtude de a lei mandar atender a outro, na ausência dos pressupostos que permitem chegar ao valor da transmissão mediante avaliação.

Este entendimento é, aliás, o que melhor se coaduna com o princípio da impugnação unitária, hoje com assento legal no artigo 54° do CPPT, que impõe que na impugnação contenciosa do acto final (in casu, a liquidação) sejam invocados todos os vícios dos actos anteriores que o condicionem." (Ac. do S.T.A., P.° n.° 0468/03, de 17/12/2003, in Bases Jurídico Documentais http://www.dgsi.pt)

[221] Daqui resulta evidente o quanto importante se torna distinguir o que pode ou não ser considerado acto destacável ou acto interlocutório, por exemplo, "*I. O despacho do Director-Geral dos Impostos que declara a caducidade de despacho que autorizara tributação pelo lucro consolidado de empresas integrantes de "grupo" é um acto administrativo respeitante a questão fiscal, não mero acto interlocutório de procedimento.*

II. Como assim, eventuais vícios do mesmo teriam de ser autonomamente atacados em tempo oportuno.

III. Não o tendo sido, tal despacho do sobredito Director consolidou-se na ordem jurídica como caso decidido ou resolvido, com efeitos semelhantes aos do caso julgado." (Ac. do S.T.A., P.° n.° 0528/02, de 10/02/2002, in Bases Jurídico Documentais http://www.dgsi.pt)

[222] Donde, relativamente a cada situação, haverá que avaliar se estamos ou não em presença de actos destacáveis ou de liquidação, é que nas, " (...) *decisões interlocutórias anteriores à decisão final do procedimento devem incluir-se as que regulam os termos do procedimento e que se referem à realização ou não de diligências ou que determinam a prática ou não de certos actos procedimentais.*

E a regra nestes casos continua a ser a da impugnação unitária podendo na discussão da legalidade do acto final questionar-se qualquer ilegalidade anteriormente cometida.

6.4.1.4.1. *Na determinação da matéria tributável*

A matéria tributável é determinada através de avaliação directa segundo os critérios próprios de cada tributo (cfr. art. 81.º da LGT), embora excepcionalmente a administração tributária possa proceder à avaliação indirecta nos casos e condições expressamente previstos na lei. Tratam-se de dois meios de avaliação cujos fins sendo coincidentes partem de pressupostos diversos, isto porque, enquanto na avaliação directa se visa a determinação do valor real dos rendimentos ou bens sujeitos a tributação, na avaliação indirecta procede-se à determinação de um valor presumido (cfr. art. 83.º da LGT)[223]. Porém, é notória a prevalência que legalmente se encontra atribuída à avaliação directa em detrimento da indirecta, a qual é meramente subsidiária daquela nos termos do art. 85.º da LGT, facto que se encontra reflectido na definição circunstanciada das situações

---

A excepção terá de resultar, por isso, directamente da afirmação legal da sua recorribilidade ou da lesividade imediata de tais actos desde que os mesmos ofendam direitos ou interesses legalmente protegidos dos particulares.

E na situação concreta dos presentes autos inexistindo norma que atribua ao questionado acto tal recorribilidade imediata resta determinar se o mesmo é imediatamente lesivo dos direitos do contribuinte.

Afirmou a sentença recorrida tal falta de lesividade uma vez que tendo a recorrente apresentado a relação de bens respectiva, encontrava-se o processo a correr termos com vista à liquidação do imposto, pelo que o acto em apreciação não seria um acto definitivo mas apenas um acto preparatório da liquidação de imposto sucessório que há-se vir a ocorrer em momento posterior.

E concorda-se com a mesma sentença quando afirma que só o acto de liquidação de imposto sobre as sucessões será contenciosamente recorrível por força do mencionado princípio da impugnação unitária.." (Ac. do S.T.A., P.º n.º 0283/04, de 06/08/2004, in Bases Jurídico Documentais http://www.dgsi.pt).

[223] Por isso, "*I – A tributação por métodos indirectos, visando, embora, o lucro real, tem em vista o presumido, alcançado mediante índices, e só por mera coincidência pode apurar uma matéria colectável igual à que resulta da contabilidade da contribuinte, julgada não reveladora da sua real situação e, portanto, imprestável para servir de base à tributação.*" (Ac. do S.T.A., P.º n.º 0471/04, de 29/06/2004, in Bases Jurídico Documentais http://www.dgsi.pt).

em que aquela pode ocorrer, de acordo com o disposto no art. 87.º da LGT[224].

No que respeita à competência para efectuar a determinação, ela pertence à administração tributária, independentemente de se tratar de avaliação directa ou indirecta, salvo nas situações de autoliquidação que, revestindo as características de avaliação directa, é efectuada pelo contribuinte (cfr. art. 82.º da L.G.T.).

Mas, a distinção entre estes dois tipos de avaliação implica também a existência de diferentes vias de atacar contenciosamente o acto tributário de determinação da matéria tributável, consoante efectuado de forma directa ou indirecta, nomeadamente da possibilidade ou não de impugnação contenciosa autónoma, de acordo aliás com o disposto o art. 86.º da L.G.T.[225]

---

[224] Diz-nos esta norma que, *"A avaliação indirecta só pode efectuar-se em caso de:*
  a) *Regime simplificado de tributação, nos casos e condições previstos na lei;*
  b) *Impossibilidade de comprovação e quantificação directa e exacta dos elementos indispensáveis à correcta determinação da matéria tributável de qualquer imposto;*
  c) *A matéria tributável do sujeito passivo se afastar, sem razão justificada, mais de 30% para menos ou, durante três anos seguidos, mais de 15% para menos, da que resultaria da aplicação dos indicadores objectivos da actividade de base técnico-científica referidos na presente lei.*
  d) *Os rendimentos declarados em sede de IRS se afastarem significativamente para menos, sem razão justificada, dos padrões de rendimento que razoavelmente possam permitir as manifestações de fortuna evidenciadas pelo sujeito passivo nos termos do artigo 89.º-A;*
  e) *Os sujeitos passivos apresentarem, sem razão justificada, resultados tributáveis nulos ou prejuízos fiscais durante três anos consecutivos, salvo nos casos de início de actividade, em que a contagem deste prazo se faz do termo do terceiro ano, ou em três anos durante um período de cinco.*
  f) *Existência de uma divergência não justificada de, pelo menos, um terço entre os rendimentos declarados e o acréscimo de património ou o consumo evidenciados pelo sujeito passivo no mesmo período de tributação".*

[225] Esta norma determina quais as situações e os circunstancialismos em que a impugnação deve ser deduzida, assim: *"1 – A avaliação directa é susceptível, nos termos da lei, de impugnação contenciosa directa.*

Nos casos em que os interessados pretendam impugnar a matéria tributável determinada por forma indirecta, têm necessariamente que desencadear um procedimento de revisão[226] de características diversas

2 – A impugnação da avaliação directa depende do esgotamento dos meios administrativos previstos para a sua revisão.

3 – A avaliação indirecta não é susceptível de impugnação contenciosa directa, salvo quando não dê origem a qualquer liquidação.

4 – Na impugnação do acto tributário de liquidação em que a matéria tributável tenha sido determinada com base em avaliação indirecta, pode ser invocada qualquer ilegalidade desta, salvo quando a liquidação tiver por base o acordo obtido no processo de revisão da matéria tributável regulado no presente capítulo.

5 – Em caso de erro na quantificação ou nos pressupostos da determinação indirecta da matéria tributável, a impugnação judicial da liquidação ou, se esta não tiver lugar, da avaliação indirecta depende da prévia reclamação nos termos da presente lei".

[226] Esta condição de impugnação também vigorava anteriormente, porquanto, "(...) já no domínio da vigência do CPT se fazia depender a impugnação judicial com fundamento em errónea quantificação da matéria tributável de prévia reclamação (arts. 84.º n.º 3 e 136.º n.º 1 do CPT) e se havia formado uma corrente jurisprudencial pacífica e uniforme no sentido de que essa reclamação era condição de procedibilidade apenas quanto ao vício de errónea quantificação da matéria tributável e não já quanto a outros vícios imputados ao acto de liquidação – cfr., entre outros, os Acórdãos do STA de 1/06/94, no Rec. n.º 17635, in Ciência e Técnica Fiscal n.º 378, págs. 269 e segs., o de 26/06/02, no Rec. n.º 26662 e o de 13/03/02, no Rec. n.º 26276.

Tal como se pode ler neste último aresto, que analisou a questão à luz das normas do CPT «Se o fundamento da impugnação judicial for outro, mormente uma questão de direito, já a reclamação para a comissão de revisão não é condição de impugnação judicial. E compreende-se que assim seja, pois os membros da comissão de revisão podem não ser juristas e podem não ter competência técnica para a resolução de questões de direito. A sua competência está direccionada para a decisão de questões técnicas, de questões de quantificação a partir de métodos de prova indirecta, como seja presunções e estimativas. O vício de duplicação de colecta põe ao órgão decisor uma questão de direito. O vício de incompetência também coloca uma questão de direito.

Poderia dizer-se que a falta de reclamação prévia atempada para a comissão de revisão torna definitiva a matéria colectável, pelo que o contribuinte jamais poderá discutir a matéria colectável definitivamente fixada. Mas acontece que o acto de liquidação pode estar afectado por outros vícios que nada tenham a ver com a determinação da matéria colectável. A errónea quantificação da matéria colectável não é o único vício que pode afectar uma liquidação, pois pode haver outras ilegalidades e a lei tem de ser respeitada, seja material ou adjectiva.».

daquelas que encontramos na reclamação graciosa e em que se vai procurar conciliar as posições divergentes da administração e do reclamante em relação aos factores relativos a: *Margens médias de lucro; Taxas médias; Coeficientes técnicos*, etc., de que supostamente decorre a "errónea quantificação dos rendimentos" e que constitui o fundamento para impugnação[227]. Sendo este procedimento levado a cabo por peritos que, nos termos do art. 91.º e seguintes da LGT, procedem à revisão dos valores e pressupostos de determinação da matéria tributável determinada por métodos indirectos.

Como facilmente se percebe este é um procedimento que visa consertar posições e do qual irá sair uma fixação de um valor de maté-

---

Este raciocínio é perfeitamente ajustável ao regime previsto na LGT e no CPPT para a impugnação judicial dos actos tributários com base em erro na quantificação da matéria tributável ou nos pressupostos de aplicação de métodos indirectos em harmonia com o disposto no n.º 5 do art. 86.º da LGT e o n.º 1 do art. 117.º do CPPT.

Por isso, este Tribunal tem vindo a decidir que pese embora a impugnação com fundamento em erro na quantificação ou nos pressupostos da determinação indirecta da matéria tributável esteja dependente do prévio pedido de revisão, o certo é que essa condição de impugnabilidade já não funciona se na impugnação forem invocados outros vícios para além daqueles.

É esse o teor do Acórdão do TCA de 19/03/02, proferido no Rec. n.º 6109/01, para cujo discurso fundamentador se remete, não se vendo razões válidas para abandonar a doutrina que aí foi profunda e longamente sustentada." (Ac. do T.C.A., P.º n.º 6754/02, de 24/09/2002, in Bases Jurídico Documentais http://www.dgsi.pt).

[227] Análise e consequente decisão que terá todavia de ser devidamente fundamentada, porque, "*I – Não está suficientemente fundamentada a deliberação da comissão de revisão que baixa de 15% para 9% a margem de lucro estabelecida pela Administração Fiscal, para efeitos de fixação da matéria colectável por métodos indiciários, se apenas se funda no parcial acolhimento das razões invocadas pelo vogal designado pela contribuinte, o qual referira que ela praticara «amortizações elevadas representando 14% e 16% da estrutura dos custos» e que atribuía «remunerações aos seus sócios gerentes, com a consequente redução do lucro declarado».*

II – Essa fundamentação, se basta para que se entenda a razão por que não foi mantida a margem de lucro considerada pela Administração, não é suficiente para que se perceba por que foi adoptada a de 9%, e não qualquer outra, abaixo de 15%.". (Ac. do S.T.A., P.º n.º 0463/04, de 29/06/2004, in Bases Jurídico Documentais http://www.dgsi.pt).

ria tributável, daí que, a impugnação que seja deduzida com base em erro na quantificação da matéria tributável ou nos pressupostos de aplicação de métodos indirectos obedecerá sempre ao disposto no artigo 117.º do C.P.P.T., norma através da qual o legislador concretizou a determinação do n.º 5 do art. 86.º da L.G.T..

Mas, mesmo que tenha sido obtido acordo em sede de procedimento de revisão, não fica porém afastada a possibilidade de vir a ser impugnada a matéria tributável fixada com recurso a métodos indirectos, com fundamento em qualquer ilegalidade (cfr. art. 86.º/4 da LGT)[228].

---

[228] Esta é uma matéria que recorrentemente tem sido objecto de decisão judicial, pronunciando-se a jurisprudência no sentido de que: " *I – O art. 86.º, n.º 4 da LGT ao não permitir que, quando a liquidação tiver por fundamento o acordo obtido no processo de revisão da matéria tributável, na impugnação do acto tributário de liquidação, em que a matéria tributável tenha sido determinada com base em avaliação indirecta, possa ser invocada qualquer ilegalidade desta , não viola o princípio constitucional contido no art. 268.º, n.º 4 da CRP, já que não pode considerar-se o sujeito passivo vinculado pelo acordo que seja obtido, sempre que não se demonstre que o representante agiu dentro dos limites dos seus poderes de representação e não agiu em sentido contrário a estes poderes.*

II – Não é nula a sentença por oposição entre os fundamentos e a decisão se o juiz, fazendo aplicação do disposto no art. 86.º, n.º 4 da LGT, que na sua parte final não permite que na impugnação do acto tributário de liquidação seja invocada qualquer ilegalidade desta, na medida em que houve acordo prévio entre o perito do contribuinte e o da Fazenda Pública no processo de revisão da matéria tributável, se decidiu pela ilegalidade da interposição da impugnação judicial com fundamento em errónea quantificação e qualificação da matéria tributável, ilegalidade de recurso a métodos indiciários e inexistência de facto tributário.

III – Entendendo o Tribunal que, nos termos do disposto na parte final do art. 86.º, n.º 4 das LGT, não é possível invocar na impugnação judicial do acto tributário de liquidação qualquer ilegalidade desta, na medida em que houve acordo entre os peritos da Comissão de Revisão, fica prejudicado o conhecimento de qualquer outra questão que com ela esteja ligada, pois é corolário desta decisão que não é possível conhecer da pretensão formulada. (Ac. do S.T.A., P.º n.º 0657/04, de 23/11/2004, in Bases Jurídico Documentais http://www.dgsi.pt).

6.4.1.4.1.1. A posição dos responsáveis subsidiários

Face ao disposto no n.º 4 do art. 22.º da LGT, afigura-se interessante a eventual possibilidade de, também nas situações decorrentes da aplicação de métodos indirectos de determinação da matéria tributável, os responsáveis subsidiários poderem pedir a revisão da matéria tributável, a qual possa estar na origem das dívidas exequendas contra eles revertidas. De facto, nos termos da referida norma, não oferece contestação a previsão legal da possibilidade de dedução *de reclamação ou impugnação da dívida cuja responsabilidade lhes seja atribuída nos mesmos termos do devedor principal.*

Porém, na avaliação do problema, sempre teremos de atender à questão da inimpugnabilidade autónoma da determinação da matéria tributável por métodos indirectos a que já nos referimos, razão que se encontra subjacente a esta abordagem. Também não devendo desmerecer atenção, na análise de cada situação, a posição assumida pelo eventual responsável subsidiário face à reversão contra si operada.

Tudo isto porque, se por um lado é evidente a impossibilidade legal de impugnação da liquidação de um tributo cuja matéria tributável tenha sido determinada por métodos indirectos sem prévia análise administrativa em sede de procedimento de revisão, não será menos evidente que ao responsável originário foi conferida, em devido tempo, a possibilidade de pedir a revisão da matéria tributável determinada naqueles termos. A que acresce por outro lado, o facto de, na pessoa do revertido se verificarem reunidos os pressupostos que determinam a sua responsabilidade subsidiária. Sem perder de vista ainda, o facto da responsabilidade subsidiária, se dar por reversão no processo de execução fiscal e depender *da fundada insuficiência dos bens penhoráveis do devedor principal e dos responsáveis solidários,...*" (cfr. art. 23.º/1 e 2 da LGT).

E, como já antes demos nota a quando da análise à responsabilidade subsidiária, para que esta se possa considerar verificada é necessário que o facto constitutivo da dívida que lhe é exigida, ou o respectivo prazo legal de pagamento, tenha ocorrido durante o exercício, ainda que somente de facto, das funções de gestão ou administração.

Mas, mesmo assim, encontrando-se sempre essa responsabilidade subordinada à verificação de culpa na insuficiência do património da devedora originária (cfr. art. 24.º da LGT).

Queremos com este conjunto de circunstâncias traçar o quadro em função do qual devemos enquadrar a citada possibilidade de reclamação ou impugnação da *dívida* nos mesmos termos do devedor originário. Desde logo consideramos que, se porventura fosse coarctada a possibilidade de recurso contencioso ao interessado, tal seria violador do princípio constitucional de acesso à justiça, o qual aliás se encontra vertido no artigo 9.º da LGT.

Aqui chegados, consideramos estar em condições de analisar se a referida possibilidade reclamação ou impugnação deve ser entendia por forma a retroagir os respectivos pressupostos à fase da determinação da matéria tributável. E, sem querermos alongarmo-nos demasiado, estabelecemos os seguintes pressupostos:

a) Ao devedor originário, sob pena de ilegalidade no procedimento, foi conferida a possibilidade de pedir a revisão da matéria tributável determinada por métodos indirectos;

b) O revertido terá de reunir as condições para ser considerado responsável subsidiário, ou seja ter exercido funções de gerência ou administração que lhe permitiam em tempo útil usar os meios de defesa em nome do devedor originário (cfr. art.s 64.º e 259.º do CSC e 32.º da LGT).

c) Ocorrendo a reversão no âmbito do processo de execução fiscal, estamos em presença de uma dívida, a qual deve ser atacada *prima facie* por via da oposição (cfr. art. 203.º do CPPT);

d) Todavia pode também ser objecto de reclamação ou impugnação, tal como se encontra previsto no art. 22.º/4 da LGT.

e) O facto de estarmos perante uma dívida em cuja origem se encontra uma matéria tributável determinada por métodos indirectos não significa que esta não possa ser reclamada ou impugnada sem que tenha havido prévio pedido de revisão, tal como prevê o art. 86.º/4 da LGT.

Assim sendo, somos levados a concluir que a possibilidade de reclamação ou impugnação, prevista no art. 22.º/4 da LGT, reportando-se à dívida mais não faz do que permitir ao revertido, que o é no âmbito da execução fiscal, utilizar os mesmos meios de que, também nessa fase executiva, o devedor originário desfrutaria ou teria desfrutado, a saber:

- A oposição à execução com os fundamentos previstos no art. 204.º do CPPT;
- A reclamação ou impugnação, nomeadamente com base em qualquer ilegalidade como resulta da conjugação do disposto no art. 86.º/4 da LGT e art. 99.º e seguintes do CPPT.

Donde consideramos que, nesta fase executiva e pese embora a previsão do art. 22.º/4 da LGT, o quadro legal em que se insere não permite que possa ser revisto o procedimento de determinação da matéria tributável, mas tão só avaliada a legalidade da liquidação do tributo que com base naquela foi efectuada.

Contudo, sempre teremos de equacionar a hipótese de, ainda que com carácter de excepção e com fundamento em *injustiça grave ou notória*, poder ser solicitada ao dirigente máximo do serviço, a revisão da matéria tributável, nos três anos posteriores ao do acto tributário nos termos do art. 78.º/4 da LGT, desde que, como aí se prevê, o "erro" não seja imputável a comportamento negligente do contribuinte.

6.4.1.4.2. *Outros casos de inimpugnabilidade contenciosa autónoma*

Para alem da determinação da matéria tributável por métodos indirectos, outros casos existem em que a impugnação se encontra condicionada, a isso se reportam os artigos 131.º a 134.º do C.P.P.T., relativos à impugnabilidade de actos de autoliquidação, retenção na fonte, de pagamentos por conta e de fixação de valores patrimoniais. Todos eles com um elo comum, o da inevitabilidade de prévia reclamação administrativa à dedução de impugnação que tenha por objecto aqueles actos tributários. Vejamos sucintamente as particularidades que cada um desses procedimentos encerra.

6.4.1.4.3. *A inimpugnabilidade dos actos de autoliquidação*

A autoliquidação consiste num procedimento de liquidação de tributos feita pelo sujeito passivo da relação jurídica tributária[229]. Sem dificuldade se admitirá que, podem subsistir erros quer de qualificação quer de quantificação, os quais importará corrigir.

Assim, em caso de erro na autoliquidação, a respectiva impugnação será obrigatoriamente precedida de reclamação graciosa para o dirigente do órgão periférico regional – Director de Finanças, dentro do prazo de 2 anos contados da apresentação da declaração (art. 131.º/1, C.P.P.T.), salvo se a reclamação tiver por fundamento matérias exclusivamente de direito em que o prazo de impugnação (*90 dias*), é o previsto no art. 102.º/1 do C.P.P.T.. Mas, em caso de indeferimento expresso ou tácito da reclamação, a impugnação poderá ser deduzida no prazo de 30 dias a contar da notificação ou da formação da presunção do indeferimento (art. 131.º/2, C.P.P.T.). E este aspecto dos prazos a que se prende a tempestividade da reclamação é de primordial importância pois condiciona de todo a possibilidade de posteriormente ser deduzida impugnação do acto recorrido, uma vez que aquela constitui condição de procedibilidade da impugnação (cfr. art. 131.º do C.P.P.T.).

6.4.1.4.4. *A inimpugnabilidade dos actos de retenção na fonte*

A retenção na fonte traduz-se no chamado fenómeno de substituição tributária, sendo através dele que, às entidades devedoras dos rendimentos sujeitos a imposto, é imputada a responsabilidade de proceder à dedução (retenção), por conta ou a título definitivo do imposto em causa, constituindo-se na obrigação de proceder à sua entrega nos cofres do Estado (art.s 98.º do C.I.R.S., 88.º/6 do C.I.R.C. e 20.º da L.G.T.).

---

[229] Estão em causa situações em que é o sujeito passivo que, em cumprimento de obrigações acessórias da relação tributária, procede à determinação da matéria colectável aplicando a taxa do imposto ao valor tributável apurado, dando cumprimento à obrigatoriedade da entrega nos cofres do Estado do imposto liquidado.

E, nas situações em que o substituto entregou imposto em montante superior ao retido, e que por qualquer circunstância no mesmo ano do pagamento, não foi descontado nas entregas seguintes da mesma natureza (art. 132.º/2 do CPPT), esse facto obriga à prévia reclamação graciosa para o dirigente do órgão periférico regional (Director de Finanças) no prazo de 2 anos a contar do termo daquele prazo (art. 132.º/3 do C.P.P.T.).[230] Sendo ainda de referir que, nos termos do art. 132.º/4 do C.P.P.T., o substituído também pode deduzir impugnação em relação à retenção de imposto que lhe tenha sido efectuada.

---

[230] Face ao quadro legal estabelecido poder-se-á afirmar que, "(...) *Acompanhando a sentença recorrida entende-se que um erro de contabilização de documentos do qual resultou uma redução de custos, implica necessariamente um erro de quantificação do facto tributário, uma vez que do mesmo resulta um errado apuramento da matéria colectável.*

E nesta perspectiva o erro de contabilização de custos não pode deixar de se traduzir num erro da autoliquidação uma vez que seria extremamente redutor que o erro na autoliquidação se reduzisse ao simples erro de transcrição do que consta na contabilidade para a declaração onde é efectuada a autoliquidação.

Daí que reconhecendo a administração fiscal que do exame dos documentos apresentados pelo contribuinte resulta o mencionado erro de contabilização não poderia deixar de concluir pela existência do mencionado erro na autoliquidação.

Com efeito pretendeu o legislador que o regime de impugnação seguisse caminhos diversos consoante se estivesse perante acto tributário da liquidação efectuado pela AF ou quando o contribuinte autoliquidasse o imposto.

Na situação de autoliquidação em que se questiona matéria de facto pretendeu o legislador que a impugnação fosse precedida de reclamação e que esta pudesse ser apresentada no prazo de dois anos a contar da data da apresentação da declaração.

E dos preceitos normativos citados não resulta, contrariamente ao sustentado pela AF, que só o erro de transcrição da contabilidade pudesse ser objecto de tal reclamação.

Na verdade se fosse esse o sentido da norma limitado ficaria o campo da reclamação.

Entende-se, por isso, que tal reclamação pode ter por objecto qualquer dos fundamentos da impugnação e nomeadamente qualquer errónea qualificação ou quantificação desde que não integre exclusivamente matéria de direito caso em que a impugnação não depende de reclamação prévia." (Ac. do T.C.A., P.º n.º 0585/04, de 29/09/2004, in Bases Jurídico Documentais http://www.dgsi.pt).

Quanto aos prazos, no caso da reclamação graciosa ser expressa ou tacitamente indeferida, o contribuinte pode impugnar, no prazo de 30 dias, a entrega indevida nos mesmos termos que do acto de liquidação (cfr. art. 132.º/5 do C.P.P.T.). Excepcionando-se porém as situações em que a impugnação, por erro de retenção na fonte, tenha por fundamento matérias exclusivamente de direito, em que o prazo de impugnação é o previsto no art. 102.º/1, (*90 dias*) de acordo com o previsto no 131.º/3, *ex vi* art. 132.º/6 do C.P.P.T..

6.4.1.4.5. A inimpugnabilidade dos actos de Pagamentos por Conta

Podemos definir os pagamentos por conta como entregas pecuniárias antecipadas, do imposto devido a final, pagamentos esses que serão efectuados pelos sujeitos passivos no período de formação do acto tributário (art. 33.º da L.G.T.), podendo referir-se a título exemplificativo os previstos quer no C.I.R.S. (art.s 97.º/3 e 102.º), quer no C.I.R.C. (art.s 96.º e 97.º).

Podendo desde logo, para efeitos de impugnabilidade dos pagamentos por conta, distinguir-se as seguintes situações:

– se o seu quantitativo for fixado pela Administração Tributária, são sempre passíveis de impugnação judicial autónoma, caso em que terá por fundamento a verificação de erro na sua fixação ou a inexistência de pressupostos para a obrigação de os prestar;

– se o cálculo for efectuado pelo contribuinte, a impugnação só pode ter por fundamento a inexistência dos pressupostos para a obrigação de os prestar. Nesse caso a existir erro no cálculo e subsequente pagamento do imposto, ele só será passível de reparo na liquidação final.

Pelo que, salvo naqueles casos de impugnação judicial autónoma, a impugnação de um pagamento por conta depende de prévia reclamação para o órgão periférico local da administração tributária, *v.g.* Chefe do Serviço Local de Finanças, (cfr. art. 133.º/2 do C.P.P.T.).

Sendo ainda de referir que, a reclamação graciosa deve ser apresentada no prazo de 30 dias após o pagamento indevido (cfr. art. 133.º/2 C.P.P.T.), devendo ser decidida no prazo de 90 dias sob pena de ser considerada *deferida* a pretensão (art. 133.º/4 C.P.P.T.), facto que constitui uma inversão do regime regra preconizado no art. 57.º/5 da L.G.T. e art. 106.º do C.P.P.T., que estabelecem como efeito o indeferimento tácito, decorridos que sejam os seis meses (art. 57.º/1 da L.G.T.), que é o prazo geral para a conclusão do procedimento tributário.

6.4.1.4.6. *A inimpugnabilidade dos actos de fixação de valores patrimoniais*

O último mas não menos importante caso de inimpugnabilidade contenciosa autónoma de que pretendemos deixar nota é o relativo aos actos de fixação de valores patrimoniais, estes podem ser impugnados, no prazo de 90 dias após a sua notificação ao contribuinte, com fundamento em qualquer ilegalidade, (art. 134.º/1 do C.P.P.T.). Para esse efeito constitui motivo de ilegalidade, além da preterição de formalidades legais, o erro de facto ou de direito na fixação, (art. 134.º/2 do C.P.P.T.).

É de realçar que, a impugnação dos actos de fixação dos valores patrimoniais, decorrente da (primeira) avaliação efectuada aos imóveis (rústicos ou urbanos), só poderá ter lugar depois requerida e efectuada uma segunda avaliação nos termos dos art.s 75.º e 76.º do CIMI, com a qual se esgotam os meios graciosos previstos no procedimento de avaliação (cfr. art. 134.º/7 do C.P.P.T.).[231] Contudo, atente-se no facto de ser possível a impugnação nos casos em que o fundamento invocado

---

[231] Deste modo, "*1. No que concerne à discussão do valor que venha a ser fixado a um imóvel, a primeira avaliação nunca pode ser objecto de sindicância contenciosa, seja porque se não despoletou a realização da segunda sendo que é pressuposto da sua impugnação judicial o esgotamento dos meios graciosos que apenas com esta última se verificaria, seja porque, tendo-se realizado a segunda avaliação é esta e apenas esta a que poderá ser objecto de tal sindicância contenciosa, por se ter substituído à primeira que deixou de ter qualquer validade jurídica.*" (Ac. do T.C.A., P.º n.º 0274/04, de 16/12/2004, in Bases Jurídico Documentais http://www.dgsi.pt).

seja uma questão alheia à fixação do valor patrimonial, como será o caso da não verificação dos pressupostos legais que autorizam essa fixação mediante avaliação. Portanto, a segunda avaliação só é condição de dedução de impugnação nas situações de errónea fixação do valor patrimonial do imóvel a quando da primeira avaliação.

6.4.1.5. Cumulação de pedidos e coligação de autores

Para que possa verificar-se, quer a cumulação de pedidos, quer a coligação de autores, é necessário que nos termos do art. 104.º do C.P.P.T., se verifique simultaneamente a identidade de:

- natureza dos tributos;
- fundamentos de facto e de direito;
- tribunal competente para a decisão.

Uma das situações mais recorrentes da impossibilidade de utilização deste instituto é a que se prende com a *natureza dos tributos*. É que a existência de actos tributários com base nos mesmos fundamentos de facto e/ou de direito, os quais se repercutem no plano da incidência em mais do que um imposto, como acontece por exemplo em IVA e IRS ou IVA e IRC, dada a natureza diversa entre os impostos, não permite que numa mesma impugnação se ataquem as liquidações de ambos.[232]

Diferente é o que se passa quando se cumulam pedidos relativamente a um mesmo acto tributário, como acontece com os pedidos de condenação no pagamento de juros indemnizatórios deduzidos cumulativamente com os pedidos de anulação de um acto tributário.[233]

---

[232] Nesta mesma perspectiva se tem pronunciado a jurisprudência, referindo que, *"...entre o IVA e o IRS não existe tal identidade de natureza pelo que não é possível a cumulação, podendo porém o impugnante, após trânsito em julgado da decisão, deduzir em 30 dias novas impugnações relativas a cada um dos impostos."*. (Ac. do S.T.A. P.º n.º 0131/03 de 26/03/2003, in Bases Jurídico Documentais http://www.dgsi.pt).

[233] Neste sentido, ver Jorge Lopes de Sousa, C.P.P.T. Anotado, pág.s 470, 4.ª edição, Vislis, Lisboa, 2003.

6.4.1.6. Onde é apresentada

A petição pode ser apresentada directamente no tribunal administrativo e fiscal competente ou no serviço periférico local (cfr. art. 103.º/1 do CPPT), ou de acordo com a nomenclatura vulgarmente utilizada, na Repartição de Finanças onde haja sido ou deva legalmente considerar-se praticado o acto objecto de impugnação. Sendo certo que, a P.I. pode ser remetida pelo correio nos termos do art. 103.º/6 C.P.P.T..

Questões importantes se levantam em torno da competência territorial dos tribunais administrativos e fiscais, isto porque está em causa à priori a caracterização do próprio acto impugnado, assim se:

- o acto foi praticado por um *órgão periférico local* é territorialmente competente para dela conhecer o tribunal administrativo e fiscal com jurisdição na área em que se inclua esse órgão (art. 12.º/1 e art. 103.º/1 do C.P.P.T.);
- o acto impugnado foi praticado por serviços *centrais* ou *regionais* da administração tributária, é territorialmente competente para o conhecimento da impugnação o tribunal administrativo e fiscal com jurisdição na área do domicílio ou sede do contribuinte, da situação dos bens ou da transmissão (art. 12.º/2 e art. 103.º/2 do C.P.P.T.).

Em qualquer caso, desde que seja apresentada no Serviço Local de Finanças, a P.I. terá de ser remetida ao tribunal administrativo e fiscal competente no prazo de 5 dias após o pagamento da taxa de justiça inicial, de acordo com a competência que lhes está atribuída pelo art. 10.º/1-e) do CPPT.

6.4.1.7. Em que prazos

A apresentação da petição inicial de impugnação por parte dos interessados, está sujeita a prazos e a momentos diferentes de inicio de contagem dos mesmos conforme se encontra previsto no art. 102.º do C.P.P.T., nos termos do qual:

1 – *A impugnação será apresentada no prazo de 90 dias contados a partir dos factos seguintes:*

a) *Termo do prazo para pagamento voluntário das prestações tributárias legalmente notificadas ao contribuinte;*[234]
b) *Notificação dos restantes actos tributários, mesmo quando não dêem origem a qualquer liquidação;*
c) *Citação dos responsáveis subsidiários em processo de execução fiscal;*
d) *Formação da presunção de indeferimento tácito;*[235]

---

[234] Esta é a sem dúvida a situação mais comum, ou seja aquela em que, "*I – A petição inicial pela qual um contribuinte vem impugnar judicialmente a liquidação de um imposto e respectivos juros compensatórios com fundamento em vícios que constituem anulabilidade deve ser apresentada dentro de noventa dias a contar do termo do prazo para pagamento voluntário (art. 102, n.º 1, alínea a), do CPPT).*

II – Se o contribuinte vem impugnar a liquidação de um imposto com fundamento nesses vícios depois de expirado aquele prazo, a impugnação deve ser indeferida liminarmente por caducidade do direito subjectivo (potestativo) de impugnar, nos termos do disposto nos arts. 57.º do RSTA e 838.º do CA, aplicáveis ex vi da alínea c) do art. 2.º do CPPT, e no art. 122.º, n.º 1, deste Código." (Ac. do T.C.A. P.º n.º 06292/02 de 18/03/2003, in Bases Jurídico Documentais http://www.dgsi.pt).

Daí que, "*Como é meridianamente evidente, o prazo para deduzir impugnação começa a correr decorridos aqueles 90 dias.*

E não antes.

A interpretação da lei é esta que se deixa exposta e não necessita de qualquer esforço hermenêutico.

Não é este o entendimento da recorrente, para quem a contagem do prazo começa a correr a partir do pagamento.

Mas este entendimento não tem qualquer apoio legal, pelo que é de rejeitar in limine.

Como bem refere o EPGA, "ubi lex non distinguit, nec nos distinguere debemus".

Aliás, a seguir-se o entendimento da recorrente, sucederia até que o pagamento da dívida (para efeitos de posterior impugnação) seria tanto mais penalizante, quanto mais cedo ocorresse tal pagamento." (Ac. do S.T.A. P.º n.º 01125/04 de 15/12/2004, in Bases Jurídico Documentais http://www.dgsi.pt).

[235] Para efeitos de contagem de prazos, nos casos em que, embora tendo havido reclamação graciosa o interessado pretenda enveredar pela impugnação,

e) *Notificação dos restantes actos que possam ser objecto de impugnação autónoma nos termos deste Código;*
f) *Conhecimento dos actos lesivos dos interesses legalmente protegidos não abrangidos nas alíneas anteriores.*

2 – Em caso de indeferimento de reclamação graciosa, o prazo de impugnação será de 15 dias após a notificação.[236]

deverá ter-se em linha de conta que, "*I. Optando o contribuinte por deduzir reclamação graciosa contra o acto tributário de liquidação, o prazo para impugnar judicialmente deixa de contar-se a partir da data limite para pagamento voluntário, relevando, antes, a data de indeferimento da reclamação, ou da presunção de tal indeferimento.*

II. Não está em tempo para a impugnação judicial o contribuinte que a deduz depois de ter reclamado graciosamente, quando ainda se não esgotou o prazo para a Administração se pronunciar, mas já decorreram mais de 90 dias sobre o termo do prazo para pagamento voluntário." (Ac. do S.T.A. P.° n.° 0893/03 de 01/10/2003, in Bases Jurídico Documentais http://www.dgsi.pt).

[236] Atente-se que, no processo judicial tributário, "*o prazo para impugnar é um prazo de caducidade, a que se aplica o disposto no art. 279.° do Código Civil, nos termos do art. 20.°, n.° 1, do CPPT.*

(...)

Os artigos 144.° e 145.° do CPC tratam dos prazos processuais ou para a prática de actos processuais.

Prazo processual e prazo judicial são uma e a mesma coisa.

O prazo judicial é aquele que se destina à prática de actos processuais em juízo.

Prazo judicial é a distância entre dois actos de um processo. Prazos judiciais são os que medeiam entre dois actos judiciais ou praticados em processo judicial (cfr. Prof AFONSO RODRIGUES QUEIRÓ, Revista de Legislação e de Jurisprudência, 116-311).

Ora, antes de a impugnação judicial dar entrada ainda não há processo judicial. Logo, não há prazos judiciais ou processuais antes de haver processo.

Como o art. 145.°, n.° 5, do CPC, apenas se aplica aos prazos judiciais ou processuais, e como ainda não há processo antes da apresentação da petição inicial de impugnação judicial, o tribunal recorrido não tinha de notificar a recorrente para pagar multa por ter entregado a petição inicial um dia depois da ter terminado o prazo legal para o efeito. Esse prazo de 15 dias não é um prazo processual ou judicial, mas um prazo substantivo ou de caducidade.

Não vale a pena jogar com os nomes dos prazos – se dilatório, de peremptório, se suplementar, se substantivo, se processual. A verdade é que não é um prazo

3 – Se o fundamento for a nulidade, a impugnação pode ser deduzida a todo o tempo.[237]
4 – O disposto neste artigo não prejudica outros prazos especiais fixados neste Código ou noutras leis tributárias.

Verifica-se portanto que além do prazo genérico de 90 dias existem outros prazos especiais sendo o início da contagem adequado às circunstâncias próprias de cada situação a que se refere a impugnação. Por isso, de acordo com a norma citada, apresentamos no quadro abaixo um resumo do conjunto das situações abrangidas, que estão na base da dedução de impugnação, o prazo e a data a partir da qual o mesmo é contado:

Situação base ou Fundamento	Prazo dias	Inicio da contagem
Nota de cobrança	90	Fim do prazo de pagamento
Actos tributários que não originam liquidação	90	Da notificação
Responsabilidade subsidiária em execução fiscal	90	Da citação
Indeferimento expresso de Reclamação	15	Da notificação
Indeferimento tácito de Reclamação	90	Da formação da presunção
Indeferimento de reclamação	15	Da notificação
Actos lesivos	90	Conhecimento dos mesmos
Com fundamento em nulidade	Todo o tempo	
Revisão de acto tributário	90	Da notificação

processual, e é quanto basta para se lhe não aplicar o disposto no art.. 145.º, n.º 5, do CPC." (Ac. do S.T.A. P.º n.º 01208/03 de 14/01/2004, in Bases Jurídico Documentais http://www.dgsi.pt).
[237] Bem diferente é a situação quando nos termos do art. 102.º/3 do CPPT, o fundamento invocado para a impugnação for a nulidade, pois que nesse caso ela pode a mesma ser deduzida a todo o tempo. "(...) No art. 99.º do CPPT enumeram-se exemplificativamente alguns dos vícios que podem ser fundamento de impugnação e conduzem à anulabilidade do acto.

Independentemente dos vários prazos previstos para a dedução da impugnação, é todavia comum a todos eles os termos a que terá de obedecer a sua contagem, esta deve seguir as regras constantes do art. 279.º do C.C., *ex vi* art. 20.º/1 do C.P.P.T..

Para a contagem do prazo e tal como acima se referiu, devemos ter em atenção a data dos factos que determinaram a apresentação da petição inicial de impugnação, começando a contar-se a partir do dia imediato àquele em que se der a ocorrência dos factos. O prazo não sofre qualquer interrupção ou suspensão daí poder dizer-se que é contínuo. E, no caso de terminar em domingo, feriado ou durante as férias judiciais[238], o seu termo transfere-se para o primeiro dia útil seguinte.[239]

E podem constituir também fundamento de impugnação outros vícios que impliquem a nulidade quando se verifique no respectivo acto a falta de qualquer dos elementos essenciais ou quando houver lei que estabeleça esta forma de invalidade tal como resulta do art. 133.º 1 e 135.º do CPA.

Igualmente é fundamento de impugnação a inexistência jurídica do acto a que se refere o art. 124.º 1 do CPPT e art. 137.º 1 e 139.º 1 do CPA.

Por força do art. 124.º 1 do CPPT na sentença o tribunal apreciará prioritariamente os vícios que conduzam à declaração de inexistência ou nulidade do acto impugnado e, depois, dos vícios que conduzam à sua anulação." (Ac. do S.T.A. P.º n.º 0152/03 de 28/05/2003, in Bases Jurídico Documentais http://www.dgsi.pt).

[238] Art. 12.º da Lei n.º 3/99, de 3 de Janeiro (LOTJ), as férias judiciais decorrem de: 22 de Dezembro a 3 de Janeiro; do Domingo de Ramos à segunda-feira de Páscoa e de 16 de Julho a 14 de Setembro.

[239] Ainda sobre a contagem de prazos atente-se no que prescreve o artigo 20.º do CPPT, nos termos do qual:

"1 – Os prazos do procedimento tributário e de impugnação judicial contam-se nos termos do artigo 279.º do Código Civil.

2 – Os prazos para a prática de actos no processo judicial contam-se nos termos do Código de Processo Civil.

Quer isto dizer que os prazos substantivos se contam de acordo com o Código Civil e os processuais de acordo com o CPC, isto é, que os primeiros correm durante as férias judiciais, ao contrário dos segundos que, em geral, se suspendem nesses períodos.

Sendo o processo executivo um processo judicial, os prazos para os actos nele praticados interrompem-se durante as férias judiciais nos termos do n.º2 do artigo 20 do CPPT. Assim, quer o incidente de anulação da venda quer o prazo para apresentação de proposta de aquisição na sequência de notificação para tal efeito eram

6.4.1.8. Efeitos

Em face do que se encontra determinado no art. 103.º/4 do C.P.P.T., a dedução de impugnação só tem efeito suspensivo quando, a requerimento do contribuinte, for prestada garantia adequada, a qual deve ser prestada nos termos do disposto no art. 199.º do CPPT[240],

---

prazos processuais e como tal se contavam, interrompendo-se durante as férias judiciais." (Ac. do S.T.A. P.º n.º 0713/04 de 23/11/2004, in Bases Jurídico Documentais, "http://www.dgsi.pt").

[240] Dispõe esta norma que: "*1 – Caso não se encontre já constituída garantia, com o pedido deverá o executado oferecer garantia idónea, a qual consistirá em garantia bancária, caução, seguro-caução ou qualquer meio susceptível de assegurar os créditos do exequente.*

2 – A garantia idónea referida no número anterior poderá consistir, ainda, a requerimento do executado e mediante concordância da administração tributária, em penhor ou hipoteca voluntária, aplicando-se o disposto no artigo 195.º, com as necessárias adaptações.

3 – Se o executado considerar existirem os pressupostos da isenção da prestação de garantia, deverá invocá-los e prová-los na petição.

4 – Valerá como garantia para os efeitos do número anterior a penhora já feita sobre os bens necessários para assegurar o pagamento da dívida exequenda e acrescido ou a efectuar em bens nomeados para o efeito pelo executado no prazo referido no n.º 6.

5 – A garantia será prestada pelo valor da dívida exequenda, juros de mora até ao termo do prazo de pagamento limite de 5 anos e custas a contar até à data do pedido, acrescida de 25% da soma daqueles valores.

6 – As garantias referidas no n.º 1 serão constituídas para cobrir todo o período de tempo que foi concedido para efectuar o pagamento, acrescido de três meses, e serão apresentadas no prazo de 15 dias a contar da notificação que autorizar as prestações, salvo no caso de garantia que pela sua natureza justifique a ampliação do prazo até 30 dias, prorrogáveis por mais 30, em caso de circunstâncias excepcionais.

7 – Após o decurso dos prazos referidos no número anterior sem que tenha sido prestada a garantia nem declarada a sua isenção, fica sem efeito a autorização para pagar a dívida em prestações.

8 – É competente para apreciar as garantias a prestar nos termos do presente artigo a entidade competente para autorizar o pagamento em prestações.

9 – Em caso de diminuição significativa do valor dos bens que constituem a garantia, o órgão da execução fiscal ordenará ao executado que a reforce, em prazo a fixar entre 15 e 45 dias, com a cominação prevista no n.º 7 deste artigo.

esta norma, que se insere no âmbito do processo executivo, dispõe que:

"1 – *Caso não se encontre já constituída garantia, com o pedido deverá o executado oferecer garantia idónea, a qual consistirá em garantia bancária, caução, seguro-caução ou qualquer meio susceptível de assegurar os créditos do exequente.*

2 – *A garantia idónea referida no número anterior poderá consistir, ainda, a requerimento do executado e mediante concordância da administração tributária, em penhor ou hipoteca voluntária, aplicando-se o disposto no artigo 195.º, com as necessárias adaptações.*

3 – *Se o executado considerar existirem os pressupostos da isenção da prestação de garantia, deverá invocá-los e prová-los na petição.*

4 – *Vale como garantia para os efeitos do n.º 1 a penhora já feita sobre os bens necessários para assegurar o pagamento da dívida exequenda e acrescido ou a efectuar em bens nomeados para o efeito pelo executado no prazo referido no n.º 6.*

5 – *A garantia será prestada pelo valor da dívida exequenda, juros de mora até ao termo do prazo de pagamento limite de 5 anos e custas a contar até à data do pedido, acrescida de 25% da soma daqueles valores.*

6 – *As garantias referidas no n.º 1 serão constituídas para cobrir todo o período de tempo que foi concedido para efectuar o pagamento, acrescido de três meses, e serão apresentadas no prazo de 15 dias a contar da notificação que autorizar as prestações, salvo no caso de garantia que pela sua natureza justifique a ampliação do prazo até 30 dias, prorrogáveis por mais 30, em caso de circunstâncias excepcionais.*

---

10 – A garantia poderá ser reduzida, oficiosamente ou a requerimento dos contribuintes, à medida que os pagamentos forem efectuados e se tornar manifesta a desproporção entre o montante daquela e a dívida restante."

7 – Após o decurso dos prazos referidos no número anterior sem que tenha sido prestada a garantia nem declarada a sua isenção, fica sem efeito a autorização para pagar a dívida em prestações.

8 – É competente para apreciar as garantias a prestar nos termos do presente artigo a entidade competente para autorizar o pagamento em prestações.

9 – Em caso de diminuição significativa do valor dos bens que constituem a garantia, o órgão da execução fiscal ordenará ao executado que a reforce, em prazo a fixar entre 15 e 45 dias, com a cominação prevista no n.º 7 deste artigo.

10 – A garantia poderá ser reduzida, oficiosamente ou a requerimento dos contribuintes, à medida que os pagamentos forem efectuados e se tornar manifesta a desproporção entre o montante daquela e a dívida restante."

Até à publicação e entrada em vigor da Lei n.º 53-A/2006 de 29 de Dezembro, que revogou o artigo 183.º-A do CPPT[241], encontrava-se previsto um regime de caducidade das garantias prestadas para efeitos de suspensão da execução em caso de reclamação graciosa, impugnação judicial, recurso judicial ou oposição. Esta disposição estabelecia um prazo de caducidade de um ano a contar da interposição de reclamação graciosa, ou de três anos contados a partir da apresentação da impugnação no caso de não ter sido proferida decisão em 1.ª instância. Com a revogação da norma não existe portanto a susceptibilidade de caducidade da garantia, pelo que sendo prestada ela estará em vigor pelo período de tempo que decorrer até ser proferida a decisão.

O afastamento da instituto da caducidade relativamente à garantia prestada, não importa contudo que no plano dos efeitos se manifeste uma alteração significativa em resultado da decisão do litigio, assim,

---

[241] A filosofia que havia presidido ao estabelecimento de um regime de caducidade para as garantias apoiava-se em razões de eficácia e de celeridade do sistema (administrativo e judicial) na decisão das questões controvertidas, a que poderíamos associar o interesse público no desenvolvimento e decisão daquelas questões, promovendo e reforçando desse modo as garantias dos administrados.

caso se verifique não ser devido o imposto cuja liquidação foi objecto de impugnação, o interessado será indemnizado pelos encargos suportados com a prestação da garantia, nos termos e com os limites previstos nos n.ᵒˢ 3 e 4 do art. 53.º da L.G.T..

6.4.2. A oposição

A oposição que se encontra regulada pelo art. 203.º e seguintes do CPPT, é um dos tipos de processo judicial tributário que se encontram tipificados no art. 97.º/1-o) daquele mesmo diploma. Este processo acontece já no decurso da execução fiscal, sendo através dela que se vai discutir da existência e consequente exigibilidade do crédito tributário em execução, ocorrendo portanto a sua tramitação paralelamente ao próprio processo executivo.[242]

A execução fiscal é instaurada com base num título executivo e mediante despacho, tendo por objecto a cobrança coerciva de dívidas ao Estado e a outras pessoas colectivas de direito público, daí que na enumeração que é feita no art. 148.º do CPPT, surjam:

> *1 – a) Tributos, incluindo impostos aduaneiros, especiais e extra fiscais, taxas, demais contribuições financeiras a favor do Estado, adicionais cumulativamente cobrados, juros e outros encargos legais;*
> *b) Coimas e outras sanções pecuniárias fixadas em decisões, sentenças ou acórdãos relativos a contra-ordenações tributárias, salvo quando aplicadas pelos tribunais comuns.*

---

[242] Assim é entendido pela doutrina e pela jurisprudência, "*Como este S.T.A. vem defendendo, a oposição à execução fiscal, embora com tramitação autónoma do processo executivo, e mau grado se apresente como uma acção, o certo é que funciona como uma contestação, tendo por fim impugnar a própria execução fiscal (v. Jorge de Sousa, C.P.P.T. 4ª ed. pg. 865 e Alfredo José de Sousa, C.P.T., 4.ª ed. pg. 603).*" (Ac. do S.T.A. P.º n.º 01093/04 de 30/11/2004, in Bases Jurídico Documentais, "http://www.dgsi.pt").

2 – Poderão ser igualmente cobradas mediante processo de execução fiscal, nos casos e termos expressamente previstos na lei:
   a) Outras dívidas ao Estado e a outras pessoas colectivas de direito público que devam ser pagas por força de acto administrativo;
   b) Reembolsos ou reposições.

O processo executivo, nos termos do art. 176.º do CPPT, extingue-se por:

1 – a) Por pagamento da quantia exequenda e do acrescido;
   b) Por anulação da dívida ou do processo;
   c) Por qualquer outra forma prevista na lei.
2 – Nas execuções por coimas ou outras sanções pecuniárias o processo executivo extingue-se também:
   a) Por morte do infractor;
   b) Por amnistia da contra-ordenação;
   c) Pela prescrição das coimas e sanções acessórias;
   d) Pela anulação da decisão condenatória em processo de revisão.

Através da citação o executado toma conhecimento da execução (cfr. art. 35.º/2 do CPPT) e dos meios através dos quais pode solver a dívida ou deduzir oposição. Porém nos casos em que ocorreu a reversão contra responsáveis subsidiários, a citação também abre prazo para reclamar ou impugnar o acto tributário que deu origem à dívida exequenda (cfr. art. 102.º/1-c) conjugado com os art.s 68.º e seguintes e 99.º e seguintes do CPPT).

6.4.2.1. Os fundamentos

Com referência aos fundamentos em que se pode basear a oposição à execução fiscal, eles estão taxativamente enunciados no art. 204.º do CPPT, termos em que se cingem à:

a) *Inexistência do imposto, taxa ou contribuição nas leis em vigor à data dos factos a que respeita a obrigação ou, se for o caso, não estar autorizada a sua cobrança à data em que tiver ocorrido a respectiva liquidação;*
b) *Ilegitimidade da pessoa citada por esta não ser o próprio devedor que figura no título ou seu sucessor ou, sendo o que nele figura, não ter sido, durante o período a que respeita a dívida exequenda, o possuidor dos bens que a originaram, ou por não figurar no título e não ser responsável pelo pagamento da dívida;*[243]
c) *Falsidade do título executivo, quando possa influir nos termos da execução;*[244]
d) *Prescrição da dívida exequenda;*[245]

---

[243] Nesta alínea abrem-se três possibilidades de alegar a ilegitimidade, uma de puro erro de identificação, outra em que, "*III – A ilegitimidade substantiva do oponente, fundada no facto do executado figurar no título executivo, mas não ter sido, durante o período a que respeita a dívida exequenda, o possuidor dos bens que a originaram, tem a ver, apenas, com os tributos incidentes sobre o rendimento ou fruição dos respectivos bens.*" (Ac. do S.T.A. P.º n.º 01474/03 de 24/03/2004, in Bases Jurídico Documentais, "http://www.dgsi.pt")

E, uma terceira em que a citação é efectuada na pessoa do responsável subsidiário na execução, o que ocorre por reversão nos termos conjugados do art. 23.º da LGT e 160.º do CPPT.

[244] Quando é invocado este fundamento terá de atender-se a que, "*I – A falsidade do título executivo, fundamento de oposição à execução fiscal vertido na alínea c) do n.º 1 do artigo 204.º do CPPT, é a que decorre da discrepância entre o título executivo e os conhecimentos ou outros instrumentos de cobrança que nele se diz estarem-lhe subjacentes.*

II – Como assim, a divergência entre a realidade e o acto tributário que subjaz aos instrumentos de cobrança não constitui falsidade do título executivo." (Ac. do S.T.A. P.º n.º 01696/02 de 15/01/2003, in Bases Jurídico Documentais, "http://www.dgsi.pt").

[245] Relativamente a este fundamento e nomeadamente nas situações de reversão, "*I – É entendimento corrente que a interrupção da prescrição pela instauração da execução contra a sociedade devedora é eficaz não só quanto a esta como ainda contra os responsáveis subsidiários por força da reversão, sendo, assim, indiferente a modificação da instância determinada por reversão.*

II – As normas do direito fiscal reguladoras do regime da prescrição, porque relativas às garantias dos contribuintes, estão sujeitas ao princípio da tipicidade e da

e) *Falta da notificação da liquidação do tributo no prazo de caducidade;*[246]
f) *Pagamento ou anulação da dívida exequenda;*[247]
g) *Duplicação de colecta;*[248]

---

legalidade, não podendo ser objecto de integração analógica, tal como, aliás, se reconhece hoje no art. 11.º, n.º 4, da LGT." (Ac. do S.T.A. P.º n.º 07361/02 de 18/03/2003, in Bases Jurídico Documentais, "http://www.dgsi.pt").

[246] Assim desde que, *"Verificada a falta de notificação do imposto dentro do respectivo prazo de caducidade, ocorre a sua inexigibilidade, fundamento válido de oposição à execução fiscal onde o mesmo se pretendia cobrar."* (Ac. do T.C.A. P.º n.º 00208/04 de 16/11/2004, in Bases Jurídico Documentais, "http://www.dgsi.pt").

[247] Esta alínea coloca em equação a possibilidade de alguém ser citado para pagar uma dívida inexistente, ou por já se encontrar paga ou ter sido anulada, por isso importa ter presente que, *"I – O processo de execução fiscal extingue-se, além do mais, pelo pagamento da dívida exequenda e do acrescido (cfr. art. 176.º n.º 1 al. a) do CPPT), no estado em que se encontrar (cfr. art. 264.º n.º 1 do mesmo diploma adjectivo), devendo o órgão de execução fiscal onde correr o processo declarar a extinção da execução em consequência daquele pagamento (cfr. art. 269.º do citado CPPT).*

II – A oposição à execução fiscal é o meio judicial especialmente vocacionado para, na procedência de um qualquer dos fundamentos legais válidos e taxativamente previstos nas alíneas do n.º 1 do art. 204.º do CPPT, demandar também a extinção da execução agora quanto ou relativamente ao oponente ou oponentes – cfr. art. 176.º n.º 1 al. c) do CPPT-.

III – Assim, verificado o pagamento da dívida exequenda e acrescido e decretada a extinção da execução fiscal tendente a cobrança coerciva daquela dívida, ocorre, natural e necessariamente, a inutilidade superveniente da lide de oposição à execução, com a consequente prejudicialidade do conhecimento das questões nesta porventura invocadas." (Ac. do S.T.A. P.º n.º 01022/03 de 02/06/2004, in Bases Jurídico Documentais, "http://www.dgsi.pt").

[248] Para que se possa invocar este fundamento, é necessário que se verifiquem determinados pressupostos, *"Não sofre dúvida que a duplicação de colecta constitui fundamento de oposição (previsto, à data, na al. f) do n° 1 do art. 286° e no art. 287° do CPT).*

Considerada como heresia dentro do sistema fiscal (cfr. Teixeira Ribeiro, RLJ, ano 120°, 278) a duplicação de colecta — que não se confunde com a dupla tributação, que sempre foi admitida pela nossa lei fiscal — implica a existência de três identidades: do facto, do imposto e do período (v., também, o ac. do STA, de 25/10/78, Acs. Douts. n° 207, 397), não se exigindo, contudo, identidade do contribuinte (Alberto Xavier, Manual, 224).

h) *Ilegalidade da liquidação da dívida exequenda, sempre que a lei não assegure meio judicial de impugnação ou recurso contra o acto de liquidação;*[249]

i) *Quaisquer fundamentos não referidos nas alíneas anteriores, a provar apenas por documento, desde que não envolvam apreciação da legalidade da liquidação da dívida exequenda, nem representem interferência em matéria de exclusiva competência da entidade que houver extraído o título.*[250]

Os factos que vêm provados, como já acima se referiu na apreciação do também alegado pagamento, não comportam a conclusão de que o imposto, ou melhor, a colecta do IRS resultante da liquidação adicional que está agora a ser exigida tenha sido ou esteja a ser exigida em outra execução fiscal e, portanto, não ocorrem nem a identidade do facto tributário, nem a identidade do imposto e não se preenchem, assim, os requisitos da existência de duplicação de colecta." (Ac. do T.C.A. P.° n.° 04593/00 de 11/03/2003, in Bases Jurídico Documentais, "http://www.dgsi.pt").

[249] Não sobrevêm dúvidas de que, *"1. Os fundamentos previstos para a oposição à execução fiscal são apenas os previstos taxativamente, hoje na norma do art. 204.° do CPPT, onde se não inclui o conhecimento da legalidade em concreto do tributo que constitui a dívida exequenda, a menos que a lei não preveja meio judicial de impugnação ou recurso contra o acto de liquidação, o que não acontece no caso do IVA, em que tal impugnação se encontra assegurada;*

2. A norma do art. 204.° n.°1 h) do CPPT, que assegura que em sede de oposição à execução fiscal o conhecimento da legalidade em concreto da dívida exequenda apenas possa ser admitido se a lei não assegurar meio judicial de impugnação ou recurso contra o acto de liquidação, não ofende qualquer norma ou princípio constitucional, designadamente as dos art.s 20.° e 268.° n.°4 da CRP, antes se prendendo com o momento e a forma de acesso aos tribunais." (Ac. do T.C.A. P.° n.° 00316/04 de 11/01/2005, in Bases Jurídico Documentais, "http://www.dgsi.pt.").

[250] Nesta alínea cabem várias situações, de que citamos alguns exemplos sobre os quais se pronunciou a jurisprudência, assim e nomeadamente permitimo-nos sublinhar:

- *A falta de notificação da liquidação (e para pagamento voluntário) acarreta <u>a inexigibilidade da dívida</u>, constituindo fundamento de oposição à execução fiscal em que a mesma esteja a ser cobrada coercivamente (art. 286.°, n.° 1, alínea h), do CPT, a que corresponde a alínea i) do art. 204.°, n.° 1, do CPPT).* (Ac. do T.C.A. P.° n.° 00303/04 de 16/12/2004, in Bases Jurídico Documentais, "http://www.dgsi.pt").

- *"...mesmo os vícios de ordem formal que possam afectar o despacho que ordena a reversão (como a <u>incompetência</u>, a <u>falta de fundamentação</u> ou de <u>prévia audição do revertido</u> (exigidas pelo art. 23°, n.° 4, da L.G.T.) ou a*

2 – A oposição nos termos da alínea h), que não seja baseada em mera questão de direito, reger-se-á pelas disposições relativas ao processo de impugnação.

6.4.2.2. Os requisitos

Tal como nos demais processos judiciais, também em relação à oposição, a respectiva petição inicial terá que obedecer a determinados requisitos, estes encontram-se vertidos no art. 206.º/1 do CPPT, por força do qual: *"Com a petição em que deduza a oposição*[251]*, que será elaborada em triplicado, oferecerá o executado todos os documentos, arrolará testemunhas e requererá as demais provas."*[252]

<u>ilegitimidade do exequente</u> *parecem poder constituir fundamentos de oposição à execução fiscal enquadráveis na alínea i) do n.º 1 do art. 204º deste Código."* (Ac. do S.T.A., P.º n.º 016533, de 16/12/1998, in Bases Jurídico Documentais http://www.dgsi.pt").

[251] Uma das questões que se podem colocar em relação à petição é porventura sua ineptidão, mas, *"Nos termos do art. 97, n.º 3, da Lei Geral Tributária, "ordenar--se-á a correcção do processo quando o meio usado não for o adequado segundo a lei". Logo, a lei quer que se corrija ou mande corrigir o que estivar errado, pois a forma não pode prevalecer sobre o fundo.*

Actualmente, o art. 52.º do CPPT estabelece que se, em caso de erro na forma da procedimento, puderem ser aproveitadas as peças úteis ao apuramento dos factos, será o procedimento oficiosamente convolado na forma adequada, E, para o processo, o art. 98.º n.ºs 4 e 5 dispõe que em caso de erro na forma de processo, este será convolado na forma de processo adequada, E diz o n.º 5: "sem prejuízo dos demais casos de regularização da petição, esta pode ser corrigida a convite do tribunal em caso da errada identificação do autor do acto recorrido, salvo se o erro for manifestamente indesculpável".

Logo, a lei quer que a petição inicial seja regularizada e não inutilizada.

É isso mesmo que consta do CPC. O art. 266.º prevê o princípio da cooperação entre as partes e o tribunal, podendo o juiz convidar as partes a fornecer os esclarecimentos sobre a matéria de facto ou de direito que se afigurem pertinentes.

O art. 508.º alude ao convite feito pelo juiz as partes para que aperfeiçoem os articulados." (Ac. do S.T.A., P.º n.º 026200, de 14/02/2002, in Bases Jurídico Documentais http://www.dgsi.pt.).

[252] A produção de prova visa nomeadamente ao afastamento de presunções, *"Por regra, é juridicamente ilegítimo presumir por meio de presunção. Em principio,*

No que respeita aos requisitos convém realçar que um dos motivos de rejeição liminar da oposição (cfr. art. 209.º/2 do CPPT) será o facto de não terem sido juntos o "documento" ou os "documentos

o facto conhecido (o facto base da presunção) tem de ser provado por qualquer outro meio de prova que não por presunção. É certo que nada obsta a que o juiz, por presunção natural, conclua determinado facto de outro facto já assente -o qual funcionará então como facto base de presunção. Este modus operandi é, de resto, a essência mesma da própria prova por meio de presunção – método também designado por prova indirecta. Mas, se o facto base da presunção for controvertido, tem de ser sempre e necessariamente objecto de prova directa. Só deste modo pode operar-se por meio de presunção, pois só na base de um facto incontroverso e estabelecido é legítimo alcançar-se o facto desconhecido, presumido ou principal -cfr, entre outros, neste sentido, o acórdão desta Secção deste Tribunal Central Administrativo, de 23-2-1999, proferido no recurso n.º 1224/98.

A presunção, de que a gerência de facto se infere da gerência de direito, não é, contudo, uma presunção legal (estabelecida expressa e directamente na lei), mas uma presunção simples, apenas natural, ou judicial, que tem por base os dados da experiência comum – e que, como se sabe, é admitida só nos casos e nos termos em que é admitida a prova testemunhal, de acordo com o disposto no artigo 351.º do Código Civil.

Por isso, não vale a regra inserta no n.º 2 do artigo 350.º do Código Civil, própria para as presunções legais – as quais, para serem destruídas (nos casos em que a lei o não proíbe) têm de ser ilididas mediante prova em contrário.

Em se tratando de presunção natural, não é preciso fazer prova do contrário do facto presumido. Não é preciso que o oponente, desfavorecido com tal presunção, faça prova do não exercício da gerência.

Em casos de presunção simples ou natural, basta abalar a convicção resultante da presunção, e não, necessariamente, fazer prova do contrário do facto a que ela conduz – cf., neste sentido, entre muitos outros, os acórdãos desta Secção do Tribunal Central Administrativo de 16-12-1997, recurso n.º 65 229; de 3-2-1998, recurso n.º 39/97; de 3-3-1998, recurso n.º 138/97; de 10-3-1998, recurso n.º 220/97; de 31-3-1998, recurso n.º 322/97; de 23-2-1999, recurso n.º 1289/98; e de 23-11--1999, recurso n.º 1699/99.

É que pela intervenção de presunções de facto são atingidas, não o ónus da prova, mas a produção da prova e a apreciação da prova – cf., a este respeito, Adriano Paes da Silva Vaz Serra, Provas (Direito Probatório Material), 1962, pp. 23 a 26.

Segundo pensamos, da valência em contencioso tributário dos princípios do inquisitório ou da investigação e da livre apreciação das provas, e ainda do princípio da aquisição processual, decorre que não serve aqui um ónus da prova rigorosamente subjectivo, formal ou de produção; diversamente, entendemos que neste campo releva sobremodo um ónus da prova substancial, objectivo, ou material, no sentido

necessários" para prova do respectivo fundamento da oposição, quando este consistir no previsto na alínea i) do n.º 1 do art. 204.º daquele diploma. O que se compreende porque aquela disposição tem um carácter residual onde cabem todos os fundamentos não acolhidos nas restantes alíneas e onde é evidente a possibilidade de existência de um facto extintivo ou modificativo da dívida exequenda. E, esses factos, naturalmente terão estar consubstanciados em documentos e não em prova testemunhal.

6.4.2.3. Onde é apresentada

Quanto ao local em que deve ser apresentada e, embora tratando-se de um processo de natureza judicial, de acordo com o art. 207.º do CPPT, *"1 – A petição inicial será apresentada no órgão da execução fiscal onde pender a execução.*

2 – Se tiver sido expedida carta precatória, a oposição poderá ser deduzida no órgão da execução fiscal deprecado, devolvendo-se a carta, depois de contada, para seguimento da oposição. ", facto que decorre essencialmente da localização do processo de execução fiscal que está na razão de ser da oposição.

O que se compreende dada a possibilidade que é conferida ao órgão da execução de poder pronunciar-se sobre o mérito da oposição e revogar o acto que lhe tenha dado fundamento, isto dentro do prazo de 20 dias, que é aquele durante o qual o processo depois de autuado

---

de que a decisão tem de desfavorecer naturalmente quem (muito embora não tenha a particular incumbência de provar) não consiga ver materialmente provados os factos em que assenta a sua posição – inexistindo um ónus da prova formal, especial ou exclusivamente a cargo de algum dos participantes processuais – cfr. a este respeito José Carlos Vieira de Andrade, Direito Administrativo e Fiscal, Lições ao 3.º ano do Curso de 1995/96, p. 186; e José Luís Saldanha Sanches, O Ónus da Prova no Processo Fiscal, Cadernos de Ciência Técnica e Fiscal n.º 151, pp. 129 e ss..

O ónus material da prova da gerência de facto do oponente (como pressuposto que é da responsabilidade executiva, e facto constitutivo desta) pesa sobre a Fazenda Pública – de harmonia com o disposto no n.º 1 do artigo 342.º do Código Civil". (Ac. do T.C.A., P.º n.º 01074/03, de 17/12/2003, in Bases Jurídico Documentais http://www.dgsi.pt").

deve ser remetido ao tribunal competente acompanhado das informações tidas por convenientes (cfr. art. 208.º do CPPT).

6.4.2.4. Em que prazo

Um dos aspectos preponderantes em qualquer processo judicial e neste caso na oposição é aquele que se prende com o prazo para a sua apresentação, dispõe o art. 203.º do CPPT, que,

"1 – A oposição deve ser deduzida no prazo de 30 dias a contar:
  a) Da citação pessoal ou, não a tendo havido, da primeira penhora;
  b) Da data em que tiver ocorrido o facto superveniente ou do seu conhecimento pelo executado.
2 – Havendo vários executados, os prazos correrão independentemente para cada um deles.
3 – Para efeitos do disposto na alínea b) do n.º 1, considera-se superveniente não só o facto que tiver ocorrido posteriormente ao prazo da oposição, mas ainda aquele que, embora ocorrido antes, só posteriormente venha ao conhecimento do executado, caso em que deverá ser este a provar a superveniência.
4 – A oposição deve ser deduzida até à venda dos bens, sem prejuízo do disposto no n.º 3 do artigo 257.º
5 – O órgão da execução fiscal comunicará o pagamento da dívida exequenda ao tribunal tributário de 1.ª instância onde pender a oposição, para efeitos da sua extinção."

Podemos assim constatar que ao contrário do que acontece com a impugnação judicial, em que existe mais do que um prazo, para a oposição, temos um prazo único de 30 dias, apenas diferindo o momento a partir do qual se inicia a respectiva contagem.[253]

---

[253] Verifica-se portanto que, salvo se ocorrer qualquer facto superveniente, *"1 – O prazo para deduzir oposição à execução fiscal conta-se, nos termos do*

6.4.2.5. Tramitação e efeitos

No que respeita aos efeitos decorrentes da dedução da oposição, convém desde logo ter presente que, de acordo com o determinado no art. 209.º do CPPT: *"1 – Recebido o processo, o juiz rejeitará logo a oposição por um dos seguintes fundamentos:*

a) Ter sido deduzida fora do prazo;
b) Não ter sido alegado algum dos fundamentos admitidos no n.º 1 do artigo 204.º;
c) Ser manifesta a improcedência.

2 – Se o fundamento alegado for o da alínea i) do n.º 1 do artigo 204.º, a oposição será também rejeitada quando à petição se não juntem o documento ou documentos necessários."

Caso não ocorra a rejeição liminar, o juiz determinará a *"Notificação da oposição ao representante da Fazenda Pública* (cfr. art. 210.º do CPPT), assim, *"Recebida a oposição, será notificado o representante da Fazenda Pública para contestar no prazo de 10 dias, o qual poderá ser prorrogado por 30 dias quando haja necessidade de obter informações ou aguardar resposta a consulta feita a instância superior."*

Ainda em relação à tramitação do processo de oposição, é de salientar que, nos termos do determinado no art. 211.º do CPPT, ao processo de oposição e, após a notificação para a contestação do representante da Fazenda Pública, se aplicam as disposições aplicáveis ao processo de impugnação.

Uma das consequências da dedução da oposição é a possibilidade da *suspensão da execução*, (cfr. art. 212.º do CPPT), o que em termos

---

disposto no art. 203.º, n.º 1, al. a) do CPPT, a partir da citação pessoal ou, não a tendo havido, a partir da primeira penhora.

II – Por isso, nos casos de citação por simples carta registada, sem se proceder a posterior citação pessoal ou edital, a oposição à execução fiscal é tempestiva, na medida em que, à data da apresentação da petição inicial, ainda não tinha começado a correr o prazo respectivo." (Ac. do S.T.A., P.º n.º 01059/02, de 19/02/2003, in Bases Jurídico Documentais http://www.dgsi.pt).

gerais acontecerá se tiver sido prestada garantia ou existindo penhora de bens, o seu valor seja suficiente para garantir o valor da quantia exequenda e o acrescido.[254]

---

[254] É de referir que, embora tenha sido alvo de alguma controvérsia a possibilidade da dedução de oposição permitir a suspensão do processo de execução a jurisprudência que ultimamente tem emanado do STA, vai no sentido positivo.

"Assim, tem vindo a entender-se que a oposição à execução fiscal não tem, necessariamente, que visar a extinção da execução, podendo ainda destinar-se, em casos restritos, à suspensão da execução, pelo que, se o pedido de suspensão de execução não envolver a apreciação da legalidade da liquidação, nem representar interferência em matéria da exclusiva competência da entidade que extraiu o título, pode defender-se, em casos pontuais, a eventual possibilidade de suspensão da execução.

Neste sentido, vide, por todos, Acs. de 7/6/99, in rec. n.º 24.822; de 10/11/ 99, in rec. n.º 22.504; de 24/11/99, in rec. n.º 24.246; de 7/6/00, in rec. n.º 24.822; de 13/12/00, in rec. n.º 25.610 e de 24/4/02, in rec. n.º 25.687.

Jurisprudência esta, aliás, que vem encontrando eco na doutrina.

Assim, escrevem Alfredo de Sousa e José Paixão, in CPT anotado, 4.ª ed., págs. 616 e 617, que "o executado pode também deduzir oposição com fundamento em qualquer facto extintivo ou modificativo da dívida exequenda, posterior à liquidação, a provar apenas por documento e que não interfira, por isso, na sua legalidade concreta..

É frequente nas execuções por dívidas a entidades não dependentes da DGCI a concessão de moratória ou de perdão total ou parcial por parte dessas entidades, ao abrigo de disposições legais que especialmente as regem...

Tais situações, ocorridas extrajudicialmente na pendência da execução fiscal, podem servir de fundamento à oposição, nos termos da alínea h), desde que provadas documentalmente (arts. 291.º n.º 2 e 293.º n.º 2)".

A este propósito, escreve também o Conselheiro Jorge Sousa que a "suspensão está prevista genericamente no art. 52.º da L.G.T. para os casos de pagamento em prestações, reclamação, recurso, impugnação da liquidação e oposição à execução que tenham por objecto a ilegalidade ou inexigibilidade da dívida exequenda.

Por isso, é inequívoco que a possibilidade de suspensão aqui prevista não se reduz aos casos em que esteja em discussão a legalidade da dívida exequenda, em sentido estrito, como reflexo da ilegalidade da liquidação subjacente à dívida exequenda, mas abrangerá todos os casos em que esteja em causa a legalidade da sua cobrança, seja contra os responsáveis originários seja contra os subsidiários.

Era esta, de resto, mesmo antes da vigência da L.G.T. e da referência à inexigibilidade contida no seu art. 52.º, a interpretação adequada que se devia fazer do art. 255.º, n.º 1, do C.P.T., equivalente ao presente art. 169.º, não só por a expressão "ilegalidade da dívida exequenda" ter um alcance literal mais amplo do que "ilegali-

Em qualquer caso, após o *trânsito em julgado* da sentença que a decidiu, o processo de oposição será devolvido ao órgão da execução fiscal competente para efeitos de apensação ao processo de execução fiscal (cfr. art. 213.º do CPPT).

6.4.3. O erro na forma do processo

Embora se possa verificar em relação a qualquer forma de processo utilizada pelos interessados[255], a verdade é que em relação às duas formas antes abordadas, acontece com alguma frequência a verificação desse mesmo erro, ou seja, a inadequada utilização de um meio processual através do qual se pretendia fazer valer em juízo a defesa do direito ofendido, o que de alguma forma põe em causa a concretização do princípio de *acesso à justiça tributária para a tutela plena e efectiva de todos os direitos ou interesses legalmente protegidos*, (cfr. art. 97.º/2 da L.G.T.).

---

dade da liquidação da dívida exequenda", mas, primacialmente, por as razões que justificam a suspensão da execução nos casos de discussão da legalidade da dívida exequenda (que são as de estar em dúvida a possibilidade legal de cobrança da dívida e não haver prejuízo para a entidade credora, por a dívida estar garantida) valerem também para os casos em que está a ser discutida a exigibilidade da dívida" (CPPT anotado, 4ª ed., pág. 785). (Ac. do S.T.A., P.º n.º 0217/04, de 13/10/2004, in Bases Jurídico Documentais http://www.dgsi.pt.).

[255] São inúmeras as situações em que acontece a utilização de meio processual inadequado e em que pode dar-se a convolação:

"O meio processual para reagir contra o acto administrativo que decide pela extemporaneidade do pedido de revisão, que por isso o não aprecia, é o recurso contencioso e não a impugnação por não estar em causa a apreciação da legalidade do acto de liquidação." (Ac. do S.T.A., P.º n.º 01846/03, de 04/02/2004, in Bases Jurídico Documentais http://www.dgsi.pt.).

Mas por exemplo, em sede de oposição, *"I. A consequência de o oponente se fundar, exclusivamente, na ilegalidade em concreto do acto de liquidação, é, em regra, o prosseguimento do processo sob a forma de impugnação judicial.*

II. Não obsta à convolação o facto de já ter sido deduzida impugnação judicial que findou pela absolvição da instância da Fazenda Pública, pois o caso julgado formal assim formado não impede o prosseguimento da oposição, seja nesta forma processual, seja na de impugnação judicial." (Ac. do S.T.A., P.º n.º 0974/03, de 22/10/2003, in Bases Jurídico Documentais http://www.dgsi.pt.).

Quando tal acontece, porventura traduzindo e dando corpo não só à garantia constitucional do acesso aos tribunais, mas também à obtenção de decisão judicial em tempo útil, como salvaguarda da tutela efectiva dos direitos e interesses legalmente protegidos (cfr. art. 20.º da CRP), é recomendada aos tribunais a convolação, ou seja, perante uma situação de erro na forma do processo judicial utilizado e, desde que nada obste à admissibilidade do pedido e da causa de pedir invocada, seja determinado o prosseguimento do processo segundo a forma processual adequada. Ou seja, procurando evitar-se que, apesar de uma errada eleição da forma processual idónea, o tribunal deixe de pronunciar-se sobre o mérito da causa. Como escrevem Leite de Campos e outros, *"trata-se de uma injunção ao próprio juiz» que «só estará desonerado da obrigação de ordenar a correcção da forma de processo quando ela se mostre de todo inviável"*.[256]

A convolação consistirá na anulação dos actos que não possam ser aproveitados e na prática daqueles que forem estritamente necessários para que o processo se aproxime, tanto quanto possível, da forma estabelecida pela lei – princípio do máximo aproveitamento ou princípio da economia processual. Este princípio aplica-se no processo civil, por força do art. 199.º/1 do C.P.C., que determina que, *"o erro na forma de processo importa unicamente a anulação dos actos que não possam ser aproveitados, devendo praticar-se os que forem estritamente necessários para que o processo se aproxime, quanto possível, da forma estabelecida pela lei"*. Com o condicionalismo estabelecido no n.º 2 daquela norma de que, *"não devem porém, aproveitar-se os actos já praticados, se do facto resultar uma diminuição de garantias do réu"*.

O que tudo não constitui mais do que a aplicação dos princípios anti-formalista, *pro actione* e favorecimento do processo. O que passa por corrigir os defeitos de ordem processual, através da necessária relativização dos entraves de índole formalista impedindo uma possível sobreposição ao imperativo de obtenção da justiça material.

No processo tributário e, uma vez que o erro na forma de processo não constitui uma nulidade insanável, por força da conjugação do

---

[256] Diogo Leite de Campos e outros, LGT anotada, 3ª Edição, Vislis Editores, Lisboa, 2003, pág. 502, nota 3.

disposto no art. 97.º/3 da L.G.T., e art. 98.º/4 do C.P.P.T., terão de implícita e subsidiariamente ser aplicadas as regras do processo civil.

 Sendo todavia de salientar que, sendo o erro na forma de processo, (em processo judicial tributário) de conhecimento oficioso, no caso de se verificar a impossibilidade de convolação do processo para a forma adequada, resultará a anulação de todo o processo.

Capítulo III

A REVISÃO DOS ACTOS PRATICADOS PELA ADMINISTRAÇÃO TRIBUTÁRIA

> "... *frequentemente no plano tributário a ideia de justiça alastra ao nível da aplicação da lei pelos agentes administrativos. Pelo que expressões tais como «justiça fiscal», «justiça da tributação», etc., hão-de abranger também aquele mesmo nível administrativo. Isso deriva, possivelmente, da circunstância de se entender que o fisco, a fazenda nacional, a administração tributária, embora parte interessada nos conflitos de ordem fiscal, não deixa de representar também o bem público, o bem comum. E, consequentemente, quando os seus agentes aplicam normas, não podem fazê-lo em termos de pura defesa de interesses parciais, mas em obediência aos critérios de justiça de que a Administração não deve apartar-se,* (...)"

Pedro Soares Martinez, *Manual de Direito Fiscal*, Almedina, Coimbra, 1984, pág. 379.

7. A REVISÃO DOS ACTOS

Ao definir aquilo que deve ser entendido como procedimento tributário no art. 54.º/1 da LGT, o legislador dá-nos igualmente exemplos desse conjunto de actos que o integram, de entre os quais, na alínea c) da citada norma, encontramos *a revisão, oficiosa ou por iniciativa dos interessados, dos actos tributários*. Mas não só naquela norma, como também no art. 10.º/1-b) do CPPT, parece ter optado por manter o léxico que ao longo dos anos tem sido seguido no direito tributário, a chamada *revisão oficiosa*, a qual ainda se encontra presente nos códigos vigentes de alguns dos impostos do nosso sistema fiscal[257].

---

[257] De entre os quais destacamos os seguintes exemplos:

Artigo 93.º do CIRS
Revisão oficiosa

1 – Quando, por motivos imputáveis aos serviços, tenha sido liquidado imposto superior ao devido, procede-se a revisão oficiosa da liquidação nos termos do artigo 78.º da lei geral tributária.
2 – Revisto o acto de liquidação, é emitida a consequente nota de crédito.
3 – O crédito ao reembolso de importâncias indevidamente cobradas pode ser satisfeito por ordem de pagamento ou por compensação nos termos previstos na lei.

Artigo 115.º do CIMI
Revisão oficiosa da liquidação e anulação

1 – Sem prejuízo do disposto no artigo 78.º da Lei Geral Tributária, as liquidações são oficiosamente revistas:
  a) Quando, por atraso na actualização das matrizes, o imposto tenha sido liquidado por valor diverso do legalmente devido ou em nome de outrem que não o sujeito passivo, desde que, neste último caso, não tenha ainda sido pago;
  b) Em resultado de nova avaliação;
  c) Quando tenha havido erro de que tenha resultado colecta de montante diferente do legalmente devido;
  d) Quando, havendo lugar, não tenha sido considerada, concedida ou reconhecida isenção.

Face às normas em apreço, confrontamo-nos assim com uma aparente dictomia entre as duas hipóteses de revisão, *oficiosa ou por iniciativa dos interessado*; dizemos aparente porque partimos do pressuposto de que, independentemente de quem parte a iniciativa para tal, sempre caberá aos serviços da administração tributária proceder à revisão dos actos tributários.

---

2 – A revisão oficiosa das liquidações, prevista nas alíneas a) a d) do n.º 1, é da competência dos serviços de finanças da área da situação dos prédios.

3 – Não há lugar a qualquer anulação sempre que o montante do imposto a restituir seja inferior a (euro) 10.

Artigo 42.º do CIMT
Revisão oficiosa da liquidação

À revisão oficiosa da liquidação aplica-se o disposto no artigo 78.º da Lei Geral Tributária.

Artigo 91.º do CIVA

1 – Quando, por motivos imputáveis aos serviços, tenha sido liquidado imposto superior ao devido, proceder-se-á à revisão oficiosa nos termos do art. 78.º da lei geral tributária.

2 – Sem prejuízo de disposições especiais, o direito à dedução ou ao reembolso do imposto entregue em excesso só poderá ser exercido até ao decurso de quatro anos após o nascimento do direito à dedução ou pagamento em excesso do imposto, respectivamente.(*)

3 – Não se procederá à anulação de qualquer liquidação quando o seu valor seja inferior ao limite previsto no n.º 5 do artigo 88.º.

Artigo 92.º

1 – Anulada a liquidação, quer oficiosamente, quer por decisão da entidade ou tribunal competente, com trânsito em julgado, restituir-se-á a respectiva importância, mediante o processamento do correspondente título de crédito.

2 – No caso de pagamento do imposto em montante superior ao legalmente devido, resultante de erro imputável aos serviços, são devidos juros indemnizatórios nos termos do artigo 43.º da Lei Geral Tributária, a liquidar e pagar nos termos do Código de Procedimento e de Processo Tributário.

7.1. A evolução recente do conceito

Na vigência do CPCI, a revisão dos actos tributários encontrava-se prevista sob a denominação de *reclamação ordinária* (cfr. art. 82.º e seguintes), quando solicitada pelos interessados, ou como *revisão oficiosa* se efectuada por iniciativa dos serviços nos termos do art. 4.º daquele diploma, aí se definindo, como fundamento para o pedido, o *errado apuramento da situação tributária*. Esta concepção permitia portanto que qualquer ilegalidade ou erro material poderia sustentar a revisão, salvo se o fundamento invocado estivesse compreendido no elenco do art. 85.º, caso em que teria de ser deduzida *reclamação extraordinária*, a qual, pela gravidade dos fundamentos, beneficiava de um prazo substancialmente maior. Na sequência do pedido de revisão configuravam-se assim dois tipos de anulação, uma oficiosa e outra a pedido dos interessados.

Com a entrada em vigor do CPT, foi revisto o regime da *revisão dos actos tributários*, introduzindo expressamente o conceito de *revisão oficiosa* de acto tributário. Comparando o texto dos artigos 93.º e 94.º do CPT com os dos citados artigos 4.º e 85.º do CPCI, revela-se uma diferença substancial ao distinguir de forma clara o conceito de revisão do de reclamação, sendo notório em relação a esta última, o abandono da anterior dicotomia entre natureza ordinária ou extraordinária, para passar a ser unicamente denominada de reclamação graciosa (cfr. art. 95.º e seguintes do CPT). Sendo que, por iniciativa do contribuinte, através desta reclamação graciosa se abria a possibilidade de encetar um procedimento de *revisão* com vista a obter a anulação total ou parcial do acto tributário[258].

---

[258] Era nesse contexto que tinha lugar a revisão, afirmando-se que, "*o acto de liquidação pode ser revisto, oficiosamente ou por reclamação do contribuinte, dando essa revisão lugar a uma revogação ou a uma liquidação adicional, (...). Esta susceptibilidade de revisão dos actos tributários de liquidação, por iniciativa dos serviços fiscais ou na base de reclamação, definida genericamente pelo Código de Processo, encontra os necessários desenvolvimentos em preceitos dos diversos Códigos Tributários.*" Soares Martínez, *Direito Fiscal*, 8ª Edição, Almedina, Coimbra, 1996, pág. 313.

Em razão do que se poderá afirmar que o instituto da reclamação abandonou o carácter amplo que detinha no CPCI, em que abrangia no seu objecto quer o acto quer os seus fundamentos, para passar a abarcar somente a ilegalidade do acto tributário com fundamento no errado apuramento da situação tributária. Essa ilegalidade tanto pode ser assacada à entidade que praticou o acto, como ao contribuinte ou a terceiro. Assim, no CPT encontramos portanto uma revisão dos actos tributários por impulso dos interessados, a qual se dá por via da reclamação (cfr. art. 95.º e ss. do CPT). Ou no plano judicial, por meio de impugnação judicial (cfr. art. 120.º e ss. do CPT), ou ainda, excepcionalmente, no próprio processo de execução fiscal (cfr. art. 233.º e ss. do CPT). Por outro lado, quando em presença de erros relativos a actos intermédios ou preparatórios da liquidação, como por exemplo: as fixações da matéria tributável, avaliações ou pedidos de isenção, serão objecto de recurso hierárquico ou de processo próprio de revisão (cfr. art. 84.º e ss. do CPT e outras normas especificas dos códigos dos vários impostos).

7.2. A revisão dos actos no actual quadro normativo

Quando se fala de revisão de acto tributário, somos invariavelmente confrontados com o conceito hoje plagemado no art. 78.º da LGT, o qual, embora podendo comparar-se quanto aos efeitos à revisão oficiosa que antes se encontrava acolhida no direito tributário, é porém distinto daquele quanto aos pressupostos em que se baseia. Assim o consideramos face à possibilidade legalmente conferida aos interessados de suscitar o procedimento, nomeadamente, por força de qualquer ilegalidade cometida ou por injustiça grave ou notória, fundamentos esses que estão muito para além do erro dos serviços comum e normalmente associado ao procedimento de revisão oficiosa, sobre o qual dispunham o art. 4.º do CPCI e posteriormente os art.s 93.º e 94.º do CPT.

A este propósito e caracterizando os actos de revisão, escreveu Alberto Xavier que, estamos em presença de *actos tributários secundários*, porquanto estes "... *são, em principio, praticados pela autoridade competente para os actos primários e têm por fim a sua revisão, oficiosamente (por sua iniciativa ou de superior hierárquico) ou em virtude de reclamação do interessado, com fundamento em errado apuramento da situação tributária.*"[259]

Mas ao falarmos de revisão de acto tributário devemos também deixar evidenciada a distinção entre a revisão deste tipo de acto, que compreende normalmente a liquidação dos tributos e a revisão de outros actos que a não compreendam, como será porventura dos "*actos em matéria tributária*", dos "*actos administrativos em matéria tributária*", ou ainda dos "*actos administrativos em questões tributárias*" a que já antes nos referimos a quando da caracterização do "*acto tributário*". Se outro traço distintivo não existisse, o facto de via de regra apenas a revisão do acto tributário ser passível de impugnação[260], já seria um suficientemente importante para que não pudessem ser confundidos.

Só que, como é defendido pela doutrina, o artigo 78.º da LGT[261], refere-se à revisão dos actos tributários, entendendo-se como tal os actos através dos quais a administração tributária define a sua posição perante os contribuintes e outros obrigados tributários, sobre os seus

---

[259] Obra cit. a fls. 126.

[260] Estamos perante um regime que não sofreu alterações de fundo, já antes da vigência do CPT, se considerava que, "*A fixação da matéria tributável efectuada pelo chefe da repartição de finanças nos termos do artigo 11.º, alínea b), do Código do Imposto de Transacções e confirmada a reclamação do contribuinte, pela comissão referida no artigo 72.º do mesmo diploma, se não impugnada no prazo de oito dias – paragrafo único do artigo 18.º, também daquele diploma, torna-se ou volve-se, como acto destacável que e, em caso decidido, não podendo ser atacada em posterior impugnação da subsequente liquidação.*" (Ac. do S.T.A. P.º n.º 004192 de 19/10/1988, in Bases Jurídico Documentais http://www.dgsi.pt.).

Mesmo depois da entrada em vigor do CPT, o regime não foi alterado, assim, "*A reclamação, prevista no art° 84° 1 e 3 do CPT, da decisão que fixe a matéria tributável, com fundamento na sua errónea quantificação, dirigida à comissão de revisão é condição de impugnação judicial com fundamento em tal errónea quantificação da matéria tributável pelo que o não exercício daquela reclamação faz precludir a possibilidade de impugnar, com esse, fundamento, o acto tributário da liquidação respectivo.*". (Ac. do S.T.A. P.º n.º 025990/04 de 13/10/2001, in Bases Jurídico Documentais http://www.dgsi.pt..).

[261] Diogo Leite de Campos /Benjamim Silva Rodrigues/Jorge Lopes de Sousa LGT comentada e anotada 3ª Edição 2003 pág. 401, nota 1.

direitos ou deveres. E esses actos que sejam objecto de revisão podem ser: actos de liquidação ou de fixação da matéria colectável. Os actos de liquidação pela sua identidade com os actos tributários *tout court*, expressamente previstos no número 1 da norma em apreço, os actos de fixação da matéria tributável face à possibilidade ínsita no número 4 dessa mesma norma, de ter existido injustiça grave ou notória.

A revisão essa pode ser efectuada quer a pedido do contribuinte quer por iniciativa da administração tributária e devendo ser praticada pela entidade que praticou o acto a rever.

7.3. A revisão e a revogação dos actos

Importante se nos afigura também, a distinção entre a *revisão* dos actos administrativos e a *revogação* de que esses actos podem ser objecto. Desde logo porque a revisão pressupõe a existência de um acto que foi acolhido pela ordem jurídica e produziu os efeitos que dele eram esperados. Logo, esse acto ao ser revisto não desaparece totalmente da ordem jurídica, antes são alterados parte dos seus efeitos. Sendo certo que essa revisão se reflecte positivamente na esfera jurídica dos contribuintes, consubstanciando-se numa anulação total ou parcial do imposto, não estando prevista na lei a possibilidade de revisão que não a favor dos contribuintes. Por isso se fala em "*erro imputável aos serviços*", "*injustiça grave ou notória*" e em "*duplicação de colecta*".[262]

---

[262] No âmbito da revisão do acto tributário, pode sempre colocar-se a questão da anulação parcial ou total desse acto. "... *A verdade, porém, é que o acto tributário de liquidação, saldando-se no apuramento do imposto devido pelo sujeito passivo, é divisível "tanto por natureza como na própria expressão legal, pelo que é sempre susceptível de anulação parcial"* – cfr. o acórdão de 22 de Setembro de 1999 no recurso n.º 24101, aliás, citado pelo Exm.º. Procurador-Geral Adjunto. É asserção outras muitas vezes ditada por este Tribunal. E resulta das disposições dos artigos 145.º do Código de Processo Tributário (CPT) e 100.º da Lei Geral Tributária (LGT).

Ou seja, se o juiz reconhecer que o acto tributário está inquinado de ilegalidade que só em parte o invalida, deve anulá-lo só nessa parte, deixando-o subsistente, no segmento em que nenhuma ilegalidade o fira.

Tal não é, todavia, possível em todos os casos.

Ao contrário, a revogação tem efeitos retroactivos, nomeadamente nos casos de invalidade do acto que seja objecto dessa revogação (cfr. art. 145.º/2 do CPA), o qual por força desta, deixa de ter existência jurídica.[263] E, essa revogação, que elimina de todo o acto sobre que incide, tanto pode ter efeitos positivos como negativos na esfera jurídica dos contribuintes[264].

Como facilmente se percebe, estamos portanto perante dois institutos cujas características, quer em termos de pressupostos quer de efeitos, são bem diferentes. Contudo, têm em comum, o facto de ambos

---

Quando, como aqui acontece, a Administração Fiscal tenha calculado a matéria colectável por métodos presuntivos, supondo uma determinada margem de lucro, e o juiz concluir pela inexistência de razões bastantes para a opção por essa margem de lucro, ficando, por isso, na "dúvida quanto à quantificação efectuada", não lhe resta senão anular totalmente a liquidação. É, de resto, o que resulta do disposto no artigo 121.º do Código de Processo Tributário: "sempre que da prova produzida resulte a fundada dúvida sobre a existência ou quantificação do facto tributário, deverá o acto impugnado ser anulado".

É que, num caso como este, o juiz não fica a saber e, consequentemente, não pode definir (mesmo admitindo que tanto lhe é permitido) qual a margem de lucro correcta. Nada mais faz senão dizer que é excessiva – ou insuficientemente demonstrada – a margem utilizada pela Administração. E, portanto, tem que anular o acto, para que a Administração volte a calcular a matéria colectável (presumindo, se assim o entender, uma margem de lucro mas, desta vez, alicerçada em fundamentos mais sólidos), procedendo à liquidação a partir daquela a que então chegue. Ao juiz não compete, em nenhum caso, substituir-se à Administração no apuramento da matéria colectável e na elaboração da sequente liquidação." (Ac. do S.T.A. P.º n.º 01973/03 de 26/03/2003, in Bases Jurídico Documentais http://www.dgsi.pt..).

[263] Sobre esta matéria, entre outros, ver Diogo Freitas do Amaral, Direito Administrativo, Vol. III, Lisboa 1989, pág. 351 e seguintes.

[264] É que, " (…) *Nos termos do art. 145.º, n.º 2, do CPA, a revogação tem efeito retroactivo quando se fundamente na invalidade do acto revogado. Nestes casos, a revogação faz desaparecer o acto revogado do mundo do direito, tudo se passando como se ele já não existisse. Por sua vez, a revogação do acto revogatório só repristina o primeiro acto se a lei ou o acto de revogação assim expressamente determinarem (art. 146.º do CPA).*

Mas nada disto se aplica em contencioso tributário, pois aqui existe o instituto próprio da revisão oficiosa dos actos tributários, que tem os seus pressupostos nos art.s 93.º e 94.º do CPT (agora, no art. 78.º da Lei Geral Tributária)." (Ac. do S.T.A. P.º n.º 0817/02 de 12/02/2003, in Bases Jurídico Documentais http://www.dgsi.pt..).

poderem ser considerados actos secundários ou actos sobre actos pré--existentes, assim, partindo do princípio de que quem detém legitimidade para a prática de um acto, também o pode revogar ou rever, então teremos de admitir que, quer a revogação quer a revisão do *acto tributário* são da exclusiva competência da administração tributária.

7.4. A revisão dos actos do procedimento tributário

A revisão a que aqui nos referimos tem por objecto aquilo que pode ser considerado como actos administrativos dentro do procedimento tributário, isto porque, tratando-se de actos que integram decisões em matéria tributável não visam o acto tributário final, *v.g.* a liquidação, e como tal, não são directamente impugnáveis, têm um regime legal próprio, mas o sentido etimológico da revisão mantém-se. E, dada a relevância que assumem pelas implicações que têm no contencioso tributário, leva a que aqui se lhes dê o devido destaque.

7.4.1. *O procedimento de revisão da matéria tributável*

Trata-se de um procedimento de revisão, a favor do sujeito passivo, o qual, tal como se encontra previsto no art. 91.º da LGT, foi definido com vista a constituir um filtro administrativo e pré-judicial, para uma discussão eminentemente técnica das situações em que a administração tributária, face à impossibilidade de comprovação directa e exacta da matéria tributável, procedeu à sua determinação por *métodos indirectos*.

O seu regime legal foi delineado ao tempo e com a entrada em vigor da LGT que, embora com algumas alterações, vem na sequência do que até então vigorava em sede de CPT[265].

---

[265] Ao tempo da vigência do CPT, a revisão da matéria tributável era efectuada pelas chamadas comissões de revisão nos termos do art. 84.º e seguintes daquele diploma.

7.4.1.1. O âmbito do procedimento

Quando a Administração Fiscal recorre à determinação da matéria tributável por métodos indirectos, invoca normalmente a impossibilidade de comprovação directa e exacta da matéria tributável, a qual pode resultar nomeadamente de: inexistência de elementos de contabilidade ou declaração; recusa de exibição de contabilidade; existência de diversas contabilidades ou de manifesta discrepância entre o valor declarado e o valor de mercado (cfr. art. 87.º e 88.º da LGT). Nessas circunstâncias a administração através dos serviços de inspecção deita mão da determinação por métodos indirectos da matéria tributável utilizando (cfr. art. 90.º-1 da LGT):

a) *As margens médias do lucro líquido sobre as vendas e prestações de serviços ou compras e fornecimentos de serviços de terceiros;*
b) *As taxas médias de rentabilidade de capital investido;*
c) *O coeficiente técnico de consumos ou utilização de matérias-primas e outros custos directos;*
d) *Os elementos e informações declaradas à administração tributária, incluindo os relativos a outros impostos e, bem assim, os relativos a empresas ou entidades que tenham relações económicas com o contribuinte;*
e) *A localização e dimensão da actividade exercida;*
f) *Os custos presumidos em função das condições concretas do exercício da actividade;*
g) *A matéria tributável do ano ou anos mais próximos que se encontre determinada pela administração tributária.*
h) *O valor de mercado dos bens ou serviços tributados;*
i) *Uma relação congruente e justificada entre os factos apurados e a situação concreta do contribuinte.*

Resultando assim que uma tal determinação de valores sempre possa ser considerada errada, em face de uma incorrecta ponderação das circunstâncias fácticas analisadas. Sem descurar o facto de, bastas vezes, a Administração ter que recorrer a provas indirectas, ou a «*factos indiciantes, dos quais se procurará extrair, com o auxílio das regras de experiência comum, da ciência ou da técnica, uma ilação quanto aos factos indiciados. A conclusão ou prova não se obtém directamente, mas indirectamente, através de um juízo de relacionação normal entre o indício e o tema de prova. Os lucros que presumivelmente os contribuintes obtiveram ou os lucros que os contribuintes normalmente podiam ter obtido não são, como tais, objecto de prova. Objecto de prova em qualquer caso são os lucros efectivamente obtidos pelos contribuintes: só que num caso a verdade material se obtém de um modo directo e nos outros de um modo indirecto, fazendo intervir ilações, presunções, juízos de probabilidade ou de normalidade*».[266]

Daí que, em relação à aplicação de métodos indirectos na determinação da matéria tributável, se questione quer quanto à quantificação dos valores quer quanto à verificação dos pressupostos de aplicação desses métodos. E, como facilmente se percebe, estão em causa, portanto, questões essencialmente técnicas, as quais, por isso mesmo, devem ser analisadas por peritos através do procedimento a que aqui nos referimos. Sendo a partir do debate contraditório entre os peritos, que se procurará obter um acordo sobre o valor da matéria tributável que deverá ser considerado para efeitos de liquidação[267], valor esse que

---

[266] Alberto Xavier, obra citada, pág. 154 e 155.

[267] A obtenção ou não de acordo reflecte-se posteriormente para efeitos de impugnação do subsequente acto tributário de liquidação, porque, "*I – O art. 86.º, n.º 4 da LGT ao não permitir que, quando a liquidação tiver por fundamento o acordo obtido no processo de revisão da matéria tributável, na impugnação do acto tributário de liquidação, em que a matéria tributável tenha sido determinada com base em avaliação indirecta, possa ser invocada qualquer ilegalidade desta, não viola o princípio constitucional contido no art. 268.º, n.º 4 da CRP, já que não pode considerar-se o sujeito passivo vinculado pelo acordo que seja obtido, sempre que não se demonstre que o representante agiu dentro dos limites dos seus poderes de representação e não agiu em sentido contrário a estes poderes.*

II – Não é nula a sentença por oposição entre os fundamentos e a decisão se o juiz, fazendo aplicação do disposto no art. 86.º, n.º 4 da LGT, que na sua parte final não permite que na impugnação do acto tributário de liquidação seja invocada qualquer ilegalidade desta, na medida em que houve acordo prévio entre o perito do contribuinte e o da Fazenda Pública no processo de revisão da matéria tributável, se decidiu pela ilegalidade da interposição da impugnação judicial com fundamento em

há-de ser fixado pela administração tributária e que vai servir para, aplicando as taxas respectivas, obter o valor da colecta.

Assim, em face do que acabamos de referir, mais concretamente no que respeita à obtenção de um acordo, enquanto fim a atingir com o procedimento, sempre teremos de admitir que, por força deste instituto, o legislador acabou por abrir uma brecha na chamada indisponibilidade da relação jurídica do imposto.

De referir ainda que este instituto tem vindo a ser largamente utilizado ao longo do tempo pelos sujeitos passivos, com vista a sindicar aquelas situações em que a determinação da matéria tributável foi efectuada por métodos indirectos para efeitos de tributação, nomeadamente, em sede de impostos sobre o rendimento e despesa. Essa utilização reiterada decorre essencialmente do facto de se tratar de um meio gracioso e, além disso, existir a imposição legal da sua utilização prévia à impugnação judicial do imposto liquidado com base numa matéria tributável determinada por avaliação indirecta.

7.4.1.1.1. *O procedimento para efeitos de confirmação do preço dos imóveis*

Com a reforma da tributação do património (Dec.-Lei n.º 287//2003 de 12 de Nov.), este mecanismo de revisão da matéria tributável ganhou ainda maior visibilidade, já que, com a implementação da nova forma de determinação do valor patrimonial tributário dos imóveis, e do reflexo que este passou a ter na tributação dos rendimentos industriais e comerciais, o procedimento administrativo tendente a provar o

---

errónea quantificação e qualificação da matéria tributável, ilegalidade de recurso a métodos indiciários e inexistência de facto tributário.

III – Entendendo o Tribunal que, nos termos do disposto na parte final do art. 86.º, n.º 4 das LGT, não é possível invocar na impugnação judicial do acto tributário de liquidação qualquer ilegalidade desta, na medida em que houve acordo entre os peritos da Comissão de Revisão, fica prejudicado o conhecimento de qualquer outra questão que com ela esteja ligada, pois é corolário desta decisão que não é possível conhecer da pretensão formulada." (Ac. do S.T.A. P.º n.º 0657/04 de 23/11/2004, in Bases Jurídico Documentais http://www.dgsi.pt..).

preço pelo qual foram efectivamente transmitidos os imóveis (cfr. art. 129.º/1 a 5 do CIRC), rege-se pelo disposto no art. 91.º e 92.º da LGT, e também neste caso, constituindo condição prévia de impugnação judicial (cfr. art. 129.º/7 do CIRC)[268].

---

[268] É que, nos termos do art. 58.º-A do CIRC (aditado pelo Dec.-Lei n.º 287/ /2003 de 12 de Novembro), que tem por epígrafe, *Correcções ao valor de transmissão de direitos reais sobre bens imóveis,* determina-se que, *1 – Os alienantes e adquirentes de direitos reais sobre bens imóveis devem adoptar, para efeitos da determinação do lucro tributável nos termos do presente Código, valores normais de mercado que não poderão ser inferiores aos valores patrimoniais tributários definitivos que serviram de base à liquidação do imposto municipal sobre as transmissões onerosas de imóveis (IMT) ou que serviriam no caso de não haver lugar à liquidação deste imposto.".*

Prevendo ainda a mesma norma no seu n.º, 2 que, – *Sempre que, nas transmissões onerosas previstas no número anterior, o valor constante do contrato seja inferior ao valor patrimonial tributário definitivo do imóvel, é este o valor a considerar pelo alienante e adquirente, para determinação do lucro tributável.*

Por seu turno para os sujeitos passivos de IRS, que obtenham rendimentos decorrentes de transmissões de imóveis vigora um regime idêntico face ao disposto no art. 31.º-A do CIRS (aditado pelo Dec.-Lei n.º 287/2003 de 12 de Novembro), que a seguir se transcreve:

1 – Em caso de transmissão onerosa de direitos reais sobre bens imóveis, sempre que o valor constante do contrato seja inferior ao valor definitivo que servir de base à liquidação do imposto municipal sobre as transmissões onerosas de imóveis, ou que serviria no caso de não haver lugar a essa liquidação, é este o valor a considerar para efeitos da determinação do rendimento tributável.

2 – Para execução do disposto no número anterior, se à data em que for conhecido o valor definitivo tiver decorrido o prazo para a entrega da declaração de rendimentos a que se refere o artigo 57.º, deve o sujeito passivo proceder à entrega da declaração de substituição durante o mês de Janeiro do ano seguinte.

3 – O disposto no n.º 1 não prejudica a consideração de valor superior ao aí referido quando a Direcção-Geral dos Impostos demonstre que esse é o valor efectivo da transacção.

4 – Para efeitos do disposto no n.º 3 do artigo 3.º, nos n.ºˢ 2 e 6 do artigo 28.º e nos n.ºˢ 2 e 6 do artigo 31.º, deve considerar-se o valor referido no n.º 1, sem prejuízo do disposto nos números seguintes.

5 – O disposto nos n.ºˢ 1 e 4 não é aplicável se for feita prova de que o valor de realização foi inferior ao ali previsto.

6 – A prova referida no número anterior deve ser efectuada de acordo com o procedimento previsto no artigo 129.º do Código do IRC, com as necessárias adaptações."

Embora nestas circunstâncias também esteja em causa a determinação do valor da matéria tributável ou lucro tributável sujeito a imposto sobre o rendimento, no que respeita aos valores de transmissão dos imóveis, apenas está em causa a aferição da prova da veracidade dos valores declarados no contrato de compra e venda. Trata-se por isso não de obter um valor indiciário eventualmente decidido através da avaliação indirecta, mas antes apurar, através da avaliação da prova produzida, se o preço declarado corresponde ao efectivamente praticado[269].

Segundo esta perspectiva, o procedimento visa a confirmação do preço pelo qual foram transmitidos os imóveis, para afastar a aplicação do valor patrimonial como valor mínimo, pelo que o debate contraditório entre os peritos para obtenção de um acordo fica limitado à aceitação ou não, da prova que for produzida relativamente ao valor do preço declarado[270]. Circunstância essa que, dentro do mesmo quadro

---

Concomitantemente prevê-se no art. 129.º/1 do CIRC (também aditado pelo Dec.-Lei n.º 287/2003 de 12 de Novembro) que, "*1 – O disposto no n.º 2 do artigo 58.º-A não é aplicável se o sujeito passivo fizer prova de que o preço efectivamente praticado nas transmissões de direitos reais sobre bens imóveis foi inferior ao valor patrimonial tributário que serviu de base à liquidação do imposto municipal sobre as transmissões onerosas de imóveis.*" Daí que no número 3 dessa norma se preveja um procedimento no âmbito do qual possa ser comprovado o efectivo valor de transacção, determinando o n.º 5 da mesma norma que: "*O procedimento previsto no n.º 3 rege-se pelo disposto nos artigos 91.º e 92.º da Lei Geral Tributária, com as necessárias adaptações, sendo igualmente aplicável o disposto no n.º 4 do artigo 86.º da mesma lei.*"

Note-se que, o regime de revisão previsto nesta norma tem também aplicação para efeitos de IRS, por remissão do art. 32.º do CIRS.

[269] Em face do quadro legal estabelecido, para efeitos de tributação em sede de IMT, que leva a que o valor a considerar na respectiva liquidação seja ou o preço declarado no contrato ou o valor patrimonial tributário dos imóveis consoante o que for maior, tal implica que possamos estar perante uma situação de evidente singularidade, uma vez que, para efeitos de tributação do rendimento (IRS/IRC) é possível a desconsideração do valor patrimonial tributário se se provar que o preço foi inferior. Ou seja o valor da matéria tributável relativa ao mesmo facto tributário (a transmissão do imóvel) é susceptível de ser diferente consoante estejamos em sede de tributação do rendimento ou do património.

[270] Embora conscientes do efeito negativo no plano administrativo de gestão do imposto, entendemos porém que o legislador poderia ter ido mais longe quanto aos efeitos do procedimento de revisão, é que, ao admitir a possibilidade de demonstração

legal, constitui desde logo um factor distintivo para este procedimento relativamente àquele que resulta do pedido de revisão da matéria tributável fixada por métodos indirectos.

7.4.1.2. As condições de admissibilidade

Como vimos, o procedimento de revisão abrange não apenas a quantificação, como também a apreciação dos pressupostos de aplicação dos métodos indirectos (cfr. art. 86.º/5 e art. 91.º/1 da LGT), excluindo-se do seu âmbito, as correcções meramente aritméticas da matéria tributável, as questões meramente de direito relativas aos referidos pressupostos de aplicação dos métodos indirectos, as correcções atinentes à aplicação do regime simplificado de tributação e bem assim à avaliação indirecta decorrente dos parâmetros definidos para as manifestações de fortuna.

Desde que admitido o pedido, este tem efeitos suspensivos na liquidação do tributo (cfr. art. 91.º/2 da LGT).[271] Sendo de salientar

---

de um custo de construção inferior ao oficialmente estipulado, desde que devidamente comprovado e, em razão do princípio da verdade material, ele deveria ser adoptado para com os demais indicadores de avaliação previstos no art. 38.º do CIMI, calcular o respectivo "VPT". Para tal teria sido necessário que tivesse sido estabelecido no art. 39.º do CIMI, a previsão desse valor alternativo nas situações em que tivesse havido procedimento de revisão, o que conferiria maior coerência na tributação dos vários impostos envolvidos.

[271] Nestes termos, *"I – A reclamação para a comissão de revisão da decisão que fixe a matéria colectável, com fundamento na sua errónea quantificação, tem efeito suspensivo do procedimento tendente à liquidação do respectivo imposto apenas e só até à decisão daquela reclamação pela comissão."* (Ac. do S.T.A. P.º n.º 01073/02 de 30/10/2002, in Bases Jurídico Documentais http://www.dgsi.pt..).

Sem descurar ainda a hipótese de indeferimento do pedido de revisão, porque, *"1. Sendo embora certo que o pedido de revisão da matéria tributável tem efeito suspensivo da liquidação do imposto (n.º 2 do citado art. 91.º da LGT), tendo aquele pedido de revisão sido indeferido, deixou, a partir daí, de se verificar tal efeito suspensivo, já que, por um lado, o subsequente recurso hierárquico interposto desse mesmo indeferimento já não tem o mesmo efeito suspensivo da liquidação (art. 67.º do CPPT) e por outro lado, tratando-se de um recurso hierárquico de natureza facultativa, permitia, desde logo, que a recorrente impugnasse judicialmente a liquidação,*

que, quando o procedimento vise comprovar o preço efectivo da transmissão de imóveis "*o pedido (...) tem efeito suspensivo da liquidação, na parte correspondente ao valor do ajustamento previsto no n.º 2 do artigo 58.º-A, a qual, no caso de indeferimento total ou parcial do pedido, será da competência da Direcção-Geral dos Impostos.*" (cfr. art. 129.º/4 do CIRC).

7.4.1.3. Os prazos

A petição através da qual se formule o pedido de revisão, deve ser apresentada no prazo de 30 dias a contar da notificação da decisão de fixação da matéria tributável com recurso a métodos indirectos (cfr. art. 91.º/1 da LGT). Porém, se o pedido incidir sobre a necessidade de demonstração e comprovação do preço, pelo qual os imóveis foram transmitidos, após a entrada em vigor do CIMI, o prazo para a apresentação do pedido é o mês de Janeiro do ano seguinte àquele em que ocorrerem as transmissões se o valor patrimonial tributário já se encontrar determinado ou nos 30 dias posteriores à data em que a avaliação se tornou definitiva. (cfr. art. 129.º/3 do CIRC)[272].

---

com a consequente possibilidade de suspensão da execução da execução, caso fosse prestada garantia nos termos da lei." (Ac. do T.C.A. P.º n.º 00045/04 de 03/01/2005, in Bases Jurídico Documentais http://www.dgsi.pt..).

[272] Sobre a tempestividade do pedido de revisão, ela terá de ser aferida tendo em atenção os dois prazos que se encontram consagrados no art. 129.º/3 do CIRC, assim:
  I. A regra é a da apresentação do pedido de revisão durante o mês de Janeiro do ano seguinte ao da transmissão, isto para todos os prédios avaliados e transmitidos no ano anterior;
  II. Nas restantes situações, relativas a transmissões de prédios cujo valor patrimonial tributário não se tornou definitivo no ano de transmissão, então o pedido terá de ser apresentado nos 30 dias àquele em que relativamente a cada prédio a avaliação se tornou definitiva e nesse caso teremos de atender ao seguinte:
    a) Em princípio a definitividade da avaliação ocorrerá nos 30 dias subsequentes ao "trânsito em julgado da avaliação", o que acontecerá decorridos que sejam 30 dias após a notificação do resultado da avaliação. Ou seja, se após a 1ª avaliação que tenha sido validamente notifi-

7.4.1.4. Tramitação

O pedido de revisão, em que o interessado indica desde logo o perito que o representa[273], é dirigido ao órgão do serviço periférico regional da administração tributária, *v.g.* ao Director de Finanças (cfr. art. 91.º/1 da LGT), o qual, desde que verificados os respectivos requisitos legais para a sua admissibilidade (legalidade, legitimidade e tempestividade), designará no prazo de 8 dias (cfr. art. 91.º/3 da LGT) um perito da administração tributária e marcará uma reunião entre este e o perito indicado pelo contribuinte. Podendo ser requerida quer pelo contribuinte quer pelo órgão da administração tributária, a intervenção de um perito independente (cfr. art. 91.º/4 da LGT)[274]. Devendo a primeira reunião ter lugar no prazo máximo de 15 dias.

---

cada tiverem decorrido 30 dias após a assinatura do Aviso de Recepção, ela torna-se definitiva, abrindo-se então o prazo para a reclamação.
b) Se dentro dos 30 dias subsequentes à notificação da 1ª avaliação os interessados requererem 2ª avaliação, então só após a realização desta se pode falar de <u>avaliação definitiva</u>, cuja data de referência para contagem do prazo para a dedução da reclamação será a da respectiva notificação.

[273] Sobre a intervenção do perito indicado pelo contribuinte e nos casos em que ele não se tenha indicado a ele próprio, "... *sendo hoje, o perito designado pelo contribuinte para o procedimento de revisão um seu representante, o acordo em que ele intervenha vincula o contribuinte, projectando-se na sua esfera jurídica. Agindo o seu perito em representação do contribuinte, não pode este queixar-se senão de si – a não ser que o seu perito actue para além dos poderes que lhe conferiu, que é questão que, no caso, se não levanta.*

Deste modo, estamos perante algo que não é um puro acto de autoridade, cujo resultado se imponha ao contribuinte independentemente da sua vontade, mas perante um acordo entre um seu representante e o da Administração, vinculativo, aliás, para esta, e insusceptível, com a já apontada ressalva, de afectar os seus direitos ou interesses – o acordo consubstancia, antes, a realização desses direitos ou interesses." (Ac. do S.T.A. P.º n.º 0656/04 de 23/11/2004, in Bases Jurídico Documentais http://www.dgsi.pt).

[274] Se for requerida a intervenção de perito independente, este face ao determinado no art. 93.º/1 da LGT, será "... *sorteado entre as personalidades constantes de listas distritais, que serão organizadas pela Comissão Nacional, nos termos do artigo 94.º daquele diploma.*

Sendo ainda de salientar o regime de incompatibilidades a que se encontram sujeitos, porquanto, "*Os peritos independentes não podem desempenhar, ou ter*

A reunião entre os peritos permite a realização de um debate contraditório entre eles (cfr. art. 92.º/1 da LGT). Cabe ao perito da administração conduzir o procedimento de revisão, o qual deve estar concluído no prazo de 30 dias a contar do seu início, considerando-se que o mesmo ocorre à data da realização da primeira reunião.

Tendo sido marcada a reunião, pode acontecer que falte o perito indicado pelo contribuinte, nesses casos, teremos de ter em atenção as respectivas implicações legais, de acordo com o que se encontra determinado no art. 91.º/5 a 7 da LGT:

> *5 – A convocação é efectuada com antecedência não inferior a oito dias por carta registada e vale como desistência do pedido a não comparência injustificada do perito designado pelo contribuinte.*
>
> *6 – Em caso de falta do perito do contribuinte, o órgão da administração tributária marcará nova reunião para o 5.º dia subsequente, advertindo simultaneamente o perito do contribuinte que deverá justificar a falta à primeira reunião e que a não justificação da falta ou a não comparência à segunda reunião valem como desistência da reclamação.*
>
> *7 – A falta do perito independente não obsta à realização das reuniões sem prejuízo de este poder apresentar por escrito as suas observações no prazo de cinco dias a seguir à reunião em que devia ter comparecido.*

Resta acrescentar que todo o procedimento segue a forma escrita (cfr. art. 54.º/3 da LGT), pelo que das reuniões dos peritos é lavrada a

---

desempenhado nos últimos três anos, qualquer função ou cargo público na administração financeira do Estado e seus organismos autónomos, Regiões Autónomas e autarquias locais, devem ser especialmente qualificados no domínio da economia, gestão ou auditoria de empresas e exercer actividade há mais de 10 anos" (cfr. art. 93.º/2 da LGT).

Acrescendo ainda que, *"Sob pena de exclusão das listas distritais a determinar pelo presidente da Comissão Nacional, os peritos independentes não podem intervir nos processos de revisão de matéria tributária dos sujeitos passivos a quem, há menos de três anos, tenham prestado serviços a qualquer título."* (cfr. art. 93.º/3 da LGT).

respectiva acta, para efeitos de registo quer das posições quer das deliberações, como se encontra determinado no art. 27.º do CPA.

Para efeitos de confirmação do preço pelo qual foram transmitidos os imóveis, deve salientar-se que os sujeitos passivos interessados podem "*...designadamente, demonstrar que os custos de construção foram inferiores aos fixados na portaria a que se refere o n.º 3 do artigo 62.º do Código do Imposto Municipal sobre Imóveis, caso em que ao montante dos custos de construção deverão acrescer os demais indicadores objectivos previstos no referido Código para determinação do valor patrimonial tributário.*"(cfr. art. 129.º/2 do CIRC).

Ainda no âmbito do procedimento de comprovação do preço efectivo da transmissão dos imóveis, importa ter presente que, "*em caso de apresentação do pedido de demonstração previsto no presente artigo, a administração fiscal pode aceder à informação bancária do requerente e dos respectivos administradores ou gerentes referente ao exercício em que ocorreu a transmissão e ao exercício anterior, devendo para o efeito ser anexados os correspondentes documentos de autorização.*"(cfr. art. 129.º/6 do CIRC).

7.4.1.5. Decisão

Como facilmente se depreende, a decisão de alteração ou não da matéria tributável que possa ser tomada em face do procedimento resultará do acordo ou da falta de acordo dos peritos. Qualquer destas situações foi devidamente ponderada no art. 92.º/3 a 7 da LGT, que a seguir se transcrevem:

"*3 – Havendo acordo entre os peritos nos termos da presente subsecção, o tributo será liquidado com base na matéria tributável acordada.*

4 – O acordo deverá, em caso de alteração da matéria inicialmente fixada, fundamentar a nova matéria tributável encontrada.

5 – Em caso de acordo, a administração tributária não pode alterar a matéria tributável acordada, salvo em caso de trânsito em julgado de crime de fraude fiscal envolvendo os elementos que serviram de base à sua quantificação, considerando-se então suspenso o prazo de caducidade no período entre o acordo e a decisão judicial.

6 – Na falta de acordo no prazo estabelecido no n.º 2, o órgão competente para a fixação da matéria tributável resolverá, de acordo com o seu prudente juízo, tendo em conta as posições de ambos os peritos.

7 – Se intervier perito independente, a decisão deve obrigatoriamente fundamentar a adesão ou rejeição, total ou parcial, do seu parecer".

Sobre a decisão e mais concretamente sobre a sua notificação ao interessado, devemos aqui deixar nota de que, em face do disposto no art. 37.º/1e 2 do CPPT, "*Se a comunicação da decisão em matéria tributária não contiver a fundamentação legalmente exigida, a indicação dos meios de reacção contra o acto notificado ou outros requisitos exigidos pelas leis tributárias, pode o interessado, dentro e 30 dias ou dentro do prazo para reclamação, recurso ou impugnação ou outro meio judicial que desta decisão caiba, se inferior, requerer a notificação dos requisitos que tenham sido omitidos ou a passagem de certidão que os contenha, isenta de qualquer pagamento*". Por essa razão "*Se o interessado usar da faculdade concedida no número anterior, o prazo para a reclamação, recurso, impugnação ou outro meio judicial conta-se a partir da notificação ou da entrega da certidão que tenha sido requerida*".

Ou seja, torna-se indispensável que, também nestes casos, em termos de fundamentação, a decisão respeite o disposto no art. 77.º da LGT e que, para efeitos da respectiva eficácia, se dê cumprimento ao art. 36.º do CPPT, sob pena de, se a notificação for considerada imperfeita, se configurar como um acto administrativo inoponível ao interessado.

7.4.1.6. Efeitos

No que respeita aos efeitos decorrentes da reclamação, permitimo-nos salientar os aspectos mais evidentes, quer os positivos quer os negativos, consoante a perspectiva sob a qual se observem. Obviamente que, partindo da perspectiva de que o procedimento de revisão constitui um filtro administrativo com vista a evitar a imediata e exclusiva utilização de meios judiciais, para dirimir os litígios emergentes da determinação do valor da matéria tributável por métodos indirectos, esse será porventura o seu efeito mais positivo.

Mas, podemos ainda vislumbrar efeitos mediatos para qualquer dos sujeitos da relação jurídica, porque, o valor obtido (consensualmente) no procedimento de revisão permite que, de seguida, a administração proceda à liquidação do imposto e porventura à sua arrecadação, mesmo correspondendo a um valor inferior àquele que potencialmente havia sido perspectivado. Facto que se reflecte positivamente na esfera jurídica e patrimonial do sujeito passivo. Reflectindo-se ainda positivamente para ambas as partes, no pressuposto de que o litígio não se vai arrastar no tempo pelas delongas processuais dos tribunais.

Quanto aos reflexos negativos, o mais evidente será porventura o previsto no art. 91.º/9 da LGT, *"Poderá ser aplicado ao sujeito passivo um agravamento até 5% da colecta reclamada quando se verificarem cumulativamente as seguintes circunstâncias:*

a) *Provar-se que lhe é imputável a aplicação de métodos indirectos;*
b) *A reclamação ser destituída de qualquer fundamento;*
c) *Tendo sido deduzida impugnação judicial, esta ser considerada improcedente.*

Este agravamento de acordo com o n.º 10 da norma em referência *será aplicado pelo órgão da administração tributária referido no n.º 1 e exigido adicionalmente ao tributo a título de custas.*

Por outro lado, nos termos do art. 92.º/8 da LGT, *"No caso de o parecer do perito independente ser conforme ao do perito do contribuinte e a administração tributária resolver em sentido diferente, a reclamação graciosa ou impugnação judicial têm efeito suspensivo, independentemente da prestação de garantia quanto à parte da liquidação controvertida em que aqueles peritos estiveram de acordo."*

7.4.1.7. Os meios de reacção

Os meios de reacção às decisões emergentes do procedimento de revisão da matéria tributável determinada por métodos indirectos, de que o interessado dispõe, são a reclamação graciosa ou a impugnação judicial (cfr. art.s 68.º e ss. e 99.º e ss. do CPPT)[275].

Contudo, devemos salientar que, tendo havido acordo no procedimento de revisão a que nos vimos referindo, tal facto obsta a que, caso seja deduzida impugnação judicial da liquidação efectuada com base na matéria tributável aí encontrada, possa ser invocada qualquer ilegalidade desta nos termos do n.º 4 do art. 86.º da LGT[276].

---

[275] No âmbito do processo de impugnação judicial dos actos tributários de liquidação, devemos ter presente que, eles têm por objecto a anulação total ou parcial desses actos, e não a fixação da matéria colectável, pelo que, "*I – O acto tributário de liquidação é divisível e, consequentemente, pode ser só parcialmente anulado pelos tribunais, no respectivo processo de impugnação.*

II – Deve, porém, anular-se totalmente o acto, se o vício judicialmente reconhecido resulta de, na fixação da matéria colectável por métodos indiciários, a Administração Fiscal ter presumido uma margem de lucro que o Tribunal entendeu excessiva, ou insuficientemente demonstrada, pois não cabe aos tribunais, substituindo-se à Administração, escolher a margem de lucro ajustada ao caso e proceder à correspondente liquidação." (Ac. do S.T.A. P.º n.º 01973/03 de 26/03/2003, in Bases Jurídico Documentais http://www.dgsi.pt..).

[276] De acordo com o quadro legal vigente, " (…) *Não vemos, pelas razões expostas, que haja impedimento constitucional a que a lei não admita que se invoque, na impugnação judicial do acto de liquidação, a errónea determinação da matéria tributável com base em avaliação indirecta, nos casos em que aquela matéria tenha sido encontrada mediante acordo obtido no processo de revisão.*

3.6. Já não será constitucionalmente admissível que, na mesma impugnação, o contribuinte fique proibido de invocar vícios ocorridos no procedimento de avaliação indirecta e de revisão, excluídos do âmbito do que foi objecto do acordo.

Esta é, também, a posição assumida na sentença impugnada, bem como no parecer do Ministério Público junto deste Tribunal.

7.4.2. O procedimento de revisão decorrente do princípio da participação

Após termos abordado o instituto de revisão da matéria tributável, determinada através de métodos indirectos, consideramos pertinente que, na sequência do mesmo, abordemos aquele que poderá ser visto como um procedimento atípico de revisão face às disposições quer da LGT quer do CPPT, mas que encontramos incrustado no procedimento tributário. Referimo-nos ao procedimento de revisão subjacente à participação dos sujeitos passivos na formação das decisões da administração tributária, a eles relativas, e que se encontra implícito, entre outros[277], nos já citados procedimentos de alteração ou de fixação de matéria tributável.

Na sentença lê-se que «a aplicação do n.º 4 do artigo 86.º ao caso em apreço terá que ser feita de uma forma restritiva», donde, «tal inimpugnabilidade terá que ter restringia ao objecto do acordo obtido no processo de revisão da matéria tributável».

E no parecer do Ministério Público afirma-se que «uma interpretação da norma conforme ao princípio constitucional não deve precludir a impugnação judicial com fundamento em qualquer outra ilegalidade que não esteja conexionada com o acordo sobre a matéria colectável obtido no procedimento de revisão».

A posição da recorrente aproxima-se destas, mas tem uma nuance relevante: para ela, e em súmula, o n.º 4 do artigo 86.º da LGT só obsta a que, tendo havido o falado acordo, o contribuinte invoque, na impugnação da liquidação, a ilegal quantificação da matéria tributável – o «quantum da matéria colectável», na expressão que utiliza.

Mas não só.

O que o contribuinte não pode voltar a discutir, na impugnação é tudo quanto foi incluído no acordo. «Na impugnação do acto tributário de liquidação em que a matéria tributável tenha sido determinada com base em avaliação indirecta, pode ser invocada qualquer ilegalidade desta, salvo quando a liquidação tiver por base o acordo obtido no processo de revisão da matéria tributável regulado no presente capítulo» – é o que estatui o n.º 4 do artigo 86.º da LGT.

Diferentemente do que acontecia no passado, hoje é possível discutir, no procedimento de revisão da matéria tributável, mais do que as questões atinentes ao respectivo quantum; pode, designadamente, questionar-se perante os peritos a utilização de métodos indirectos." (Ac. do S.T.A. P.º n.º 0656/04 de 23/11/2004, in Bases Jurídico Documentais http://www.dgsi.pt..).

[277] O desenvolvimento a que aqui procedemos cinge-se às situações em que está em causa a determinação da matéria tributável, embora tenhamos de reconhecer que existem outras circunstâncias em que se encontra legalmente determinada a

Este procedimento não se encontra autonomizado como eventualmente poderia à partida ser indiciado pelo título utilizado e aqui desenvolvido, todavia, consideramos haver cabimento para a sua caracterização como meio de revisão de actos em matéria tributária. Uma "revisão" que, de uma forma genérica, consideramos poder abranger todos os domínios de determinação da matéria tributável e, em qualquer dos impostos do nosso sistema fiscal, em que, oficiosamente se procede à alteração dos valores da matéria tributável declarados pelos sujeitos passivos ou na falta da sua declaração à respectiva fixação desses valores, excepto se, o contribuinte tiver sido notificado para apresentação da declaração em falta, sem que o tenha feito, caso em que a liquidação será efectuada oficiosamente, com base em valores objectivos previstos na lei, situação em que é dispensada a audição (cfr. art. 60.º/2-b) da LGT).

Como é consabido, a audiência dos interessados, revela-se como uma figura geral do procedimento administrativo em geral e tributário em particular, concretizando a directiva constitucional de *"participação dos cidadãos na formação das decisões ou deliberações que lhes disserem respeito"* (cfr. art. 267.º/5 da CRP), o que, permite associar o sujeito passivo à tarefa de preparação da decisão final do procedimento, através da evidência da sua perspectiva e demais pontos de vista sobre os factos.

7.4.2.1. *O âmbito do procedimento*

Trata-se pois de um procedimento de revisão que, como dissemos, não se encontra tipificado como tal, mas que, como enunciámos, decorre não só da *"garantia"* mas também do *"direito"* de participação nas decisões da administração fiscal que afectem direitos e interesses legítimos dos contribuintes. E, como tivemos oportunidade de referir, a quando da abordagem sintética que fizemos do *"princípio da partici-*

---

obrigatoriedade de concessão do direito de audição, como por exemplo no decurso do processo de execução fiscal, quanto à reversão contra responsáveis subsidiários (Cfr. art. 23.º/4 da LGT).

pação", aos sujeitos passivos é legalmente garantida a participação nas decisões da administração em que são interessados, sendo chamados a exercer o seu direito na fase que antecede não só o chamado "*acto tributário*" ou "*acto de liquidação*", como também a fixação da matéria tributável, o que se consubstancia num procedimento de audição que visa, do ponto de vista formal, cumprir a determinação legal que a tal obriga (cfr. art. 60.º da LGT e art. 45.º do CPPT) e, do ponto de vista material, na possibilidade real de influenciar o procedimento determinando a administração tributária a aferir eventuais elementos não atendidos e que porventura possam sê-lo na fase constitutiva do procedimento tributário de determinação da matéria tributável[278].

Ou seja, a administração tributária, quando confere o direito de audição a um sujeito passivo tem necessariamente de admitir que, pode não estar de posse de todos os elementos com base nos quais deve proceder à determinação da matéria tributável e isto, independente-

---

[278] Mas, podendo a participação dos administrados, através da respectiva audição, ocorrer como emanação quer da *garantia* quer do *direito* que lhes são legalmente reconhecidos, então, hipoteticamente, essa intervenção não tem de acontecer exclusivamente por força da sua chamada ao procedimento por parte da Administração, ou seja, de *motu proprio*, o administrado pode, sem ter sido notificado para tal, prestar esclarecimentos ou informações e apresentar provas relativamente a procedimentos tributários em que seja interessado.

Mas se tal acontecer, embora ocorrendo essa intervenção, consideramos que não ficou esgotada a participação do interessado que assim procedeu, salvo se o fez já de posse do conhecimento do projecto de decisão do procedimento. Porque, como decorre do estipulado no art. 60.º da LGT, os interessados têm de participar na formação das decisões (definitivas), o que obriga inevitavelmente a que lhe seja dado conhecimento antecipado das conclusões do procedimento consubstanciadas no projecto de decisão.

Portanto uma intervenção no procedimento, na fase de formação do projecto de decisão, tem de ser havida como mera colaboração do administrado para com a Administração. Assim se por exemplo, a Administração notifica um sujeito passivo para a apresentação de uma declaração de rendimento, ou à substituição da anteriormente apresentada, se ele em vez disso apresenta uma carta onde expõe as razões porque considera que não está sujeito a essa apresentação, estando a participar no procedimento, não está a exercer o direito de audição, porque não conhece a decisão, essa será tomada à posteriori e no entretanto ele deverá ser notificado do projecto de decisão de alteração ou de fixação da matéria tributável.

mente do grau de envolvimento que à priori o sujeito passivo possa ter tido no procedimento até essa altura. Ou ainda pode ter incorrido em qualquer erro de facto ou de direito na caracterização e avaliação do facto tributário, o qual, sendo detectado, deve induzir à revisão do procedimento.

7.4.2.2. Tramitação

De um modo geral, o procedimento passa pela aquisição de novos elementos definidores da capacidade tributária do sujeito passivo os quais podem ter sido omitidos ou ser simplesmente desconhecidos pela administração tributária, e que podem e devem ser revelados a quando da participação dos interessados no exercício do "direito de audição".

Podemos portanto afirmar que não estamos perante um procedimento autónomo de revisão, mas simplesmente de um efeito ou consequência de um procedimento mais lato, no desenvolvimento do qual, a administração pode ser confrontada com a necessidade de, atendendo à prossecução, entre outros, dos princípios da legalidade, proporcionalidade, da verdade material e da boa-fé, numa perspectiva de abertura e de transparência na sua actuação, de alterar a posição anteriormente definida e transmitida aos interessados para que sobre ela se pronunciassem.[279]

---

[279] De facto, "*I – O art. 60.º da LGT mais não é do que a transposição do princípio da participação dos cidadãos na formação das decisões e deliberações que lhe dizem respeito e que encontra consagração expressa no art. 267.º, n.º 5 da CRP.*

II – Desde que ocorra qualquer das hipóteses previstas no prédito preceito legal é obrigatória a audição do contribuinte, sob pena de ter sido preterida formalidade essencial do procedimento tributário, que afecta a decisão que nele for tomada (cfr. art.s 135.º e 136.º, n.º 2 do CPA).

III – É de anular a liquidação de imposto de sisa e juros compensatórios em que foi preterida a audiência prévia do contribuinte, quando esta possa servir, precisamente, para o interessado procurar induzir a Administração Tributária a compatibilizar a observância da legalidade na elaboração do acto de liquidação com a situação efectivamente existente." (Ac. do S.T.A., P.º n.º 0317/03, de 14/05/2003, in Bases Jurídico Documentais http://www.dgsi.pt.).

Sendo de referir que na sequência do procedimento podem verificar-se as seguintes hipóteses:

a) O interessado nada diz;
b) O interessado participa, invocando novos factos que refutam totalmente os elementos em relação aos quais foi chamado a pronunciar-se;
c) A participação do interessado apenas permite refutar alguns dos elementos em relação aos quais foi chamado a pronunciar-se;

Em qualquer das aludidas circunstâncias, há que admitir desde logo a necessidade de análise dos elementos suscitados pelo interessado, em face do que, a administração tem de fazer constar do procedimento, a verificação ou não de participação do interessado e os termos em que tal ocorreu.

7.4.2.3. Decisão

Perante o conjunto de hipóteses a que nos referimos, facilmente se pode concluir que, a decisão, que o procedimento há-de merecer, passará por:

- em relação à hipótese a), a administração tributária pode manter integralmente o procedimento até então configurado como projecto, que sendo objecto de decisão se tornará definitivo;
- relativamente às hipóteses b) e c), em que houve uma efectiva participação, podem verificar-se também duas hipóteses no que respeita às consequências decorrentes desses mesmos elementos. Podendo portanto ocorrer a sua admissão na totalidade ou apenas parcialmente, consubstanciando-se qualquer delas porém, numa alteração da posição anteriormente tomada pela administração.

Um tal desenvolvimento fáctico poderia levar-nos a concluir que, apenas quando ocorre a participação do interessado e a administração se vê confrontada com a necessidade de alterar a sua posição, se estaria perante um "procedimento de revisão", todavia, não tem necessariamente de ser assim, porque, mesmo sem uma alteração ditada pela participação do interessado, nada obsta a que a administração, mesmo perante o silêncio daquele, proceda a qualquer alteração quantitativa por força de qualquer erro entretanto detectado, ou muito simplesmente ao nível da fundamentação do procedimento, nomeadamente em sede do seu enquadramento jurídico. Nessas circunstâncias estar-se-á perante um reinício do ciclo, já que, como antes, ao interessado terá de ser conferido (novamente) o direito de se pronunciar sobre qualquer eventual alteração introduzida no procedimento[280].

7.4.2.4. Efeitos

Sobre os efeitos que o exercício do direito de participação congrega, no âmbito a que nos vimos referindo, transparece com alguma clareza e em primeiro lugar, o seu carácter endógeno relativamente ao procedimento de determinação da matéria tributável, por outro lado, o facto de, inelutavelmente poder ser corrigida a matéria tributável inicialmente determinada, considerando que, esta fase do procedimento tributário só se pode considerar concluída após o decurso do prazo concedido aos interessados para participarem no procedimento e para o qual tiveram de ser devidamente notificados, sob pena de preterição de formalidade essencial.[281]

---

[280] Vidé: Diogo Campos, Benjamim Rodrigues e Jorge Sousa, in LGT anotada, pág. 282 e ss..

[281] É o que resulta do próprio princípio da participação, ou seja, "*1. O direito de audição consagrado no artigo 60.º da LGT abrange não só o direito de o contribuinte se pronunciar sobre o projecto de decisão da Administração Tributária, como o de alegar e provar factos que possam levar aquela a alterar o seu projecto de decisão em sentido favorável ao contribuinte.*

2. (...).

3. A omissão daquele direito de audição, constituindo formalidade essencial do procedimento susceptível de influir na decisão, determina a anulação da liquidação efectuada com a violação daquele direito." (Ac. do T.C.A.n, P.º n.º 00171/04, de 11/04/2004, in Bases Jurídico Documentais http://www.dgsi.pt).

Podemos mesmo afirmar que, a participação dos interessados no adequado momento anterior à decisão, é do interesse público na medida em que, permite o exercício do contraditório do qual decorrerão perspectivas diferenciadas relativamente ao sentido em que se encontra projectada essa decisão, as quais irão permitir sustentar mais adequadamente o conjunto de parâmetros em torno dos quais se irá formar a convicção do órgão ou agente administrativo tributário competente para a decisão.

Tem-se assim que, desde que exista a possibilidade de os interessados, através da participação no procedimento no exercício da *audiência prévia*, induzirem a administração a alterar a sua posição, o vício de preterição dessa formalidade nunca poderá ser considerado inócuo, mas ao contrário, revelando-se sempre nos seus efeitos invalidantes.

Parece-nos evidente que, não tendo o legislador atribuído qualquer efeito cominatório à falta de exercício do direito de audição, não pode em razão dessa falta de participação na formação do acto tributário, aventar-se qualquer hipótese de tal se consubstanciar num motivo para cercear os direitos impugnatórios inerentes ao princípio de acesso à justiça e aos tribunais relativamente ao acto tributário[282]. Essa conclusão não nos impede contudo de considerar reprovável a falta de exercício do direito de audição, porque está em causa não só a efectividade do princípio da colaboração, como também da cabal utilização dos meios administrativos de defesa, os quais sempre deveriam ser esgotados em vista a evitar a utilização desmedida dos meios judiciais.

---

[282] Em todo o caso, tal como refere Lima Guerreiro em anotação ao art. 60.º "*a expressão «pode», utilizada no número 1 do presente artigo, indica claramente que a audição é um direito do contribuinte, ficando na discricionariedade deste o seu exercício. É, no entanto, à administração tributária, que é quem tem a iniciativa do procedimento, que cabe suscitar a audição e não este que tem o ónus de requerer à administração tributária o seu exercício, sem prejuízo da possibilidade de o poder fazer quando a administração tributária não cumpra essa obrigação legal. O não exercício dessa faculdade não tem quaisquer reflexos, no entanto, no plano da legalidade do acto, não sanando o vício da falta de audição.*"

7.5. O procedimento de Revisão dos Actos Tributários

Como já antes tivemos oportunidade de deixar evidenciado, a par da possibilidade de revisão dos actos tributários com que somos confrontados no art. 78.º da LGT, (a qual pode ser efectuada por iniciativa dos sujeitos passivos ou da administração tributária), o legislador manteve no art. 10.º/1-b) do CPPT, a estipulação de que é competência dos serviços da administração tributária a revisão oficiosa dos actos tributários. E assim sendo, independentemente de qual dos sujeitos da relação jurídica tributária, de quem parta a iniciativa para a revisão, a sua concretização tem necessariamente de ser efectivada pela administração tributária através de um procedimento administrativo adequado.

A partir do referido quadro legal, consideramos que o carácter oficioso do procedimento de revisão dos actos tributários não se identifica com o resultado da revisão, na perspectiva de que esta seria oficiosa se efectuada a favor da Fazenda Pública. O que nos permite portanto concluir que a oficiosidade é uma característica que, além de intrínseca da tramitação do procedimento de revisão, pode emergir também do protagonismo que a administração pode assumir no impulso procedimental.[283]

Em face do disposto no art. 78.º da LGT, podemos afirmar que estamos perante um instituto de características eminentemente administrativas, em que se confundem as garantias e os direitos dos contribuintes[284], mas onde também não se procede a uma delimitação inequívoca do âmbito atribuído à expressão *"actos tributários"*, tudo isto passível portanto de gerar algumas controvérsias, perspectiva esta que advém do facto de:

---

[283] Na verdade, também em alguns códigos como o do IRS (cfr. art. 93.º) se mantém a referência a "revisão oficiosa", na perspectiva de correcção de erros dos serviços, ainda que se remeta para o art. 78.º da LGT os termos em que a mesma deverá ser efectuada.

[284] A revisão dos actos tributários constitui um poder-dever da Administração Tributária, o qual se traduz na possibilidade legal de intervenção de uma pessoa ou entidade na esfera de outra no interesse desta, vinculando aquela a uma obrigação de actuar.

- pontificar a <u>garantia</u> dos administrados de que a administração tributária, vinculada que está aos princípios constitucionais da legalidade, justiça, imparcialidade e da boa fé, verificando que foi cometido um erro no procedimento tributário, que não apenas no acto tributário *tout court* ou acto de liquidação, procede à revisão da sua actuação tornando conforme à lei aquilo que, independentemente do motivo, padecia de qualquer anomalia;
- concomitantemente surgir agora o <u>direito</u> dos administrados a exigir a revisão do procedimento, em situações que, podendo ser dirimidas em sede de procedimento de reclamação graciosa, tendo ou não sido ultrapassado o prazo para aquela, e na sua vez ou cumulativamente, pode ser solicitada a revisão do procedimento tributário, que negativamente se repercutiu na esfera jurídica do contribuinte, sem que contudo se possa confundir com um erro praticado nesse procedimento pela administração tributária;
- acrescendo o facto de, não obstante a epígrafe do artigo referir "revisão dos actos tributários", se abrir a possibilidade de no âmbito da revisão estar abrangido o apuramento da matéria tributável, o que amplia a vulgar noção de acto tributário associada à liquidação do imposto.

7.5.1. A quem é dirigido e onde é apresentado o pedido

A revisão dos actos tributários é, de acordo com o n.º 1 do art. 78.º da LGT, efectuada pela entidade que praticou o acto de que seja solicitada essa revisão. Coloca-se assim a questão de saber a quem deve ser dirigido o pedido de revisão, porque, actualmente e na sua maioria, os actos tributários de liquidação são hoje comummente emitidos em nome do Director-Geral dos Impostos.[285] De facto, por força da

---

[285] Nos impostos sobre o rendimento, a competência para a liquidação é do Director Geral dos Impostos, vidé no CIRS, art. 75.º e no CIRC art. 82.º.

No IRC, prevalece a regra da autoliquidação a qual para efeitos de pedido de revisão se encontra equiparada a erro dos serviços (cfr. art. 78.º/2 da LGT).

informatização e consequente massificação dos procedimentos no plano da emissão de notas demonstrativas das liquidações e de cobrança, tornou-se vulgar esses documentos, além de serem emitidas pelos serviços centrais da DGCI, conterem a assinatura digitalizada do Director-Geral dos Impostos.

Pelo que, se é certo que via de regra será dirigido à entidade que o praticou, poder-se-á sempre deitar mão da disposição supletiva do art. 61.º/4 da LGT, observando-se ainda neste âmbito e no que respeita ao lugar de apresentação, as regras de territorialidade dos vários impostos[286].

---

[286] Em relação ao local apresentação de requerimentos dirigidos aos órgãos da administração tributária e dos eventuais conflitos de competência territorial, haverá que ter presente a determinação constante do n.º 2 do art. 61.º da LGT, nos termos do qual, *"O órgão da administração tributária material ou territorialmente incompetente é obrigado a enviar as peças do procedimento para o órgão da administração tributária competente no prazo de quarenta e oito horas após a declaração de incompetência, considerando-se o requerimento apresentado na data do primeiro registo do processo."*

Sobre esta matéria ver ainda o disposto no artigo 34.º do CPA, aplicável no procedimento e processo tributário por remissão do artigo 2.º do CPPT.

Ainda em relação às questões de territorialidade, transcrevem-se de seguida algumas das normas dos códigos tributários:

Art. 142.º CIRS

1 – Para efeitos deste imposto, os actos tributários, qualquer que seja a sua natureza, consideram-se praticados no serviço de finanças da área do domicílio fiscal do sujeito passivo ou do seu representante.

2 – Tratando-se de não residentes que não tenham nomeado representante, os actos tributários a que se refere o número anterior consideram-se praticados no Serviço de Finanças de Lisboa 3.

Art. 113.º/1 CIMI

1 – O imposto é liquidado anualmente, em relação a cada município, pelos serviços centrais da Direcção-Geral dos Impostos, com base nos valores patrimoniais tributários dos prédios e em relação aos sujeitos passivos que constem das matrizes em 31 de Dezembro do ano a que o mesmo respeita.

Saliente-se ainda o facto de, no caso de ser invocada injustiça grave ou notória, uma tal revisão, pelo seu carácter de excepcionalidade, estar sempre sujeita a autorização do dirigente máximo do serviço, o Director Geral dos Impostos (cfr. art. 78.º/4 da LGT).

Art. 21.º/1 CIMT

1 – O IMT é liquidado pelos serviços centrais da Direcção-Geral dos Impostos, com base na declaração do sujeito passivo ou oficiosamente, considerando-se, para todos os efeitos legais, o acto tributário praticado no serviço de finanças da área da situação dos bens.

Art. 23.º CIS

1 – A liquidação do imposto compete aos sujeitos passivos referidos no n.º 1 do artigo 2.º
2 – Tratando-se de imposto devido por operações de crédito ou garantias prestadas por um conjunto de instituições de crédito ou de sociedades financeiras, a liquidação do imposto pode ser efectuada globalmente por qualquer daquelas entidades, sem prejuízo da responsabilidade, nos termos gerais, de cada uma delas em caso de incumprimento.
3 – O imposto devido pelas operações aduaneiras é liquidado pelos serviços da Direcção-Geral das Alfândegas e dos Impostos Especiais sobre o Consumo e pago junto destes serviços, observando-se o disposto na regulamentação comunitária relativa aos direitos aduaneiros, quer estes sejam ou não devidos, designadamente, no que respeita à liquidação, às condições e prazos de pagamento, ao prazo de caducidade do direito à liquidação, à cobrança a posteriori, ao reembolso e à dispensa de pagamento.

Art. 25.º do CIS

1 – A liquidação do imposto devido pelas transmissões gratuitas compete aos serviços centrais da DGCI, sendo promovida pelo serviço de finanças da residência do autor da transmissão ou do usucapiente, sempre que os mesmos residam em território nacional.

Art. 91.º do CIRC

1 – A Direcção-Geral dos Impostos procede à liquidação adicional quando, depois de liquidado o imposto, seja de exigir, em virtude de correcção efectuada nos termos do n.º 10 do artigo 83.º ou de fixação do lucro tributável por métodos indirectos, imposto superior ao liquidado.

O conceito de injustiça grave e notória encontra-se definido no n.º 5 da norma em apreço, em cujos termos, *apenas se considera notória a injustiça ostensiva e inequívoca e grave a resultante de tributação manifestamente exagerada e desproporcionada com a realidade ou de que tenha resultado elevado prejuízo para a Fazenda Nacional.*

7.5.2. O objecto do pedido

Quanto ao objecto do pedido, uma vez que a epígrafe do artigo 78.º da LGT, é a *"revisão dos actos tributários"*, coloca-se a questão de saber o que deve ser entendido, também neste caso, por "acto tributário".

Consideramos estar em presença de uma visão abrangente do que pode ser considerado como *"acto tributário"*. Porque comungamos da perspectiva de que, são actos tributários os actos de liquidação em sentido amplo, donde uma determinação do montante de imposto, há-de compreender: *"(...) 1) o lançamento subjectivo destinado a determinar ou identificar o contribuinte ou sujeito passivo da relação jurídica fiscal, 2) o lançamento objectivo através do qual se determina a matéria colectável ou tributável do imposto, 3) a liquidação "stricto sensu" traduzida na determinação da colecta através da aplicação da taxa à matéria colectável ou tributável, e 4) as (eventuais) deduções à colecta."*.[287]

Por essa razão entendemos que, a *revisão do acto tributário* compreende os actos tributários quer eles sejam finais ou intermédios, negativos ou positivos. Sendo pois a revisão de todos estes actos tributários que se encontra referida no art. 78.º da L.G.T.

Se dúvidas subsistissem relativamente a este carácter abrangente, elas sempre ficariam afastadas face ao que se encontra previsto nos n.ᵒˢ 4 e 7 do citado art. 78.º da LGT, uma vez que aí se configura a possibilidade de rever não o acto tributário *tout court*, mas a matéria tributável apurada, com fundamento em injustiça grave ou notória. Com uma particularidade que não deve ser escamoteada, a de que, dessa matéria tributável tenha resultado um manifesto prejuízo, o qual

---

[287] José Casalta Nabais, *Direito Fiscal*, Almedina, 2002, pág. 253.

tanto pode verificar-se em relação ao sujeito passivo em relação ao qual foi apurada, através de uma tributação exagerada e desproporcionada, como ao invés um elevado prejuízo para a Fazenda Nacional.

7.5.3. *Em que prazos*

Relativamente aos prazos em que a revisão dos actos tributários pode ser solicitada, eles divergem consoante as circunstâncias em que se baseia a revisão, nomeadamente, de quem parte a iniciativa e os fundamentos da mesma. Sendo certo que, desde que exercido o direito, lhe é aplicável o princípio da decisão a que está vinculada a administração tal como se encontra previsto no art. 56.º/1 da LGT.

De um modo genérico, ela pode ser solicitada pelos sujeitos passivos, nos prazos da reclamação administrativa[288], com fundamento em qualquer ilegalidade.

Pode também ter lugar no prazo de três anos posteriores ao do acto tributário, com fundamento em injustiça grave e notória, mediante autorização do dirigente máximo do serviço e tendo por objecto a matéria tributável apurada, exceptuando-se as situações em que o erro seja imputável a comportamento negligente do contribuinte, (cfr. art. 78.º/1 e 4 da LGT).

Por iniciativa da administração, pode ser efectuada nos prazos de: quatro anos após a liquidação, com fundamento em qualquer ilegalidade; ou a todo o tempo se o tributo ainda não tiver sido pago, com

---

[288] A remissão para os prazos de reclamação administrativa leva a que tenhamos de ter em devida conta o prazo normal de 120 dias previsto no art. 70.º/1 do CPPT, (em vigor desde 01 de Janeiro de 2006 nos termos da Lei n.º 60-A/2005 de 30 de Dezembro) contado da verificação de qualquer dos factos previstos no art. 102.º do CPPT. Sendo certo que, no caso de documento ou sentença superveniente bem como outro facto que não tivesse sido possível invocar naquele prazo, a sua contagem tem início na data em que se tornou possível ao reclamante obter o documento ou conhecer o facto (cfr. art. 70.º/4 do CPPT). Quando os fundamentos da reclamação graciosa/pedido de revisão constarem de documento público ou sentença, o prazo a que nos vimos referindo suspende-se entre a solicitação e a emissão do documento e a instauração e decisão da acção judicial (cfr. art. 70.º/5 do CPPT).

fundamento em erro imputável aos serviços[289] (cfr. art. 78.º/1 da LGT).

Para além dos prazos citados, pode ainda ser efectuada a revisão no prazo de quatro anos por motivo de duplicação de colecta e, esta existirá sempre que, estando pago por inteiro um tributo, se exigir da mesma ou de diferente pessoa um outro de igual natureza, referente ao mesmo facto tributário e ao mesmo período de tempo (art. 78.º/6 da L.G.T. e art. 205.º do C.P.P.T.).

Ainda em relação aos prazos durante os quais os interessados podem solicitar a revisão, vem sendo entendido pela doutrina que, "*no entanto o contribuinte tem ainda a faculdade de pedir a denominada revisão oficiosa do acto, dentro dos prazos em que a administração tributária a pode efectuar, previstos no art. 78.º da LGT. Porém, nestes casos, o pedido de revisão não pode ter como fundamento qualquer ilegalidade, como sucede no caso da reclamação efectuada no prazo da reclamação administrativa, mas apenas erro imputável aos serviços (parte final do n.º 1 deste art. 78.º), ... injustiça grave e notória (...) ou duplicação de colecta (...)*".[290]

Sendo igualmente esta a interpretação seguida pela jurisprudência ao considerar que, mesmo quando oficiosa, a revisão do acto tributário

---

[289] O erro na autoliquidação é para efeitos de revisão de acto tributário considerado como erro imputável aos serviços (art. 78.º/1 e 2 da L.G.T.).

[290] Diogo Leite de Campos /Benjamim Silva Rodrigues/Jorge Lopes de Sousa LGT comentada e anotada 3ª Edição 2003 pág. 410, nota 14.

Sendo neste mesmo sentido que se pronuncia a jurisprudência, porque, se "(...) *III)- A revisão oficiosa é, por definição, a revisão do acto tributário por iniciativa da AT que pode ter lugar no prazo de quatro anos a contar da liquidação ou a todo o tempo, se o tributo não estiver pago (cfr. n.º 1 do art. 78.º da LGT).*

IV) – E à luz do princípio de que o que pode ser feito oficiosamente pode ser feito a pedido dos interessados, que é corolário dos princípio da prevalência da substância sobre a forma e dos direitos constitucionais de petição e de participação, nada impede que os interessados requeiram à AT a revisão dos actos tributários, mesmo nos casos em que o art. 78.º prevê que a revisão é da inicitaiva dos serviços.

V) – E tanto assim que o n.º 6 do citado normativo comina que «interrompe o prazo da revisão oficiosa do acto tributário ou da matéria tributável o pedido do contribuinte dirigido ao órgão competente da administração tributária para a sua realização», interrupção essa que tem como consequência o início de novo prazo, idêntico ao inicial, a partir da data da formulação do pedido." (Ac. do T.C.A., P.º n.º 00262/04, de 11/01/2005, in Bases Jurídico Documentais http://www.dgsi.pt).

pode ser impulsionada por pedido dos contribuintes e, desde que se verifiquem os respectivos pressupostos legais, tal pedido faz impender sobre a administração tributária o dever de decidir se a leva ou não a efeito.[291]

	Prazo	*Fundamento*	Prazo	
Iniciativa do Contribuinte	De reclamação administrativa 120 dias (art. 70.º/1 do CPPT)	Qualquer Ilegalidade	–	Iniciativa da Administração
	Quatro anos após a liquidação / todo o tempo se o tributo não tiver sido pago	Erro imputável aos Serviços	Quatro anos após a liquidação / todo o tempo se o tributo não tiver sido pago	
	Três anos posteriores ao do acto tributário	Injustiça grave e notória	–	
	Quatro anos	Duplicação de colecta	Quatro anos	

---

[291] Ao abordar a tempestividade dos pedidos de revisão nos termos do art. 78.º da LGT, o STA tem propugnado o entendimento de que, "(…) *Emergem deste dispositivo dois prazos: o de noventa dias a contar do termo do prazo para pagamento voluntário para a revisão por iniciativa do contribuinte (cfr. artigos 70.º, 1, e 102.º, 1, do CPPT) e o de quatro anos para a revisão por iniciativa da AF.*

Porém, como bem se nota no acórdão desta Secção de dois de Abril último – recurso n.º 1771/02-30, «o facto de a lei estabelecer um prazo de 90 dias para o contribuinte pedir, por sua iniciativa, a revisão do acto tributário não significa que o contribuinte não possa, no prazo da revisão oficiosa, pedir esta revisão oficiosa. Com efeito, o artigo 78.º, n.º 6, da LGT diz que interrompe o prazo da revisão oficiosa O PEDIDO DO CONTRIBUINTE DIRIGIDO AO ÓRGÃO COMPETENTE DA ADMINISTRAÇÃO TRIBUTÁRIA PARA A SUA REALIZAÇÃO.

Isto é, o contribuinte pode pedir a revisão oficiosa no prazo que a lei concede à Administração para o fazer.

E se o contribuinte pode fazer um pedido de revisão oficiosa, o indeferimento desse pedido não pode deixar de ser um acto lesivo para efeitos de abrir a via contenciosa.

Tem sido a jurisprudência seguida por este STA pelo menos desde o acórdão de 30.I.2002 proferido no Proc.º n.º 26 231, que tratou dos princípios da equivalência e da efectividade do direito comunitário, que os contribuintes podem pedir a revisão oficiosa dos actos tributários dentro do prazo que a lei dá à própria Administração e que podem recorrer contra o indeferimento desse pedido.»

Permitimo-nos chamar a atenção para duas particularidades: uma que se prende com o facto da apresentação do pedido pelo contribuinte interromper o prazo de revisão e, logo, começa aí a contar novo prazo, nos termos do art. 326.º do C.C. (cfr. art. 78.º/7 da LGT); a outra o carácter de última ratio ou instrumento de defesa, que a revisão dos actos tributários representa para os contribuintes, esgotados que estejam os prazos dos outros meios contenciosos administrativos.

7.5.4. *Tramitação*

Tratando-se como se trata de um procedimento puramente administrativo, aplicam-se-lhe os mesmos princípios e regras que são aplicadas ao procedimento tributário, nomeadamente ao procedimento de reclamação graciosa. Mas, com as adaptações inerentes ao facto de, como já se referiu, nem todas as revisões de actos terem por base um pedido formalizado pelos contribuintes. Por esse motivo, a primeira peça do procedimento pode não ser uma petição inicial do interessado, mas tão somente uma informação prestada pelos serviços onde se procede à caracterização, de facto e de direito, da situação a ser revista, devendo essa informação dar lugar a uma decisão no sentido de ser ou não iniciado o procedimento.

A revisão do acto tributário terá também de passar pela instauração do respectivo procedimento, a partir do qual se verificarão:

- os aspectos essenciais e respectivos documentos de suporte que hão-de integrar o procedimento como elementos de prova;
- da existência ou utilização de outros meios contenciosos (reclamação ou impugnação judicial) cuja utilização não pode ser simultânea face ao disposto no art. 97.º/2 da LGT;

No mesmo sentido, vide o acórdão desta Secção de 20.III.2002 – rec. 26 580.

In casu, a empresa ora recorrente podia formular o pedido de revisão oficiosa até 21 de Fevereiro de 2005, sendo, pois, patente a tempestividade do mesmo, excepção peremptória que, aliás, não esteve presente no decretado indeferimento do pedido de revisão oficiosa." (Ac. do S.T.A., P.º n.º 0945/03, de 02/07/2003, in Bases Jurídico Documentais http://www.dgsi.pt).

- a legitimidade do(s) requerente(s) e,
- a tempestividade do pedido.

Nos casos em que seja invocada pelos interessados "injustiça grave ou notória" e, em que a revisão da matéria tributável apurada terá de ser autorizada pelo dirigente máximo do serviço, o procedimento passa, no entanto, pela elaboração de uma proposta prévia, no sentido de ser ou não concedida a autorização indispensável à abertura do procedimento de revisão.

Na sequência do que será prestada uma informação que culmina com uma proposta de decisão para o procedimento de revisão, cujo teor deve ser dado a conhecer ao interessado, conferindo-lhe por força do princípio da participação, um prazo para exercer o direito de audição. Ainda que apenas nas situações de indeferimento total ou parcial do pedido (cfr. art. 60.º/1-b) da LGT).

7.5.5. *Competência para a decisão*

Em relação à competência para decidir os pedidos de revisão, resulta evidente do quadro legal estabelecido que é reconhecida a competência de rever à entidade ou órgão da administração tributária que praticou o acto objecto de revisão.

O que não impede porém que se possa questionar esta solução, a qual do nosso ponto de vista colide, em termos comparativos, com o que se encontra previsto em sede de decisão do procedimento de reclamação graciosa, tudo porque, os traços distintivos entre estes dois institutos não são assim tão evidentes quanto ao objecto e efeitos, sobretudo porque o procedimento de revisão tal como se encontra previsto tem um carácter mais abrangente que o da reclamação graciosa.

7.5.6. *Efeitos*

Relativamente aos efeitos do procedimento de revisão, devem equacionar-se segundo as respectivas origens ainda e sempre na perspectiva de que, pela sua natureza, ele visa somente o interesse dos sujeitos passivos. E, assim sendo, parece-nos obvio que se tiver sido instaurado por iniciativa da administração, o seu efeito será necessariamente positivo, já porém no caso de ter sido instaurado por iniciativa do sujeito passivo, podemos equacionar a hipótese de a sua decisão poder ficar aquém do pretendido pelo interessado, podendo o procedimento merecer uma das seguintes decisões:

• Deferimento;
• Deferimento parcial, ou
• Indeferimento.

Na primeira hipótese que se consubstancia num resultado positivo para o interessado, a repercussão será a anulação, pela administração tributária, do acto tributário revisto. Quanto ao deferimento parcial, como facilmente se depreende, são aquelas situações em que, a administração tributária, embora reconhecendo erros no acto que deu origem ao pedido de revisão, não reconhece a existência de uma situação de anulação total do(s) acto(s) tributário(s), o que implica que a administração procede apenas a uma anulação parcial. Caso a decisão seja de indeferimento, então o pedido formulado na petição carece de fundamento na óptica da administração.

Assim, na sequência quer do deferimento parcial ou do indeferimento do pedido de revisão, pode o reclamante recorrer dessa decisão pelas vias legais de que dispõe e cujo conhecimento lhe tem de ser transmitido quando notificado da decisão.

7.5.7. *Os meios de reacção*

Quanto aos meios de reacção, colocam-se em equação as duas hipóteses mais plausíveis de utilização de meios contenciosos, os puramente administrativos ou os meios judiciais. No plano administrativo poderão os interessados, nos termos do art. 66.º do CPPT e 80.º da LGT interpor recurso hierárquico, o qual terá também neste caso natureza facultativa e efeito devolutivo (cfr. art. 67.º/1 do CPPT). Em relação aos meios judiciais convém não esquecer que a impugnação dos actos administrativos em matéria tributária, (cfr. art. 97.º do CPPT), consagra, entre outros, a existência de dois meios processuais: a impugnação judicial quando esteja em causa, nomeadamente, "a apreciação da legalidade do acto de liquidação" e o recurso contencioso, agora *Acção Administrativa Especial*, quando não é esse o objecto do pedido em causa. Daí que a correcta utilização de um destes tipos de processos, (impugnação judicial[292], ou acção administrativa especial)[293], passa pela referida distinção primordial entre acto de liquidação e os restantes actos do procedimento.

Em função do meio de reacção adoptado, assim será o prazo de interposição de cada um deles na sequência do indeferimento total ou parcial do pedido de revisão de que decorram, assim:

- caso seja deduzido recurso hierárquico, o prazo será de 30 dias a contar da notificação do acto respectivo e perante o autor do acto recorrido (cfr. art. 66.º do CPPT);

---

[292] De facto, o processo judicial tributário compreende além da impugnação dos actos administrativos em matéria tributária que comportem a apreciação da legalidade do acto de liquidação (cfr. art. 97.º/1-d) do CPPT), o recurso contencioso do indeferimento total ou parcial ou da revogação de isenções ou outros benefícios fiscais, quando dependentes de reconhecimento da administração tributária, bem como de outros actos administrativos relativos a questões tributárias que não comportem apreciação da legalidade do acto de liquidação (cfr. art. 97.º/1-p) do CPPT). Perante uma tal abrangência, nada parece obstar a que também se possa considerar abrangido o despacho de indeferimento de pedido de revisão oficiosa de liquidação.

É que, não obstante a natureza meramente administrativa de que se reveste a revisão do acto tributário a decisão que sobre ele seja proferida é directamente impugnável (cfr. art.s. 95.º/1 e 2-d), da LGT e art. 97.º/ 1-d) e 102.º/1-e) do CPPT).

[293] Neste sentido se tem pronunciado a jurisprudência ao entender que, "*o despacho que indefere, por intempestividade, o pedido de revisão de acto de liquidação, é susceptível de recurso contencioso e não de impugnação judicial.*

O erro na forma de processo é corrigível nos termos do art. 97.º n.º 3 do C.P.P.T. e 199.º do C.P.Civil.

Deduzida impugnação contra o despacho que indeferiu, por intempestividade, pedido de revisão do acto de liquidação, deve ordenar-se a correcção do processo para a forma do recurso contencioso, se o pedido e a causa de pedir se ajustarem a esta forma e a interposição for tempestiva." (Ac. do S.T.A., P.º n.º 0638/03, de 20/05/2003, in Bases Jurídico Documentais http://www.dgsi.pt).

- se o reclamante optar pela impugnação judicial, o prazo para a sua interposição será de 90 dias, (cfr. art. 102.º/1-e) do CPPT);[294]
- se for deduzida acção administrativa especial *v.g.* recurso contencioso, no prazo de três meses (cfr. art. 46.º e 58.º/2-b) do CPTA).[295]

Os meios de reacção referidos visam sindicar a decisão sobre o objecto do pedido de revisão, no sentido em que são impugnáveis ou recorríveis todos os actos lesivos dos direitos ou interesses dos contribuintes (cfr. art. 95.º/1 da LGT), sobre eles recaindo o ónus de ver os meios graciosos e contenciosos que a lei põe à sua disposição e saber escolher o meio processual correcto e dentro do respectivo prazo legal. Se escolherem um meio processual errado e o tribunal não puder proceder à sua convolação para o correcto, isso significa que não pode,

---

[294] A possibilidade de impugnação do acto de indeferimento do pedido de revisão tem vindo a ser aceite pela jurisprudência do STA, "(...) *a recorrente, em vez de pedir ao RNPC a revisão oficiosa do acto tributário, para o que tinha 5 anos, deduziu a impugnação judicial para além do prazo de 90 dias previsto na lei. Vai daí, a M.ª Juíza a quo, e muito bem, decidiu que esse prazo de impugnação judicial já tinha caducado. E, na verdade, os 90 dias já tinham passado foi deduzida a impugnação judicial.*

No pedido, a recorrente pede a anulação da liquidação, o que já não podia pedir por se ter escoado o prazo para o efeito. No recurso jurisdicional para este STA, invoca a jurisprudência do TJCE sobre restituições de quantias indevidas.

Como é óbvio, por razões de processo, a pretensão da recorrente não podia proceder. Se a recorrente pretende a restituição do indevido, terá de o requerer à Administração Tributária respectiva, podendo recorrer para o tribunal contra o acto que recuse a restituição. Mas se a recorrente pretendia tão somente a impugnação judicial, teria de a deduzir no prazo de 90 dias.

Deste modo, temos de concluir que o prazo de 90 dias para impugnação judicial é suficientemente longo para pedir a anulação do acto tributário, e o prazo de 5 anos para pedir a restituição é suficientemente longo para o efeito, sem pôr em causa quer o princípio da equivalência, quer o princípio da efectividade do direito comunitário.

O que a recorrente não pode é aplicar ao prazo de restituição o prazo de impugnação. São coisas completamente diferentes." (Ac. do S.T.A., P.º n.º 026231/02, de 30/01/2002, in Bases Jurídico Documentais http://www.dgsi.pt.).

[295] Se o objecto do recurso for a nulidade ou inexistência do acto impugnado não está sujeito a prazo, (cfr. art. 58.º/1 do CPTA).

por eles, ser alegada qualquer violação do princípio da tutela jurisdicional efectiva.

Subjacente a tudo isto emerge o problema da definitividade dos actos tributários ou em matéria tributável, uma vez que, antes de esgotados os prazos em relação a todos os meios de defesa ao dispôr dos contribuintes, não poderá com uma absoluta certeza apontar para a estabilização definitiva desses actos[296].

7.5.8. *O procedimento de revisão excepcional do lucro tributável*

O instituto de revisão dos actos tributários plagemado no art. 78.º da LGT, acolhe ainda no seu n.º 4, e daí o seu carácter tão amplo, a possibilidade de revisão da matéria tributável, ainda que, com carácter excepcional e dependente de autorização do dirigente máximo do serviço, dentro dos três anos posteriores ao do acto tributário, com fundamento em injustiça grave ou notória, desde que o erro não seja imputável a comportamento negligente do contribuinte (cfr. art. 78.º/4 da LGT). Encontrando-se definido que, *apenas se considera notória a injustiça ostensiva e inequívoca e grave a resultante de tributação manifestamente exagerada e desproporcionada com a realidade ou de que tenha resultado elevado prejuízo para a Fazenda Nacional.* (cfr. art. 78.º/5 da LGT).

Contudo ressalta evidente do disposto neste número que a revisão da matéria tributária aqui preconizada, ao contrário do que acontece em relação à revisão dos actos tributários antes referidos, cujo único

---

[296] Nesta perspectiva se afirma que, "*I – Permitindo a lei a revisão do acto tributário, não é possível falar-se de uma estabilização definitiva dos efeitos do acto tributário sem que todos os prazos da sua reclamação, impugnação judicial, de revisão e de recurso contencioso estejam esgotados.*

II – Mesmo quando oficiosa, a revisão do acto tributário pode ser impulsionada por pedido dos contribuintes, tendo a administração tributária o dever de proceder a ela, caso se verifiquem os respectivos pressupostos legais." (Ac. do S.T.A., P.º n.º 026580, de 20/03/2002, in Bases Jurídico Documentais http://www.dgsi.pt.

beneficiário pode ser o sujeito passivo, esta pode ser efectuada também em benefício da administração tributária. Na mesma linha de orientação se encontra estabelecido idêntico procedimento no art. 57.º/1 do CIRC, que sob a epígrafe de *Revisão excepcional do lucro tributável*, dispõe que: *O lucro tributável determinado por métodos indirectos pode ser revisto nos três anos posteriores ao do correspondente acto tributário, quando, em face de elementos concretos conhecidos posteriormente, se verifique ter havido injustiça grave ou notória em prejuízo da Fazenda Pública ou do contribuinte e a revisão seja autorizada pelo director-geral dos impostos.* Como se pode verificar, nesta disposição apenas estão abrangidas as situações de determinação indirecta da matéria tributável.

Em sede de IVA, encontramos também a previsão legal de revisão, com carácter de excepcionalidade, de erros praticados em declarações e guias de pagamento, diz-nos o art. 71.º/6 do CIVA que, "*A correcção de erros materiais ou de cálculo no registo a que se referem os artigos 44.º a 51.º e 65.º, nas declarações mencionadas no artigo 40.º e nas guias ou declarações mencionadas nas alíneas b) e c) do n.º 1 do artigo 67.º, é facultativa quando resultar imposto a favor do sujeito passivo, mas só poderá ser efectuada no prazo de dois anos, que, no caso do exercício do direito à dedução, será contado a partir do nascimento do respectivo direito nos termos do n.º 1 do artigo 22.º, sendo obrigatória quando resulte imposto a favor do Estado*".

7.6. Revisão Oficiosa ou Liquidação adicional

Face à abordagem que aqui fizemos sobre a revisão do acto tributário, sempre na perspectiva da sua repercussão positiva na esfera jurídica do contribuinte, a mesma ficaria incompleta se não aludíssemos, ainda que sinteticamente, àquela outra *revisão* também ela praticada oficiosamente pelos serviços da administração tributária, mas neste caso sem qualquer impulso voluntário dos contribuintes visados e a que a administração recorre, de acordo com os princípios da legalidade, da justiça e da prossecução do interesse publico, mas esta de efeitos negativos para o contribuinte.

É que, como não poderia deixar de ser, regendo-se a administração entre outros por aqueles princípios, detectando qualquer erro no acto tributário por si praticado, deve dentro dos respectivos quadros legais proceder à sua correcção, sempre que detecte que a alguém foi liquidado imposto a menos ou devolvido, compensado ou anulado imposto a mais.

Trata-se assim de praticar um acto através do qual se acresce algo ao que anteriormente havia sido praticado. Mas "*... ao invés do que sucede com a anulação, o acto adicional não revoga o acto tributário viciado: porque se trata de uma nulidade simplesmente parcial, a lei mantém todos os efeitos ao acto primitivamente praticado, limitando--se a exigir que a Administração, pela prática de um novo acto, titule juridicamente o excedente ou a diferença que não fora previamente objecto de declaração. Longe de o destruir, o novo acto «adiciona-se» ao primeiro, concorrendo ambos para a definição da prestação legalmente devida*"[297].

Afigura-se óbvio que não estaremos perante outra coisa que não a reposição da verdade fiscal, para tanto, a administração tributária (sujeito activo do procedimento tributário) recorre àquilo a que denomina de *liquidação adicional.*[298] Pelo que, pressupondo sempre a existência de um acto tributário, não se poderá dizer que se trata nesses casos de uma revisão propriamente dita, mas antes a prática de um acto

---

[297] Alberto Xavier, obra citada, pág. 128 e 129.

[298] Transcrevem-se de seguida os artigos existentes nos vários códigos artigos sobre a Liquidação adicional:

Art. 89.º CIRS

"*1 – Procede-se a liquidação adicional sempre que, depois de liquidado o imposto, se verifique ser de exigir em virtude de correcções efectuadas nos termos do disposto no n.º 2 do artigo 76.º ou de fixação do rendimento tributável, nos casos previstos neste Código, imposto superior ao liquidado.*

2 – Procede-se ainda a liquidação adicional, sendo caso disso, em consequência de:

   a) Exame à contabilidade do sujeito passivo;
   b) Erros de facto ou de direito ou omissões verificadas em qualquer liquidação, de que haja resultado prejuízo para o Estado."

tributário *ex novo*, obviamente condicionado a todas as premissas legais que lhe são inerentes. E, porque não podemos conceptualizar a *liquidação adicional*, como uma revisão de acto tributário, nos termos

Art. 91.º do CIRC

"*1 – A Direcção-Geral dos Impostos procede à liquidação adicional quando, depois de liquidado o imposto, seja de exigir, em virtude de correcção efectuada nos termos do n.º 10 do artigo 83.º ou de fixação do lucro tributável por métodos indirectos, imposto superior ao liquidado.*
2 – A Direcção-Geral dos Impostos procede ainda a liquidação adicional, sendo caso disso, em consequência de:
  a) Revisão do lucro tributável nos termos do artigo 57.º;
  b) Exame à contabilidade efectuado posteriormente à liquidação correctiva referida no n.º 1;
  c*) (Eliminado.)
  d) Erros de facto ou de direito ou omissões verificados em qualquer liquidação."

Art. 82.º do CIVA

"*1 – Sem prejuízo do disposto no artigo 84.º, o chefe de repartição de finanças procederá à rectificação das declarações dos sujeitos passivos quando fundamentadamente considere que nelas figure um imposto inferior ou uma dedução superior aos devidos, liquidando-se adicionalmente a diferença.*
2 – As inexactidões ou omissões praticadas nas declarações poderão resultar directamente do seu conteúdo, do confronto com declarações de substituição apresentadas para o mesmo período ou respeitantes a períodos de imposto anteriores, ou ainda com outros elementos de que se disponha, designadamente os relativos a IRS, IRC ou informações recebidas no âmbito da cooperação administrativa comunitária e da assistência mútua.
3 – As inexactidões ou omissões poderão igualmente ser constatadas em visita de fiscalização efectuada nas instalações do sujeito passivo, através de exame dos seus elementos de escrita, bem como da verificação das existências físicas do estabelecimento.
4 – Se for demonstrado, sem margem para dúvidas, que foram praticadas omissões ou inexactidões no registo e na declaração a que se referem, respectivamente, a alínea a) do n.º 2 do artigo 65.º e a alínea c) do n.º 1 do art. 67.º, proceder-se-á à tributação do ano em causa com base nas operações que o sujeito passivo presumivelmente efectuou, sem ter em conta o disposto no n.º 1 do artigo 60.º.

em que se encontra prevista no art. 78.º da LGT, nomeadamente quanto aos prazos em que pode ser efectuada, teremos de a enquadrar na previsão legal e geral dos actos de liquidação (cfr. art. 45.º e 46.º da LGT)[299].

---

5 – (Redacção dada pelo artigo 1.º do Decreto-Lei n.º 91/96, de 12 de Julho) Quando as liquidações adicionais respeitarem a aquisições intracomunitárias de bens não mencionadas pelo sujeito passivo nas suas declarações periódicas de imposto ou a transmissões de bens que os sujeitos passivos considerarem indevidamente como transmissões intracomunitárias isentas ao abrigo do artigo 14.º do Regime do IVA nas Transacções Intracomunitárias, considerar-se-á, na falta de elementos que permitam determinar a taxa aplicável, que as operações são sujeitas à taxa prevista na alínea c) do n.º 1 do artigo 18.º, sem prejuízo de a liquidação ficar sem efeito se o sujeito passivo proceder à regularização da sua situação tributária, ilidir a presunção ou demonstrar que a falta não lhe é imputável.

6 – A adopção por parte do sujeito passivo, no prazo de 30 dias a contar da data da notificação a que se refere o artigo 27.º, de um dos procedimentos previstos na parte final do número anterior terá efeitos suspensivos."

ART. 31.º DO CIMT

"1 – Em caso de omissão de bens ou valores sujeitos a tributação ou havendo indícios fundados de que foram praticados ou celebrados actos ou contratos com o objectivo de diminuir a dívida de imposto ou de obter outras vantagens indevidas, são aplicáveis os poderes de correcção atribuídos à administração fiscal pelo presente Código ou pelas demais leis tributárias.

2 – Quando se verificar que nas liquidações se cometeu erro de facto ou de direito, de que resultou prejuízo para o Estado, bem como nos casos em que haja lugar a avaliação, o chefe de finanças promove a competente liquidação adicional.

3 – A liquidação só pode fazer-se até decorridos quatro anos contados da liquidação a corrigir, excepto se for por omissão de bens ou valores, caso em que poderá ainda fazer-se posteriormente, ficando ressalvado, em todos os casos, o disposto no artigo 35.º

4 – A liquidação adicional deve ser notificada ao sujeito passivo, nos termos previstos no Código de Procedimento e de Processo Tributário, a fim de efectuar o pagamento e, sendo caso disso, poder utilizar os meios de defesa aí previstos."

[299] Portanto, também nestes casos, *"I) – A caducidade do direito de liquidação, como a caducidade em geral, serve-se de prazos pré-fixados, caracterizados*

Sem perder de vista que, "... *a caducidade é, em sentido amplo, cessação dum direito, ou duma situação jurídica, não retroactivamente, pela verificação dum facto jurídico "stricto sensu"; em sentido restrito é a cessação dum direito ou duma situação jurídica, não retroactivamente, pelo decurso de um prazo*"[300].

Por seu turno, a liquidação traduz-se numa declaração de vontade da Administração, no sentido de exercer o seu direito, concretizado na exigência de um determinado imposto, e é nesta materialidade que se traduz esta fase da relação jurídica tributária, devidamente autonomizada quer nas regras quer nos princípios que lhe dão suporte legal.

Esta declaração de vontade da Administração, corporizada na liquidação do imposto, define os direitos tributários dos respectivos sujeitos passivos, estando é claro dependente das formalidades estabelecidas nas normas legais em que se baseia a tributação. No essencial encerra a descrição dos elementos identificadores da relação jurídica, aí pontificando em relação a cada facto tributário, as referências materiais e pessoais, que permitem adequar a situação à previsão das normas de incidência de cada imposto, assim acontecendo também em relação às liquidações adicionais.

---

pela peremptoriedade e visa limitar o lapso de tempo a partir do qual ou dentro do qual há-de exercer-se o direito.

II) – Sendo o facto impeditivo da caducidade do direito à liquidação não a sua efectivação mas a notificação da mesma ao sujeito passivo dentro do prazo legalmente estabelecido para a administração fiscal exercitar tal direito, e não se provando que na que haja sido efectivada a notificação do sujeito passivo pela forma legal ou qualquer outra, dentro do referido prazo, tem-se por verificada a caducidade do direito à respectiva liquidação." (Ac. do T.C.A.S., P.º n.º 00899/03 de 01/06/2004, in Bases Jurídico Documentais http://www.dgsi.pt.).

[300] Cfr. Castro Mendes, *Dir. Civil, Teoria Geral, 1979, III-606.*

BIBLIOGRAFIA

ABÍLIO NETO / HERLANDER MARTINS, *Código Civil*, Anotado, 7.ª Edição, Livraria Petrony, Lisboa, 1990;
ABÍLIO NETO, *Código de Processo Civil*, Anotado, 15.ª Edição, Ediforum, Lisboa, 1999;
ALBERTO XAVIER, *Conceito e Natureza do Acto Tributário*, Almedina, Coimbra, 1972;
ALMEIDA COSTA, *Direito das Obrigações*, 5.ª Edição, Almedina, Coimbra, 1991;
ANTÓNIO BRÁS TEIXEIRA, *Princípios de Direito Fiscal*, Almedina, Coimbra, 1986;
ANTÓNIO LIMA GUERREIRO, *Lei Geral Tributária*, Editora Rei dos Livros, Lisboa, 2001.
C.P.T.A. (Lei n.º 15/2002 de 22 de Fev.)
DIOGO FREITAS DO AMARAL, *Direito Administrativo*, II e III Vol., Lisboa, 1989;
DIOGO LEITE CAMPOS / BENJAMIM SILVA RODRIGUES / JORGE LOPES SOUSA, *Lei Geral Tributária*, Anotada, Vislis Editores, Lisboa, 1999;
E.T.A.F. (Lei n.º 13/2002 de 19 de Fev.)
F. PINTO FERNANDES / J. CARDOSO DOS SANTOS, *Código de Processo Tributário*, Anotado, Rei dos Livros, Lisboa, 1991;
F. PINTO FERNANDES / NUNO PINTO FERNANDES, *C.I.M.S.I.S.S.D.*, Anotado, 4.ª Edição, Rei dos Livros, Lisboa, 1997;
GOMES CANOTILHO / VITAL MOREIRA, *Constituição da República Portuguesa*, Anotada, 3.ª Ed., Coimbra Editora, 1993;

Gomes Canotilho / Vital Moreira, *Fundamentos da Constituição*, Coimbra Editora, 1991;

Gomes Canotilho, *Direito Constitucional*, Almedina, Coimbra, 1993;

J. L. Saldanha Sanches, *A Quantificação da Obrigação Tributária, Deveres de Cooperação, Autoavaliação e Avaliação Administrativa*, Cadernos de Ciência e Técnica Fiscal (173), Centro de Estudos Fiscais, Lisboa, 1995;

J. L. Saldanha Sanches, *Estudos de Direito Contabilístico e Fiscal*, Coimbra Editora, (Coimbra, 2000);

J. L. Saldanha Sanches, *Manual de Direito Fiscal*, Lex, (Lisboa, 1998);

J. L. Saldanha Sanches, *O novo Processo Tributário*, Cadernos de Ciência e Técnica Fiscal (361), Centro de Estudos Fiscais, Lisboa;

J.J. Teixeira Ribeiro, *Lições de Finanças Públicas*, 4.ª Ed. Revista e Actualizada, Coimbra Editora, 1991;

Jorge Lopes Sousa, *Código do Procedimento e Processo Tributário*, Anotado, Vislis Editores, Lisboa, 2000;

José Casalta Nabais, *Direito Fiscal*, Almedina, Coimbra, 2002;

L.O.T.J. , Livraria da Universidade, Colecção Legum, Coimbra 1994;

Marcelo Caetano, *Manual de Direito Administrativo*, Tomo II, 9.ª Ed. 2.ª Reimp., Almedina, Coimbra, 1983;

Mário Esteves de Oliveira, *Direito Administrativo*, Almedina, Coimbra, 1984;

Ministério da Finanças, Administração Geral Tributária, *Código do I.R.S., Código do I.R.C, Estatuto dos Benefícios Fiscais, Lei Geral Tributária, Código do Procedimento e Processo Tributário, Regime Geral das Infracções Tributárias*, Lisboa, 2001;

Ministério das Finanças, Secretaria de Estado dos Assuntos Fiscais, Direcção-Geral dos Impostos, *Reforma da Tributação do Património – Códigos do I.M.I., do I.M.T. e do Imposto do Selo*, Lisboa, 2004;

Sérvulo Correia, *Noções de Direito Administrativo*, 1982.

Soares Martínez, *Direito Fiscal*, 8.ª Edição, Almedina, Coimbra, 1996;

Vieira de Andrade, *Justiça Administrativa, Lições*, 3.ª Ed. 2000;

Vítor Faveiro, *O Estatuto do Contribuinte*, Coimbra Editora, 2002.

ÍNDICE SISTEMÁTICO

NOTA PRÉVIA À 2.ª EDIÇÃO 5

PREFÁCIO 7

ABREVIATURAS E SIGLAS UTILIZADAS 9

Parte I
TRIBUTAR – UMA QUESTÃO COMPLEXA

Capítulo I
A RELAÇÃO JURÍDICA TRIBUTÁRIA

1. A Relação jurídica tributária...	13
1.1. Os aspectos essenciais da relação jurídica tributária................	15
1.2. Os sujeitos da relação jurídica tributária................................	15
1.3. A legitimidade procedimental e processual	17
1.3.1. A legitimidade do Sujeito Activo..	20
1.3.2. A legitimidade do Sujeito Passivo	21
1.3.2.1. Os responsáveis solidários e subsidiários.................	23
1.3.2.2. A legitimidade dos responsáveis solidários e subsidiários..	30
1.4. A personalidade e a capacidade tributária.................................	36
1.5. O domicilio ou sede fiscalmente relevante	38
1.6. O número fiscal e os elementos em cadastro...........................	42

CAPÍTULO II
A ACTIVIDADE ADMINISTRATIVA TRIBUTÁRIA

2. A actividade administrativa tributária 49
   2.1. A tributação – uma actividade conformada por princípios 50
   2.2. A actividade tributária em geral 51
      2.2.1. Os custos de cumprimento das obrigações fiscais 62
   2.3. O procedimento inspectivo 64
      2.3.1. Os tipos 65
      2.3.2. A metodologia 66
         2.3.2.1. O tempo e o lugar 67
         2.3.2.2. O âmbito do procedimento 67
         2.3.2.3. As repercussões 72
         2.3.2.4. Outras particularidades do procedimento 77
   2.4. A actividade administrativa tributária e o sigilo bancário 82
      2.4.1. O quadro legal do sigilo bancário 83
      2.4.2. A actividade tributária e a derrogação do sigilo bancário 85
         2.4.2.1. O procedimento de derrogação do sigilo 89
         2.4.2.2. Os meios de defesa dos contribuintes 92

CAPÍTULO III
O ACTO TRIBUTÁRIO

3. O acto tributário 95
   3.1. A notificação dos actos 101
   3.2. A caducidade do acto de liquidação 105
   3.3. O prazo de caducidade e a correcção das liquidações 117
   3.4. O prazo de caducidade e a prescrição das contra-ordenações 118

CAPÍTULO IV
A EXTINÇÃO DA RELAÇÃO JURÍDICA TRIBUTÁRIA

4. A extinção da relação jurídica tributária 121
   4.1. A sub-rogação 123

4.2. O pagamento em prestações 124
4.3. A compensação 126
4.4. A dação em pagamento 127
4.5. A anulação 130
4.6. A prescrição da dívida tributária 131
4.7. Os privilégios creditórios 136
4.8. As providências cautelares 139

Parte II
OS PRINCÍPIOS AS GARANTIAS E OS MEIOS DE DEFESA

Capítulo I
OS PRINCÍPIOS ESTRUTURANTES DA ACTIVIDADE TRIBUTÁRIA

5. Garantias e direitos uma relação de equilíbrio 147
   5.1. Os princípios que regem a actividade tributária 148
      5.1.1. O princípio da prossecução do interesse público 149
      5.1.2. O princípio da legalidade 149
      5.1.3. O princípio da não retroactividade das normas fiscais 153
      5.1.4. O princípio da igualdade 154
      5.1.5. O princípio da proporcionalidade 156
      5.1.6. O princípio da justiça 156
      5.1.7. O princípio de acesso à justiça 157
      5.1.8. O princípio da imparcialidade 158
      5.1.9. O princípio da confidencialidade 159
      5.1.10. O princípio da decisão 160
      5.1.11. O princípio da celeridade 161
      5.1.12. O princípio do inquisitório 162
      5.1.13. O princípio da boa-fé 163
      5.1.14. O princípio da colaboração 164
      5.1.15. O princípio da participação 165
   5.2. O exercício de direitos face aos princípios constitucionais 166

CAPÍTULO II
AS GARANTIAS E OS MEIOS DE DEFESA

6. As garantias, os direitos e os meios de defesa 169
6.1. As garantias dos contribuintes 170
6.2. Os meios de defesa 171
    6.2.1. As condições de recorribilidade dos actos 172
6.3. Os meios administrativos de defesa 174
    6.3.1. O procedimento de Reclamação Graciosa 175
        6.3.1.1. As regras e os requisitos 175
        6.3.1.2. A quem é dirigida e onde é apresentada 176
        6.3.1.3. Em que prazos 178
        6.3.1.4. Tramitação 179
        6.3.1.5. Competência para a decisão 182
            6.3.1.5.1. O "Valor do Processo" 183
        6.3.1.6. Decisão 184
        6.3.1.7. Efeitos 185
        6.3.1.8. Meios de reacção 189
            6.3.1.8.1. O procedimento de Reclamação Graciosa e o Processo de Impugnação 191
    6.3.2. O procedimento de Recurso Hierárquico 195
        6.3.2.1. O regime legal e as características do procedimento 196
        6.3.2.2. Efeitos 197
        6.3.2.3. Meios de reacção 199
6.4. Os meios judiciais de defesa 200
    6.4.1. A Impugnação Judicial 202
        6.4.1.1. Os fundamentos 203
        6.4.1.2. Os requisitos 204
        6.4.1.3. Os meios de prova 206
            6.4.1.3.1. A repartição do ónus da prova 207
        6.4.1.4. Casos de inimpugnabilidade contenciosa autónoma . 208
            6.4.1.4.1. Na determinação da matéria tributável 211
                6.4.1.4.1.1. A posição dos responsáveis subsidiários 216
            6.4.1.4.2. Outros casos de inimpugnabilidade contenciosa autónoma 218

6.4.1.4.3. A inimpugnabilidade dos actos de autoliquidação 219
6.4.1.4.4. A inimpugnabilidade dos actos de retenção na fonte 219
6.4.1.4.5. A inimpugnabilidade dos actos de Pagamentos por Conta 221
6.4.1.4.6. A inimpugnabilidade dos actos de fixação de valores patrimoniais 222
6.4.1.5. Cumulação de pedidos e coligação de autores 223
6.4.1.6. Onde é apresentada 224
6.4.1.7. Em que prazos 224
6.4.1.8. Efeitos 229
6.4.2. A oposição 232
6.4.2.1. Os fundamentos 233
6.4.2.2. Os requisitos 237
6.4.2.3. Onde é apresentada 239
6.4.2.4. Em que prazo 240
6.4.2.5. Tramitação e efeitos 241
6.4.3. O erro na forma do processo 243

CAPÍTULO III
*A REVISÃO DOS ACTOS PRATICADOS
PELA ADMINISTRAÇÃO TRIBUTÁRIA*

7. A revisão dos actos 248
7.1. A evolução recente do conceito 250
7.2. A revisão dos actos no actual quadro normativo 251
7.3. A revisão e a revogação dos actos 253
7.4. A revisão dos actos do procedimento tributário 255
　　7.4.1. O procedimento de revisão da matéria tributável 255
　　　　7.4.1.1. O âmbito do procedimento 256
　　　　　　7.4.1.1.1. O procedimento para efeitos de confirmação do preço dos imóveis 258
　　　　7.4.1.2. As condições de admissibilidade 261
　　　　7.4.1.3. Os prazos 262

    7.4.1.4. Tramitação 263
    7.4.1.5. Decisão 265
    7.4.1.6. Efeitos 267
    7.4.1.7. Os meios de reacção 268
  7.4.2. O procedimento de revisão decorrente do princípio da participação 269
    7.4.2.1. O âmbito do procedimento 270
    7.4.2.2. Tramitação 272
    7.4.2.3. Decisão 273
    7.4.2.4. Efeitos 274
 7.5. O procedimento de Revisão dos Actos Tributários 276
  7.5.1. A quem é dirigido e onde é apresentado o pedido 277
  7.5.2. O objecto do pedido 280
  7.5.3. Em que prazos 281
  7.5.4. Tramitação 284
  7.5.5. Competência para a decisão 285
  7.5.6. Efeitos 285
  7.5.7. Os meios de reacção 286
  7.5.8. O procedimento de revisão excepcional do lucro tributável ... 289
 7.6. Revisão Oficiosa ou Liquidação adicional 290

BIBLIOGRAFIA 295

ÍNDICE SISTEMÁTICO 297